역사책 읽는 집

지금 당장 알고 싶은 역사책 29

라조기
탕수육
지음

열린서가

들어가는 말 — 역사책을 읽는 즐거움

철학자 버트런드 러셀은 1872년 영국에서 태어났습니다. 일본에서는 메이지유신이 한창이었고 서태후가 중국을, 흥선대원군이 조선을 다스리던 때입니다. 1874년에 태어난 고종의 아들 순종과 동년배고 1893년에 태어난 마오쩌둥보다는 스무 살이나 위입니다. 러셀은 근 한 세기를 살면서 40여 권의 책을 썼는데, 그중 한 권이 1930년에 출간된 『행복의 정복』입니다. 이 에세이에서 러셀은 '현대인'의 행복을 다뤘습니다. 그가 던지는 질문은 이렇습니다. 현대인은 왜 행복하지 않은가, 어떻게 하면 행복해질 수 있는가.

저자가 대한제국의 황제 순종보다 2년이나 일찍 태어났다는 사실이 주는 부담감을 떨치고 책을 사서 몇 페이지 넘겼다고 해 봅시다. 독자는 이내 혼란에 빠지게 됩니다. 1930년에 나온 책인데, 페이지마다 2025년을 살고 있는 나의 이야기로 가득하기 때문입니다. 이 책의 연식이 드러나는 곳은 100년쯤 유행이 지난 듯한 제목 정도입니다.

러셀은 좀처럼 행복해지지 못하는 우리의 뒤틀린 내면을 정확히 꿰뚫어 보면서도, 자신의 책을 비관과 냉소로 채우지 않았습니다. 그 대신 '그럼에도 불구하고 우리는 행복해질 수 있다'고 주장합니다. 많은 경우 불행은, 그것이 외부 환경에서 비롯되어 절대적으로 삶을 어렵게 하는 것이 아니라면, 본인 스스로가 우주의 중심이라는 착각에서 비롯됩니다. 작은 일에도 질투심을 느끼고 쉬이 권태에 빠지며 남들의 시선을 신경 쓰느라 골머리를 앓는 것은, 자기 자신을 생각하고 평가하는 데 지나치게 많은 에너지를 쏟기 때문입니다. 러셀의 처방은 간단합니다. 자기 자신에 대한 관심과 집착을 줄이는 것입니다. 자신에게 쏟을 관심을 외부로 돌리는 것입니다. 『행복의 정복』의 장 제목 하나가 그의 주장을 잘 요약합니다. "폭넓은 관심, 튼튼한 인생."

외부 세계에 관심, 열정, 애정을 갖는 것을 저희는 '접속'이라고 표현하고 싶습니다. 접속의 대상에는 제한이 없습니다. 중요한 것은 관심 자체입니다. 그러니까 '접속'은 누군가는 쓸데없다고 여기는 일에 부질없이 시간을 들이는 것입니다. 세상이 나를 중심으로 돌돌 말린 화장실 휴지 같은 것이 아니라 무엇이든 찾아서 구경하고 경험해 볼 수 있는 인터넷 연결망 같다는 점을 이해하고 즐기는 것입니다. 내가 이 세상에 홀로 존재하는 것이 아니라 나보다 더 큰 공동체의 일부라는 안정감을 느끼는 것입니다.

접속의 대상에 제한이 없다고 했는데, 그 대상으로 역사만 한 것이 없습니다. 어떤 세계에 빠져들어 그곳을 탐구하기 위해서는 두 가지 조건이 필요합니다. 먼저 어떤 식으로든 나와 관계가 있어 관심을 기울일 만해야 하고, 또 그 세계가 충분히 깊고 넓어 구석구석 살필 만해야 합니다. 역사야말로 이 조건에 정확히 부합합니다. 우리는 모두 역사가 쌓여 만들어진 시공간 속에서 살아가고 있습니다. 내가 발 딛고 있는 이 세계가 어떻게 오늘의 모습이 되었는지 궁금해해 본 적이 있는 이라면 누구든 역사에 관심을 갖고 있다고 보아도 좋을 것입니다.

게다가 세상에는 '역사학'이라고 하는, 역사를 해석하는 별개의 세계가 존재합니다. 내 삶과 밀접해 관심을 기울일 만한 데다가, 입문한 후에는 여기저기 헤집고 다니면서 오래도록 즐길 거리가 넘칩니다. 몹시 재미있다고 소문난 넷플릭스 드라마가 있어 찾아보니, 시즌이 20개쯤 되고 각 시즌에 에피소드가 100개씩 있는 셈입니다. 흥분하지 않을 재간이 있겠습니까.

러셀이 스스로에 대한 집착을 줄이고 외부 세계에 관심을 가지라고 권했을 때, 어떤 문제로부터 도피하라는 뜻은 아니었을 것입니다. 오히려 그것은 자기 자신을 확장하라는 충고에 가깝습니다. '오늘 가르마가 15도 정도 틀어졌는데' 하는 식의 쩨쩨한 문제에서 벗어나 눈을 치떠 세상을 바라보고 진정한 나를 찾으라는 권유라고 할까요. 역사에 관심을 갖고 역사책이라는 렌즈를 통해 그 깊은 세계를 탐구하는 것은 나를 더 크고 넓게 정의하는 과정입니다. 역사책을 읽는 즐거움과 효용은 바로 여기에 있습니다.

흔히 역사책은 몰랐던 사실을 배우기 위해 읽는다고 생각하는 경우가 많은 것 같습니다. 이때 독서의 목적은 '책을 읽기 전보다 조금 더 유식해진 듯한 만족감'을 얻는 것이겠지요. 그러나 새로운 지식을 습득하는 보람은 역사책이 주는 다양한 즐거움의 일부에 불과하다고 생각합니다. 역사책 읽기는 학창 시절의 국사나 세계사 공부와는 다릅니다. 교과서를 펴 놓고 하는 공부도 재미있을 수 있지만, 역사책 읽기가 주는 즐거움은 그보다 훨씬 넓고 깊습니다. 역사, 역사책 그거 좋기는 참 좋은데, 그 좋은 거 1년에 한두 번만 느끼고 싶다는 우리의 모순된 마음에는, 역사란 자고로 배우고 익히고 외워야 하는 거라는 두려움이 자리 잡고 있을지도 모르겠습니다.

이 책은 크게 다섯 부분으로 이루어져 있습니다. 저희가 지금까지 읽었던 책 중 일부를 골라 다섯 가지 카테고리로 묶어 소개했습니다. 책을 시대별·지역별로 분류하지는 않았습니다. 그 대신 책을 읽으면서 느꼈던 즐거움의 성격에 따라 나누었습니다.

때로 역사책은 어떤 문학작품보다도 큰 감동을 줍니다. 흥미진진한 이야기로 독자의 혼을 빼 놓는 책도 있습니다. 어떤 책은 주장과 논증이 두드러집니다. 논쟁적일 때도 있습니다. 같은 주제를 다룬 다른 책과 전투를 벌이기도 합니다. 묵직한 질문을 던지고 그 질문에 성실하게 답하는 책도 있습니다. 와인마다 향이 다르듯 역사책도 종류에 따라 읽는 재미가 각양각색입니다.

이미 독서를 즐기고 계신 분이라면, 같은 취미를 가진

입장에서 저희가 어떤 점에 유독 즐거워하는지, 자신과 겹치는 부분이 있는지 생각하면서 읽어 주시면 좋겠습니다. 역사에 관심은 많은데 어떤 책을 읽어야 할지 몰라 망설이고 계신 분께는 이 책이 일종의 가이드 역할을 하기를 기대해 봅니다. 소개된 책 중 어떤 책을 선택하든 그 나름의 재미가 있을 것이라 보장(!)합니다. 이 책을 읽는 시간이 즐겁기를 바랍니다. 책에 소개된 역사책을 읽을 기대감에 설레는 마음을 갖게 된다면 더 바랄 것이 없겠습니다.

들어가는 말 ——————————— 5

1부　드라마보다 재미있다

1　피살자 없는 살인 사건, 범인을 찾아라 ㉠ ——— 20
　『가짜 남편 만들기, 1564년 백씨 부인의 생존전략』,
　『유유의 귀향, 조선의 상속』

2　200년에 걸친 수봉이네 신분 상승 연대기 ㉠ ——— 32
　『노비에서 양반으로, 그 머나먼 여정』

3　북한으로 탈출한 사람들 ㉠ ————————— 42
　『북한행 엑서더스』

4　해방 직후, 우리에게도 기회가 있었다 ㉤ ——— 51
　『26일 동안의 광복』

5　1972년 일본, 아사마 산장 집단 살인극의 전모 ㉤ – 62
　『적군파』

2부　격투기 경기만큼 긴박한

1　같은 사람 이야기하는 거 맞죠? ㉠ ——————— 78
　『광해군』, 『광해군, 그 위험한 거울』

2　역사를 둘러싼 어두운 욕망과의 싸움 ㉤ ——— 91
　『유사역사학 비판』

3　천하제일 역사학자 대회 ㉠ ————————— 101
　『고종황제 역사 청문회』

4　편 갈라서 싸움 붙이는 게 능사는 아닙니다 ㉤ — 108
　『우린 너무 몰랐다』

3부 밥은 먹고 다니냐고 묻는 역사책

1. 조상님들의 해외 출장 보고서 ㉠ ——— 127
『슬픈 아시아』, 『사신을 따라 청나라에 가다』
2. 주머니 속의 한국전쟁 ㉣ ——— 137
『마을로 간 한국전쟁』
3. 같은 신앙, 엇갈린 행보 ㉠ ——— 146
『윤치호와 김교신』
4. 1882년생 김지영들의 이혼 법정 분투기 ㉣ ——— 153
『이혼 법정에 선 식민지 조선 여성들』
5. 나와 우리가 만든 역사 ㉣ ——— 160
『나의 한국현대사』
6. 어떤 생선의 씨가 말라 버린 사건에 대하여 ㉣ ——— 169
『대구』
7. 소주 한 잔에 담긴 교류의 역사 ㉣ ——— 177
『소주의 세계사』

4부 역사학자의 질문 속으로

1. 홍타이지는 왜 그렇게 일찍 철수했을까 ㉠ ——— 195
『병자호란, 홍타이지의 전쟁』
2. 한국인은 왜 그렇게 예절을 따질까 ㉠ ——— 207
『미야지마 히로시의 양반』
3. 도무지 이해할 수 없는 저 나라는 대체 어디서 온 걸까 ㉠ ——— 215
『북조선』

4 북한이 여태껏 망하지 않은 이유는 무엇일까 ㉥ — 221
『극장국가 북한』

5 그 시절, 사람들은 왜 만주국에 열광했을까 ㉥ — 229
『키메라-만주국의 초상』

6 그 조선인들은 왜 일본 제국을 위해 목숨을
바쳤을까 ㉧ ——————————————— 240
『나는 조선인 가미카제다』

5부 베스트셀러 삐딱하게 읽어 보기

1 기둥과 서까래가 썩어 버린 대궐 ㉧ ——————— 254
『한 권으로 읽는 조선왕조실록』

2 서구가 인정할 수 있는 만큼의 반서구중심주의
㉧ ——————————————————— 264
『총, 균, 쇠』

3 어딘지 모르게 개운치 않은 뒷맛 ㉥㉧ ————— 275
『사피엔스』

4 너무도 용감한 요약 ㉧ ——————————— 283
『역사의 역사』

맺는말 ————————————————————— 297

1부

드라마보다 재미있다

어떤 역사책은 드라마보다 재미있습니다. 쉽게 고개가 끄덕여지지 않는 말일 수도 있겠습니다. 역사에 대한 기본 소양이 있어야 즐길 수 있는 것이 역사책 아니냐고 되물을 수도 있습니다. 그러나 한번 생각해 보십시오. 역사는 기본적으로 이야기입니다. 과거에 있었던 일을 사료에 기초해 오늘날의 시각에서 해석한 결과가 역사 아니겠습니까. 크든 작든 모든 사건에는 배경, 발단, 전개, 결말이 있기 마련입니다. 건조한 표 안의 숫자도 해석하고 설명해 내려면 플롯이 필요합니다. 역사와 우리가 즐겨 보는 영화, 드라마, 소설의 차이점이라면 이야기가 실제인지 허구인지, 얼마만큼의 상상력이 가미되었는지 정도입니다. 게다가 우리는 대체로 상상의 결과물로 만들어진 순도 100%의 픽션보다, 실제 있었던 드라마틱한 이야기에 더 큰 흥미를 느낍니다. 역사책이 드라마보다 못할 이유가 어디 있겠습니까?

복학생 시절에 '서양 문화유산의 이해'라는 수업을 들었습니다. 신입생 때도 들었지만 학점이 너무 낮게 나오는 바람에 재수강을 해야 했거든요. 재수강했던 그 수업에서는 일반교양 수업치고는 다소 특이하게도 한 학기 내내 미시사 microhistory에 대해 배웠습니다. 수업 중에 『마르탱 게르의 귀향』이라는 책을 교재 삼아 읽게 되었는데, 학자가 썼다는 역사책이 이렇게 재미있을 일인가 싶어 책날개의 저자 소개를 몇 번이고 들추어 봤습니다(나탈리 제먼 데이비스라는 역사학 교수가 썼습니다).

책의 줄거리는 이렇습니다. 16세기 프랑스 툴루즈에 살던 마르탱 게르라는 남자가 부모와의 불화로 인해 아내와 아이를 두고 가출했다가 8년 만에 돌아옵니다. 가족의 품에서 3년 동안 잘 지내던 그는 집안의 토지를 놓고 다툼을 벌이던 삼촌에게 가짜라고 고발을 당했는데요, 재판부가 마르탱 게르를 포함한 많은 사람들의 증언을 바탕으로 마침내 피고는 진짜 마르탱 게르라고 판결하려는 순간, 진짜 마르탱 게르가 목발을 짚고 나타납니다. 마르탱 게르 행세를 했던 남자는 실은 아르노 뒤 틸이라는 인물로, 마르탱 게르의 군대 동기였다는군요. 그는 결국 3년간 함께 살았던 가족들의 눈앞에서 교수형을 당해 생을 마감하게 됩니다.

이 정도면 웬만한 드라마나 영화의 줄거리를 능가한다고 봐도 좋지 않을까요? 실제로 이 이야기는 영화로 만들어졌습니다. 두 번씩이나요. 1982년 〈마르탱 게르의 귀향〉이라는 제목으로 프랑스에서 먼저 각색되었고(한국에서는 〈마틴 기어의 귀향〉이라는 제목으로 개봉했습니다), 1993년 미국에서 〈서머스비〉라는 제목으로 한 번 더 제작되었습니다. 리처드 기어와 조디 포스터가 열연한 〈서머스비〉는 배경을 미국 남북전쟁 시기로 바꾸고 결말도 좀 더 로맨틱하게 바꾸었지만 기본적인 줄거리는 비슷합니다.

물론 세상에는 재미없는 이야기도 있습니다. 같은 이야기라도 어떻게 풀어내느냐에 따라 흥미로울 수도 있고, 그렇지 않을 수도 있지요. 그러나 잘 찾아보면 『마르탱 게르의 귀향』처럼 멋지게 꿰인 아름다운 구슬들이 많이 있습니다. 역사책을 읽는 도중에 배꼽 잡고 웃다 의자에서 떨어질 수도 있고, 등장인물이 처한 상황이 너무도 야속해서 냉장고에서 캔 맥주를 찾게 될지도 모릅니다. 서점 책장에 꽂혀 있을 수많은 '꿰인 구슬' 중 극히 일부를 여러분께 소개합니다. 여러분을 웃게 할 책, 먹먹한 기분에 빠지게 할 책, 머리를 쥐어뜯게 할 책 등 다양한 책이 있지만, 이 책들 사이에는 무엇이든 읽기를 좋아하는 이라면 그 흥미로운 줄거리와 유려한 문장과 매력적인 서술 방식에 빠지지 않을 재간이 없다는 공통점이 있습니다.

1부에서 소개할 책

1　『가짜 남편 만들기, 1564년 백씨 부인의 생존전략』(강명관 지음, 푸른역사, 2021)
　　『유유의 귀향, 조선의 상속』(권내현 지음, 너머북스, 2021)
2　『노비에서 양반으로, 그 머나먼 여정』(권내현 지음, 역사비평사, 2014)
3　『북한행 엑서더스』(테사 모리스-스즈키 지음, 한철호 옮김, 책과함께, 2008)
4　『26일 동안의 광복』(길윤형 지음, 서해문집, 2020)
5　『적군파』(퍼트리샤 스테인호프 지음, 임정은 옮김, 교양인, 2013)

1

피살자 없는 살인 사건, 범인을 찾아라

『가짜 남편 만들기, 1564년 백씨 부인의 생존전략』
『유유의 귀향, 조선의 상속』

드라마보다 드라마틱한 조선 시대 패륜 스캔들

1564년, 한 남자가 의금부로 압송됩니다. 이 남자의 이름은 유연. 죄목은 친형을 살해했다는 것이었습니다. 처음에는 혐의를 완강하게 부인했으나 고문이 계속되자 자백을 하고 맙니다. 형을 죽였노라고, 장자(맏아들)의 혜택을 누리기 위해 그랬노라고 고백한 것이지요. 조선은 친족을 해한 죄를 엄하게 다스렸습니다. 유연은 사지를 찢는 거열형을 받았습니다.

그런데 그로부터 15년이 지난 1579년, 유연에게 죽임을 당했다던 형 유유가 나타납니다. 이미 백골이 된 유연의 결백이 당황스러운 방식으로 드러난 셈입니다. 부실 수사의 내막을 밝히는 것이 도리가 아니었을까 싶은데, 조정은 이번엔 누가 음모를 꾸며 결백한 동생을 억울한 죽음으로 내몰았는지를 찾기 시작합니다. 그 결과 잡혀 온 이는 유유의 매형인 이제. 처가의 재산을 노리고 유연을 모함한 죄로 모진 고문을 당합니다. 그는 자백하지 않고 심문 중에 절명하고 말죠.

형 유유도 벌을 받습니다. 숨어 살면서 집안 제사에 나타나지 않은 죄 때문이었습니다. 곤장 100대를 맞고 3년간 노역을 하는 형벌이었는데, 부담이 컸는지 노역형이 끝난 후 2년 만에 병들어 죽고 맙니다.

십수 년에 걸쳐 두 아들과 사위가 죽었습니다. 죽은 것뿐인가요. 사욕에 눈이 멀어 처음엔 동생이 형을, 나중엔 매형이 처남을 죽음으로 몰아갔다는 오명마저 뒤집어쓰게 되었습니다. 그야말로 집안이 풍비박산 난 셈인데, 가만히 생각해 보면 이상한 점이 한둘이 아닙니다. 죽었다던 형이 살아온 연유는 무엇이고, 애초에 유연은 왜 형을 죽였다는 의심을 받았으며, 이제에게 음모를 꾸민 죄가 있다면 그의 동기는 무엇이었는지, 질문이 꼬리에 꼬리를 뭅니다. 왜 이렇게 될 수밖에 없었던 걸까요.

사건 파일

우리는 400년 전에 일어난 이 사건의 전모를 『가짜 남편 만들기, 1564년 백씨 부인의 생존전략기』(이하 『가짜 남편 만들기』), 『유유의 귀향, 조선의 상속』(이하 『유유의 귀향』), 두 권의 책을 통해 엿볼 수 있습니다. 같은 소재를 다룬 두 책은 우연히도 비슷한 시점에 출간되었지만, 각기 다른 전공의 학자가 썼고 그래서인지 내용의 초점과 전개 방식에는 차이가 있습니다. 둘의 특징을 비교해 가면서 읽는 재미도 쏠쏠한데, 이에 대해서는 글 후반부에서 다루기로 하고, 우선은 '그때 무슨 일이 있었는지'부터 살펴보겠습니다.

사건의 발단은 유유의 가출입니다. 어려서부터 정신적으로 문제가 있었다고도 하고, 아버지와의 갈등이 심했다고도 하는데, 여하튼 유유는 집을 떠났고 아내인 백씨 부인은 홀로 남겨집니다. 집안의 장자 노릇은 유유의 동생 유연이 하게 되었습니다.

수년이 흐른 어느 날 유유와 유연의 매형 이제가 가출한 유유를 발견한 것 같다는 소식을 전합니다. 채응규라는 이름으로 황해도에 살고 있다는 것이었죠(유유, 유연 형제의 집은 대구입니다). 유연은 하인들을 보내 이 채응규라는 이를 데려오게 하고, 마침내 둘은 해후합니다. 유유는 이름을 바꾸었을 뿐 아니라 그사이 새장가를 들었는지 춘수라는 이름의 아내, 그리고 아들까지 대동하고 고향으로 내려왔습니다. 그런데 유연이 보기에 형이 영 이상했습니다. 외모가 너무 달랐기 때문입니다. 전하는 기록마다 가출과 귀향의 시점이 조금씩 다르기는 하지만, 유유가 집을 떠난 뒤

채응규라는 이름으로 다시 돌아올 때까지 걸린 시간은 길게 잡아야 6~8년 정도입니다. 성인이 되어 헤어진 형의 얼굴을 못 알아볼 만큼 긴 시간은 아니지 않나 싶은데요, 유연도 같은 생각이었던 것 같습니다. 이 정체 모를 남자가 형을 사칭한다고 판단한 유연은 그를 관아에 신고했고, 유유를 자칭한 채응규는 억울하다는 외침과 함께 투옥됩니다. 재판도 시작되었고요.

친동생이 제 형이 아니라고 고발했으니 금세 결론이 날 법한데 그렇게 되지 않았습니다. 얼굴이며 체형은 딴판이었지만 사기꾼이라기엔 유유의 집안 사정을 너무도 잘 알고 있었습니다. 심지어 아내인 백씨 부인의 허벅지에 점이 있다는 사실이나 첫날밤에 있었던 일까지도 소상히 알고 있었으니 '사람이 타지 생활을 하다 보면 외모가 달라질 수도 있지 않나' 하는 이야기가 나올 만도 했습니다. 조사가 좀처럼 갈피를 잡지 못하고 있을 무렵, 채응규가 사라집니다. 감쪽같이 없어졌습니다. 그리고 곧이어 유유의 아내 백씨와, 채응규와 함께 왔던 여인 춘수가 유연을 고발합니다. 그가 감옥에 있던 친형을 죽이고 시신을 빼돌려 유기했다는 죄목으로 말입니다.

유연이 한양의 의금부로 압송되어 고문 끝에 처형되고 말았던 데는 이런 배경이 있었습니다. 그런데 15년이 지난 1579년 이 사건은 다시 조정의 관심을 받게 됩니다. 왕의 자문에 응하는 관직인 홍문관 수찬으로 있던 윤국형이라는 이가 자신이 오래전 진짜 유유를 만난 적이 있으며, 그가 아직 살아 있다고 임금에게 고했기 때문입니다(그사이 왕이 명종에서 선조로 바뀌었고, 권력의 축은 사림士林으로 전면 이동했습니다). 윤국형이 평안도에서 유유로 추정되는 인물을 처음 만난 것은 1560년입니다. 그는 그때부터 1579년까지 무려 19년 동안, 과거에 급제하고 조정의 여러 자리를 거쳐 왕 앞에 나아가는 자리에 이를 때까지 유유와 유연 형제의 기구한 운명을 잊지 않고 기억했던 것입니다.

과연 윤국형의 말대로 유유는 천유용이라는 이름으로 평안도에서 살고 있었습니다. 그럼 채응규는 누구였을까요? 그는 유연이 의심한 대로 '유유 사칭범'이었습니다. 채응규는 감옥에서 실종된 이후 어떻게 되었을까요? 정말 유연에게 살해당하기라도 했던 걸까요? 그렇지 않습니다. 그는 아무 일도 없었던 것처럼, 원래 살던 황해도 해주로 돌아가 살고 있었습니다. 이 둘을 찾는 일이 그렇게 어렵지 않았다는군요(조정이 이런 노력을 유연의 재판 때 했다면 불필요한 희생을 막을 수 있지 않았을까요). 채응규는 붙잡혀 한양으로 압송되었습니다. 심문만 잘하면 15년 전에 무슨 일이 있었는지 알 수 있었을 텐데, 이런, 채응규가 압송 도중 자살하고 맙니다. 유연의 재판 때 그랬던 것처럼 사건의 진상을 밝히는 일은 추정과 심문, 자백에 기댈 수밖에 없게 되었고요. 그리고 이 추정의 과정에서 채응규의 배후로 지목된 이가 유유, 유연 형제의 매형 이제였습니다. 앞에서 밝힌 것처럼 그는 유유, 유연 형제 집안의 재산을 탐해 '유유 사칭 사건'을 기획하고 사주한 죄로 잡혀 와 심문을 받았습니다. 뚜렷한 증거가 없었기 때문에 유연의 재판 때 그랬던 것처럼 자백을 받아 내기 위한 고문이 이어졌고요. 이제는 끝까지 죄를 자백하지 않았지만 심문 끝에 숨을 거둡니다.

범인은 누구인가 VS 배경은 무엇인가

『가짜 남편 만들기』와 『유유의 귀향』 모두 위에 언급한 내용을 자세히 다루고 있습니다. 다만 관심사와 초점은 조금 다른데요, 『가짜 남편 만들기』는 사건을 다룬 과거 문헌에 집중하여 실제로 어떤 일이 있었는지 재구성하는 데 공을 들입니다. 유연은 왜 죽어야만 했는지, 당대의 판결처럼 이제의 계략 때문이었는지, 그게 아니라면 누구에게 책임이 있는지 따위의 질문을 던지고 있습니다. 이 책을 읽다 보면 두 팔 걷어붙이고 사건의 진상을 파헤치리라 다짐하면서 각종 문헌을 뒤지는 저자 강명관의 모습이 슬며시 떠오릅니다. 셜록 홈스가 따로 없습니다. 1607년 이항복이 이 사건을 유연의 입장에서 재조명한 『유연전』은 국문학계에서 당대의 특징을 드러내는 대표적인 소설로 읽히는 모양이지만, 강명관은 서두에서 자신이 문학작품으로서의 『유연전』에는 관심이 없다는 점을 분명히 합니다. 대신 그때 유유에게 무슨 일이 있었는지, 누가 그 기묘한 사건의 기획자였는지를 밝혀내겠다는 의지를 천명합니다. 저자의 관심은 하나씩 근거를 들어 가면서 유유의 집안을 파국으로 몰아간 '범인'이 누구인지 드러내는 데 있습니다.

한편 『유유의 귀향』은 반 발짝 물러서서, 유유의 집안에 그런 일이 일어나게 된 시대적 배경에 초점을 맞춥니다. 다시 말해 『유유의 귀향』을 쓴 권내현의 관심은 조선 시대 상속 제도를 탐구하여 유씨 가문의 비극이 잉태된 '먼 이유'를 들여다보는 데 조금 더 치우쳐 있습니다. 강명관의 책에 비하면 『유유의 귀향』은 사건 자체에 별 관심이 없어 보이기까지 합니다. 사건의 전모가 다루어지기는 하지만, 어쩐지 서술의 태도가 다소 심드렁하다는 느낌을 지울 수 없습니다. 저자 권내현의 이런 목소리가 들리는 것 같다고 할까요. '중요한 건 그런 게 아니야. 진짜 중요한 건, 내 연구 주제야. 조선 시대 상속 문제!'

굳이 두 책을 읽는 순서를 정해 보자면 『가짜 남편 만들기』를 먼저 읽어 강명관이 상세하게 재구성한 그날의 비극을 먼저 이해하고 나서, 『유유의 귀향』을 통해 시대적 맥락을 파악하는 것이 낫지 않나 싶습니다. 사건의 전모를 집요하게 느껴질 만큼 파헤치는 『가짜 남편 만들기』가 시리즈의 본편이라면, 『유유의 귀향』은 그 사건의 기원이 어디에 있고 배경이 무엇인지 다루는 프리퀄 같습니다. 영화의 경우 보통 본편을 먼저 보고 줄거리에 흠뻑 빠진 후에 프리퀄을 보지 않습니까? 이 두 책도 그런 순서로 읽기를 권하고 싶습니다.

사건의 총괄 기획자 백씨 부인?

『가짜 남편 만들기』를 쓴 강명관은 과감한 해석을 시도합니다. 사건의 배후에 유유의 아내 백씨 부인이 있다고 주장한 것이죠(이 책이 일정 부분 추리물의 형식을 띠고 있다는 점을 생각하면, 아무래도 제목이 스포일러가 아닌가 하는 생각을 떨칠 수가 없습니다). 당대에는 범인으로 지목된 적이 없지만, 강명관이 보기에는 백씨 부인이야말로 채응규에게 집안의 비밀과 자신의 신체적 특징을 알려 집안사람들의 의심을 피하게 했고, 채응규가 도망간 후에는 유연을 고발해 죽게 만들었을 뿐 아니라, 채응규의 아들을 양자로 받아들여 남자들이 모두 죽고 없어진 집안에서 자신의 입지를 단단히 다진 장본인입니다. 그렇다면 백씨 부인의 동기는 무엇이었을까요? 강명관의 추론이 맞다면 어마어마한 음모를 꾸민 셈인데, 대단한 이득이 있지 않았다면 시도하기가 쉽지 않았을 것 같습니다.

남편이 죽은 양반가의 여성은 재가하지 않고 정절을 지키는 것이 일반적이었다고 하는데요, 죽은 남편이 적장자인 경우 과부는 관습에 따라 총부권冢婦權이라는 것을 갖게 되었습니다. 양반가에서 무엇보다 중요한 행사였던 제사를 주관하고 후사, 즉 대를 잇는 자식을 지명하는 역할을 담당했던 것이지요. 그런데 이 총부권이 현실 세계에서 늘 제대로 작동하는 것은 아니었다고 합니다. 형망제급兄亡弟及이라 하여, 형이 사망할 경우 동생이 장자 역할을 맡도록 하는 제도가 동시에 존재했기 때문인데요, 총부권을 가질 권리가 형망제급에 밀리는 경우가 많았습니다.

백씨 부인의 경우 남편이 가출했을 뿐 사망한 것이 아니었기 때문에, 애당초 총부권을 누릴 자격을 갖지 못했습니다. 아이도 없었지요. 더군다나 남편의 동생이 사실상 장자 역할을 하고 있는 상황이라, 유연이 마음먹기에 따라 백씨 부인은 가진 것 없이 내쫓기더라도 이렇다 할 저항을 할 수 없는 처지였습니다. 재혼도 할 수 없고, 남편은 살았는지 죽었는지도 모르는 상황. 채응규의 등장이야말로 백씨 부인에게는 절대 놓칠 수 없는 기회였는지 모릅니다. 아니나 다를까, 채응규가 등장했다 사라진 이후 백씨 부인의 처지는 세 가지 측면에서 크게 달라졌습니다. 남편이 (살해당한 것으로 인정받았으니) 사망한 셈이고, 그 동생은 처형당했으며, 채응규의 아들을 양자로 들였습니다. 총부권을 행사할 완벽한 조건이 갖춰진 셈이지요.

비극의 씨앗은 상속 문제?

『유유의 귀향』을 쓴 권내현에 따르면 유유 집안의 비극은, 그 시대적 배경이 16세기가 아니라 18세기였다면 일어나지 않았을지도 모릅니다. 상속 방식의 변화 때문입니다. 조선 중기까지는 균분상속이 일반적이었습니다. 태어난 순서와 관계없이 같은 양의 유산을 자녀들이 나누어 받았던 것이지요. 그러나 이는 시간이 지나면서 부작용을 초래했습니다.

집안의 재산은 정해져 있는데 상속을 받을 후손은 늘어 가니, 시간이 지남에 따라 각자의 몫이 지나치게 작아져 몰락하는 양반 가문이 많아졌던 것입니다. 이 때문에 조선 후기에 이르면 균분상속에서 장자상속으로 상속 방식이 달라집니다. 큰아들이 유산의 대부분을 물려받도록 하여 집안 재산이 쪼개지고 유실되는 것을 방지한 것이죠.

유연이 형의 살해범으로 고발당했을 무렵 그의 범행 동기로 지목된 것은 형 유유 몫의 집안 재산을 탐했다는 것이었습니다. 매형 이제 역시 처가의 유산을 노리고 음모를 꾸몄다는 혐의를 받았습니다. 그런데 만약 유유가 가출한 것이 장자상속이 일반화된 시점이었다면, 사람들은 형제끼리 재산을 두고 다툼을 벌였다는 생각을 하지 않았을 것입니다. 매형과 처남의 분쟁도 고려 대상이 아니었겠습니다. 애당초 장자가 아닌 아들이나 딸에게 재산이 돌아갈 여지가 없었기 때문입니다. 유유와 유연에게는 젊어서 세상을 떠난 유치라는 형이 있었습니다. 집안의 재산은 장남에게 상속되는 것이 종법宗法의 원칙이었으므로, 종법이 뿌리내린 18세기 이후였다면 상속을 받을 권리가 있는 것은 유치, 유유, 유연 형제 중 유치 하나뿐입니다. 유치가 사망하더라도 그 권리는 형제가 아니라 유치의 장남이 물려받습니다. 유치가 아들을 낳지 못했을 때는 어떻게 되냐고요? 사후에라도 양자를 들였을 거라는군요. 어떤 경우든 상속의 주체는 장남이 됩니다. 장남이 안 되면 장남의 장남, 그것도 안 되면 장남의 장남의 장남이 되는 것이지요. 그러니까 유유와 유연, 이들의 매형 이제는 유산에 관심을 둘 처지도 아니었을 것이고, 이를 둘러싼 음모와 의심도 애당초 생겨나지 않았겠습니다.

16세기 유유 집안에 일어난 비극은 여러 면에서 『마르탱 게르의 귀향』을 떠올리게 합니다. 무엇보다 남편이 가출했다 돌아왔는데, 알고 보니 가짜였다는 소설 같은 줄거리가 똑 닮았죠. 그러나 『마르탱 게르의 귀향』이 현대를 살아가는 우리에게 종종 로맨틱한 이야기로 읽히는 데 비해(남편이 아니라는 사실을 알면서도 가짜 마르탱 게르와 몇 년이나 부부로 살았던 아내의 속 이야기가 우리의 상상력을 자극하기 때문이겠습니다), 『유유의 귀향』은 웃음기 하나 없는 호러물에 가깝죠. 정유정 작가의 소설이 떠오르기도 하고요. 프랑스판 귀향이 드라마 〈미스터 션샤인〉, 〈도깨비〉의 극본을 쓴 멜로 장인 김은숙 작가가 관심 가질 만한 소재라면, 조선판 귀향은 어쩐지 〈킹덤〉, 〈시그널〉 같은 스릴러로 유명한 김은희 작가의 구미를 당길 것 같습니다.

『유유의 귀향』, 『가짜 남편 만들기』를 읽다 보면 과거에 일어난 하나의 사건을 온전히 이해하기가 얼마나 어려운지 새삼스럽게 깨닫게 됩니다. 유유 집안의 일은 당대에 이항복을 비롯한 여러 지식인들이 기록으로 남겼고 현대에 들어서도 권내현, 강명관을 비롯한 많은 연구자들이 들여다 보았지만, 실제로 무슨 일이 있었는지 완전히 드러났느냐 묻는다면 고개를 끄덕이기가 쉽지 않습니다. 그럼에도 불구하고 그 불가능해 보이는 목표를 향해서 열심히 달려가는 것이 역사학자의 일이 아닌가 싶습니다. 우리는 그 덕에 오래전 어떤 사람들이 어떤 모습으로 이 땅에 살다 갔는지 불완전하게나마 상상해 볼 수 있는 것이겠지요.

독서 안내

『다시, 미시사란 무엇인가』(곽차섭 엮음, 푸른역사, 2017)
사건과 개인의 사정에 초점을 맞춘다는 면에서 『가짜 남편 만들기』와 『유유의 귀향』은 미시사의 한 경향에 속한다고 할 수 있습니다. 색다른 방식으로 쓰인 이 두 권의 책을 좀 더 깊게 이해하기 위한 길잡이가 될 책입니다.

『책략가의 여행』(내털리 데이비스 지음, 곽차섭 옮김, 푸른역사, 2010)
『가짜 남편 만들기』와 『유유의 귀향』이 16세기 한반도에 살았던 한 남자의 미스터리한 여정을 소재로 한다면, 『책략가의 여행』은 비슷한 시기 지구 반대편의 이베리아반도에서 태어난 한 남자의 이야기입니다. 유유는 경상도에서 평안도로 외로운 여행을 떠났습니다만, 그라나다에서 태어난 알하산 알와잔은 파스, 카이로, 이스탄불을 오갑니다.

2

200년에 걸친
수봉이네 신분 상승 연대기

『노비에서 양반으로, 그 머나먼 여정』

노비 이름 퍼레이드

제목을 보십시오. 『노비에서 양반으로』라니, 막장 드라마에서나 만날 것 같은 신분 상승의 대서사시가 펼쳐질 것 같지 않습니까. 예능 프로그램 〈무한도전〉에 등장했던, 노비를 자처하며 점심 먹고 주인님께 돌아가는 중이라고 명랑하게 말하던 한 회사원이 떠오르면서 자연스럽게 감정이입이 되기도 합니다. 제목만으로도 여러모로 기대를 품게 하는 책이 아닐 수 없습니다.

    무심코 페이지를 넘기며 방심하고 있는 독자를 덮치는 것은 노비들의 이름, 정확히는 노비 이름의 한자 표기입니다. 이게 묘하게 매력적이라, 한동안 같은 부분을 반복해서 읽게 됩니다. 몇 가지만 예를 들면 다음과 같습니다. '자근노미自斤老未'(작은 놈), '개노미介老未'(개놈), '거시지巨時只'(거시기), '다부사리多夫沙里'(더부살이), '여읍덕汝邑德'(넓적이), '고읍단古邑丹'(곱다는 뜻), '자근련自斤連'(작은 년), '어인련於仁連'(어린년), '개조지介助之'(수캐의 성기). 몇백 년 전 이 땅에서 열심히 살다 간 선조들의 이름을 두고 재미있다고 말하기는 참 거시기하지만, '개조지'에 이르러서는 이성의 끈을 살짝 놓을 수밖에 없었다는 점을 고백해야겠습니다. 풍문에 따르면 저자 권내현 교수는 진중하고 점잖은 분이라고 하는데, 엄숙한 표정으로 독자를 나락으로 몰아가는 재주가 탁월한 분이 아닌가 싶습니다.

　책에 있는 내용은 아니지만, 경기도 고양시 덕양구 신원동에 가면 '덕명교비'가 있습니다. 공릉천을 가로지르는 덕명교를 세운 이들을 기린 비석인 모양인데, 여기에는 양반뿐 아니라 노비들의 이름도 기록되어 있습니다. '박돌남'을 비롯해 조선 시대를 살아간 노비들의 이름을 직접 볼 수 있다고 하니 관심이 있으신 분들은 한번 가 봐도 좋을 것 같습니다.

형 흥발과 동생 개똥이, 의심스러운 가계

이 책의 매력은 강력한 제목과 초반에 등장하는 노비 이름 퍼레이드만이 아닙니다. 이야기의 힘으로 독자를 사로잡는 역사책들에는 두 가지 공통점이 있는데, 하나는 구체적인 인물과 사건을 다룬다는 것이고, 다른 하나는 크든 작든 미스터리가, 즉 독자의 호기심을 자극하는 퍼즐이 숨어 있다는 것입니다. 이 책은 둘 다 갖추었습니다. 넘치게 갖추었다고 해야겠습니다. 『노비에서 양반으로』는 다음과 같은 문장으로 시작합니다. "1717년 경상도 단성현 호적대장에 등장하는 김흥발이라는 인물로부터 이 이야기를 시작하려고 한다." 구체적인 인물과 사건을 다루고 있는지 묻는 첫 번째 체크박스에는 크게 체크 표시를 해도 되겠다는 생각이 듭니다.

300년 전 경상도에 살았던 김흥발이라는 사람이 누구이길래, 무얼 하다 갔길래 오늘날을 살아가는 역사학자의 관심을 끌었을까. 이런저런 생각을 하면서 페이지를 두 번 넘기면 이번에는 대뜸 이런 소제목이 등장합니다. "의심스러운 가계." 1717년 경상도 단성현에 살았던 김흥발이라는 인물의 족보가 의심스럽다는 것입니다. 여러모로 보아 김흥발은 평민이었음이 분명한데, 아버지가 무얼 하는 인물이었는지, 할아버지는 누구였는지, 기록이 분명하지 않다는 것이지요. 저자는 이렇게 묻습니다. "김흥발이 조상의 직역을 의도적으로 누락시킨 것일까?"

더군다나 김흥발의 동생 이름은 흥선이나 흥구나 흥조가 아니라 개똥이입니다. 갑자기 개똥이라니요. 평민의 이름으로는 좀 거시기합니다. 부모의 정체가 불분명하고 천민이나 가질 법한 이름의 동생이 있는 평민 김흥발. 소제목 그대로 아무래도 뭔가 의심스럽습니다. 이렇게 몇 가지 의문점을 던져 놓고, 저자는 독자를 하나의 퍼즐 안으로 걸어 들어오게 합니다. 혹시 평민 김흥발의 조상은 노비가 아니었을까 하는 질문이 그것입니다.

다만, 이 질문에 답하는 것이 책의 목적은 아닙니다. 김흥발이 천민 출신이 아닐까 하는 의문은 금방 풀립니다. 책의 초반에 이미 김흥발의 아버지는 수봉이라는 인물로, 심정량이라는 양반 집의 노비였다는 사실이 드러나거든요. 저자가 200페이지에 걸쳐 밝혀내고자 하는 것은, 노비였던 수봉이 평민이 되고, 그 후손들은 양반 행세까지 할 수 있게 된 과정입니다.

신분 상승. 동서고금을 막론하고 많은 이들의 관심을 끄는 소재입니다. 우리가 좋아하는 많은 소설과 영화, TV 드라마가 계층 이동을 다루고 있습니다. 태생에 따른 신분 격차가 분명했던 시대를 배경으로 하는 작품이든, 혈통이 아니라 돈이 은연중에 계급을 나누는 오늘날을 배경으로 하는 작품이든 주인공의 신분이 격상되면서 벌어지는 드라마는 매번 우리를 흥분시킵니다. 로맨스, 복수 같은 인기 키워드와 찰떡같이 잘 붙기도 하고요.

면천에서 양반으로

수봉과 그의 후손이 조선의 계층 사다리를 타고 올라가는 모습은 여느 소설, 영화, TV 드라마 못지않게 흥미롭습니다. 수봉은 심정량이 소유했던 59명의 노비 중 하나였습니다. 주인집에서 주인과 함께 사는 솔거노비는 아니었고, 따로 거처가 있는 외거노비였다는군요. 외거노비는 주인집과 멀리 떨어져 살면서 평생 주인 얼굴을 보지 못하는 경우도 있었답니다. 주인 소유의 땅을 부치는 역할을 했던 것이지요. 사정이 이렇다 보니 우리가 노비에 대해 갖는 고정관념과 달리 외거노비는 하기에 따라 재산을 모을 수 있었고, 심지어 노비이면서 스스로 노비를 거느릴 수도 있었습니다.

수봉은 꽤나 경제력이 있는 노비였던 것 같습니다. 1678년에 노비였던 수봉은 1717년에는 평민이 되었고, 통정대부라는 품계도 얻습니다. 국가에 곡식을 바치고 통정대부가 된 것이지요. 아무 때나 돈만 있으면 신분을 살 수 있었던 것은 아니었습니다. 현종 때 있었던 경신 대기근(1670~71), 숙종 때의 을병 대기근(1695~96)이라는 특수한 상황이 수봉이 평민이 될 수 있었던 배경으로 작용했습니다. 기근이 닥치면 세수는 줄어들고, 백성을 돕기 위해 써야 할 돈은 늘어나니 이때 관은 종종 민간에 손을 벌렸습니다. 그 방법 중 하나가 노비의 면천免賤(천민의 신분을 면하고 평민이 됨)을 인정하는 서류나 누군가를 명예직에 임명하는 벼슬 문서인 공명첩空名帖을 파는 것이었지요. 수봉은 모아 둔 재산을 활용해, 대기근이라는 자연재해를 일종의 기회로 삼아 신분 상승의 단계를 밟아 나갔습니다.

수봉은 이렇게 노비 신분에서 벗어났습니다. 면천이 신

분 상승의 끝은 아니었습니다. 평민이 되고 나서 수봉과 그의 아들들이 맞닥뜨린 문제는 군역의 의무였습니다. 군역은 원래 16~60세의 천민을 제외한 모든 남성이 부담하는 것이었습니다. 군사시설에서 복무하거나 군포軍布를 납부하는 방식으로 의무를 이행했죠. 그런데 시간이 지나면서 양반층은 이 의무에서 점차 빠져나갔습니다. 군역은 조선 후기부터는 으레 평민만 지는 의무가 되었고, 저자의 표현에 따르면 "불공평한 데다 부담이 과도한" 제도로 전락했습니다.

사정이 이러했으니, 평민이 된 수봉가家의 다음 목표가 군역을 피할 수 있는 신분의 획득이 된 것은 어쩌면 자연스러운 일이었는지도 모르겠습니다. 군역의 의무에서 벗어나기 위해서는 궁극적으로 양반의 직역인 유학幼學을 확보해야 했습니다. 그러나 노비에서 양반으로 직행하기란 아무래도 어려웠겠지요. 중간층에게 주어지던 업유業儒, 업무業武라는 직역을 얻는 것이 현실적인 대안이었고, 수봉의 손자, 증손자 대에 이르면 중간층으로 상승하는 이들이 등장하기 시작합니다. 수봉의 손자 11명 중 4명, 증손자 12명 중 8명이 군역자에서 중간층 직역으로 올라갑니다. 1700년대 중반이니, 수봉이 노비 신분에서 벗어난 지 대략 50년이 지났을 무렵입니다.

업유와 업무는 본래 유학儒學과 무학을 닦는 양반가 자제에게 붙여진 직역이었는데, 시간이 지나면서 지위가 하락해 양반가 서자의 직역이 되었고, 나중에는 서자가 아니면서도 이 직역을 받는 이들이 늘어나게 되었습니다. 유학幼學은 말뜻만 풀이하자면 과거 급제를 목표로 본격적인 학습에 들어간 어린 나이의 인물 또는 그 상태를 의미한다는군요. 조선 초기에는 성균관이나 사학四學의 학생을 유학이라고 지칭한 모양인데, 시간이 지나면서 뜻이 달라집니다. '벼슬을 하지 못한 채 학업을 갈고닦는 상태'라는 의미가 되어, 관직을 갖지 못한 양반을 뜻하는 말로 굳어지게 됩니다.

다시 수봉가 이야기로 돌아갑시다. 중간층으로 다시 한번 신분 상승을 이루었던 수봉의 증손자 중에 좀 더 큰 꿈을 품었던 이가 있습니다. 호적에 글자가 누락되어서인지 책에는 김〇오로 소개되었군요. 김〇오는 24세에 업유라는 중간층 직역을 받고, 42세가 되던 1780년 유학으로 올라갑니다. 18년간의 노력이 열매를 맺은 것이지요. 그런데 18년을 투자해 얻은 그의 유학 시절은 불행히도 3년 만에 끝이 납니다. 김〇오는 45세가 되던 해에 중간층인 교생校生으로 강등되었고, 죽을 때까지 유학으로 복귀하지 못합니다. 저자는 아마도 이 무렵 호적 작성 과정에서 직역 조사가 엄격해지지 않았을까 추정합니다. '신분 상승'은 경제력과 같은 일정 조건만 충족되면 쉽게 이루어지는 일이 아니었습니다. 기존 양반들의 견제는 물론이고, 조선왕조의 잘 짜인 신분 체제를 넘어서야 하는 일이었을 테니까요. 수봉의 후손들은 포기하지 않았습니다. 19세기가 되면, 수봉의 5세손과 6세손 들이 본격적으로 유학을 칭하기 시작합니다. 이때부터는 호적에 등장하는 가계가 형식적으로는 양반 가문과 차이가 없어집니다. 즉 본인은 물론이고 아버지, 할아버지, 증조할아버지, 외할아버지 모두 유학인 상황이 되는 것이죠. 노비에서 양반으로, 적어도 문서상으로는 수봉가의 신분 상승이 완성된 셈입니다.

아쉽게도 이 책에는 이들이 어떻게 중간층으로 올라갔고, 어떤 과정을 거쳐 안정적으로 유학의 직역을 얻기에 이르렀는지 자세히 드러나 있지 않습니다. 아마도 자료가 부족했기 때문일 텐데, 권내현은 이 장기간에 걸친 다이내믹한 신분 상승의 과정을 "열망과 경제력, 유학이 늘어나는 사회적 분위기가 맞물린 결과"라고 요약할 뿐입니다. 그런데 우리가 이 요약의 긴 버전을 실제로 읽을 수 있게 된다고 하더라도 그리 즐거울 것 같지는 않습니다. 『노비에서 양반으로』를 읽다 보면 한동안은 수봉가를 응원하는 마음이 들고 후손들의 성과에 환호도 하게 되지만, 이내 어쩐지 씁쓸한 기분에 빠지게 되니까요. 노비의 삶은 물론이고 평민이 된 후 수봉의 후손이 마주하게 된 군역의 문제는 억울하고 부당한 것이었죠. 수봉과 흥발과 ○오는 거기에 대항하기보다는 '신분 상승'을 통해서 문제를 피해 가는 방법을 택했습니다. 그게 잘못된 것이었다거나, 다른 선택을 했어야 한다는 이야기는 아닙니다. 누가 쉽게 그렇게 말할 수 있을까요. 태어났더니 노비였고, 악착같이 산 결과로 모은 재산을 활용해 기존 신분을 벗어나 '양반처럼' 살아 보고자 했던 수봉과 그 후손들의 열망을 오늘날의 관점에서 비판하거나 비난하기는 어려울 것 같습니다.

다만 책을 읽으면서 제 스스로에 대해 자꾸 생각하게 되지 않았나 싶습니다. 수봉가의 신분 상승이 그가 가진 경제력 덕분이었다는 점 때문에 감정이입이 더 잘되었는지도 모릅니다. 페이지를 넘기면서 문득문득, 한편으로는 현실에 대한 이런저런 불평과 불만을 말하면서도, 다른 한편으로는 그 시스템 안에서 어떻게든 조금이나마 안온한 생활을 누리려고 애를 쓰는 제가 떠올랐습니다. 시인 김수영이 그랬던 것처럼 "50원짜리 갈비가 기름 덩어리만 나왔다고" 분개하면서 틈틈이 스마트폰으로 주식시장의 동향과 아이의 학원 정보를 찾아보느라 분주한 제 모습 말입니다.

독서 안내

『16세기 어느 양반가 노비의 일상과 생존전략』(이혜정 지음,
세창출판사, 2024)

  『유유의 귀향』에는 이문건이라는 인물이 몇 차례 등장하는데요, 알고 보니 연구자들 사이에서는 유명한 사람이라고 합니다. 『묵재일기』라는 기록을 남겼기 때문인데, 이 책 『16세기 어느 양반가 노비의 일상과 생존전략』은 이 일기를 바탕으로 조선 시대 노비의 삶과 일상생활을 재구성했습니다.

『조선 노비들, 천하지만 특별한』(김종성 지음, 역사의아침, 2013)

  이 책에는 다양한 노비가 나옵니다. 글 읽는 노비, 부자 노비, 면천을 꿈꾼 노비, 도망가고 저항한 노비……. 『노비에서 양반으로』의 수봉이네와 비교해 가면서 읽는 재미가 쏠쏠합니다. 조선 시대 노비 제도를 이해하게 되는 것은 덤입니다.

3

북한으로 탈출한 사람들

『북한행 엑서더스』

20세기 역사에 붙여진 기묘한 각주

『북한행 엑서더스』를 막 읽기 시작한 독자의 상태는, 안개 자욱한 날 낯선 곳을 정처 없이 걷는 여행자의 그것과 비슷하다고 할 수 있습니다. 또는 이 책이 다루고 있는 사람들, 북한행 선박에 몸을 싣고 몇 날 며칠 수평선만 바라보며 자신과 가족의 미래를 희망 반, 걱정 반 섞어 고민하던 재일조선인들의 그것과 비교할 수도 있겠습니다.

이 책은 1950년대 후반에 시작된 북한행 엑서더스, 말 그대로 '북한으로의 대탈출'을 다루고 있습니다. 북한이 지난 수십 년간 겪어 온 경제적 어려움을 아는 우리에게는 북한으로 탈출한다는 말이 영 어색하게 들립니다. 무슨 사정이 있었던 걸까요? 독자는 60년 전 있었던 재일조선인의 북송(북한 송환)이라는 낯선 주제를 앞에 두고, 한편으로는 몰랐던 사실을 알아 간다는 것에 흥분하면서, 또 다른 한편으로는 뭔가 좋지 않은 일이 벌어질 것만 같은 예감에 불안해하면서 조심스럽게 페이지를 넘기게 됩니다. 이 책의 첫 문장은 이렇습니다. "열차가 긴 터널을 빠져나오자 그곳은 밤의 설국이었다." 노벨 문학상을 탄 가와바타 야스나리의 소설 『설국』의 첫 문장과 같습니다. 책의 소재가 흥미로울 뿐 아니라 수준 높은 에세이에서나 만날 법한 맛깔난 문장들이 곳곳에서 발견되니 읽는 즐거움은 배가 됩니다. 구성도 독특하죠. 일본과 북한과 남한과 미국과 적십자사의 속내가 밝혀지는 과정은 옮긴이 말마따나 꼭 추리소설 같습니다. 저자가 '북한행 엑서더스'의 흔적을 찾아 스위스와 일본과 북한과 남한을 다니는 장면 장면은 잘 쓴 기행문 같고요.

책이 가진 이런 미덕 덕분에 페이지가 쉴 새 없이 넘어갑니다. "20세기 동북아시아 역사에 붙여진 기묘한 각주" 같은 기막힌 표현을 지나 첫 장 끝머리에 나오는 다음과 같은 대목에 이르면 좀처럼 책을 덮기 힘들어집니다. "개인의 인생에 대한 자그마한 이야기와 세계 정치의 장대한 이야기가 교차되었을 때, 대체 어떤 일이 벌어지는가?"

이 책의 저자는 (그 이름을 볼 때마다 필립 모리스 담배를 물고 스즈키 오토바이에 올라탄 모습을 상상하지 않을 수 없게 하는) 역사학자 테사 모리스-스즈키입니다. 그는 『북한행 엑서더스』에서 자기 자신을 적극적으로 드러내는 방식으로 글을 썼습니다. 북송 사업에 관심과 문제의식을 갖게 된 계기, 자료를 찾기 위해 세계 곳곳을 다니는 여정, 가설을 세웠다가 무너뜨리고, 논거에 맞게 수정하는 과정이 책에 고스란히 담겨 있습니다. 저자는 '나'를 내세워 독자가 연구와 집필의 과정을 함께 따라가 볼 수 있도록 내용을 구성했습니다. 읽는 입장에서 북송 사업의 연혁과 결과가 머릿속에 일목요연하게 정리되지 않는다는 단점이 있지만, 그 대신 독서가 흥미진진해집니다. 웬만한 소설보다 재미있게 읽을 수 있다고 말씀드릴 수 있습니다. 테사 모리스-스즈키는 『북한행 엑서더스』에서 이런 서술 방식을 취한 것이 일종의 모험이었다고 밝힌 바 있는데요, 도전할 만한 가치가 있었다고 말해 주고 싶습니다. 저자는 이런 방법이 썩 마음에 들었는지, 몇 년 후에 쓴 『길 위에서 만난 북한 근현대사』에서는 아예 전적으로 기행문 형식을 빌리기도 했습니다.

아무튼 테사 모리스-스즈키는 1959년에 시작되어 장장 25년간 계속된 재일조선인 북송 사업을 연구해 이 책을 썼습니다. 25년간 무려 9만 명이 북으로 갔고, 그중 7만 명이 사업 초기인 1959년부터 1961년까지 북한행 배를 탔다고 하죠. 블록버스터급 프로젝트였던 것 같습니다. 일본과 북한뿐 아니라 소련, 중국, 남한, 미국, 조총련(재일본조선인총연합회), 일본과 북한의 적십자사, 그리고 국제적십자사까지 관여했다고 하니까요. 그중에서도 일본의 정부와 적십자사가 '주연'이었다 하겠는데, 이들은 이 사업이 기본적으로 인도주의 정신에 기반한 것이었다고 홍보하고 있습니다. 강제로 체포해서 추방한 것도 아니고, 이주를 바라는 이들을 원하는 곳으로 보내 줬다고 생각하면 맞는 말 같기도 합니다.

책략, 기만, 배신

저자의 생각은 좀 다릅니다. 저자가 펼쳐 놓는 재일조선인 북송 사업에 얽힌 길고 긴 이야기를 세 단어로 요약하면 다음과 같습니다. 책략, 기만, 배신(『북한행 엑서더스』가 이 순서대로 정리되어 있는 것은 아닙니다. 이 책이 취하는 교차편집의 경지는 높고도 깊어서, 독자의 집중력을 거의 한순간도 놓치지 않습니다. 이 장에서는 그 교차편집의 화려함을 옮기려는 욕심을 내려놓고, 키워드 중심으로 재구성해 보려고 합니다).

첫째 키워드는 '책략'입니다. 공식 담론과는 달리 이 사업은 재일조선인의 인권을 위해 기획된 것은 아니었습니다. 오히려 그 반대에 가까웠습니다.

태평양전쟁이 끝난 뒤, 일본은 재일조선인들을 '내보내고' 싶어 했습니다. 일본과 조선은 하나라며 다 같이 천황을 위해 일하고 천황을 위해 죽자던 게 불과 몇 년 전이라고 생각하면, 그리고 재일조선인 대다수가 식민 지배의 모순 속에서 일부는 대놓고 강제로, 또 다른 일부는 굶주림과 억압으로 인해 어쩔 수 없이 이 섬에 오게 되었다는 점을 생각하면 태연히 추방을 논하는 몰염치에 낯이 화끈거립니다. 그러나 역사의 크고 작은 국면에 등장하는 주인공들은 대체로 얼굴이 좀 두꺼운 편인 것 같습니다.

 북한은 북한대로 재일조선인을 받으려고 했습니다. 1958년 중국에서 대약진 운동이 시작되었습니다. 그에 따라 북한에 상주하던 중국의 지원군 30만 명이 대거 돌아갔고(대약진 운동의 취지에 맞춰, 말 그대로 일하러 돌아간 것이지요), 북한은 그만큼 노동력이 부족해졌습니다. 재일조선인이 대규모로 입국한다면 그 공백을 일부라도 메울 수 있을 것이었습니다. 한일 관계를 교란하려는 목적도 있었습니다. 북한의 존재 자체를 부정했던 남한 정부의 관점에서 재일조선인이 돌아와야 한다면 목적지는 남한이 되어야 했습니다(그러나 남한 정부는 북송에 반대하기만 했을 뿐, 재일조선인들을 남한에 받아들이려는 의지는 없었습니다). 이승만 정부는 북송 사업을 '전쟁 불사' 운운하면서 반대했으니, 일본이 재일조선인을 북한으로 보내려 하면 할수록 한일 관계는 악화됩니다. 북한에는 호재였죠.

 둘째 키워드는 '기만'입니다. 일본 정부는 자신들의 희망과는 달리 사람들을 무작정 추방할 수는 없었습니다. 머리를 굴려 생각해 낸 방법이, 적십자사를 끌어들여 이 치사한 기획을 비정부기구의 인도주의적 활동으로 포장하는 것이었습니다.

표면적으로 송환은 북한에 가고자 하는 사람들의 자율적 의사를 확인하는 것을 전제로 이뤄졌습니다. 강제로 보낼 수 없도록 했다는 것입니다. 그러나 그 자율이라는 것이 당대에 어떤 의미를 가졌는지를 생각해 보면 참담한 기분에 빠지게 됩니다.

1951년 일본과 승전국들이 샌프란시스코 조약을 맺고 나서, 일본 정부는 일본에 사는 대만인과 조선인의 일본 국적을 박탈한다고 선포했습니다. 재일조선인은 갑자기 외국인이 되었고요. 각종 사회복지의 대상에서 제외되었고, 직업을 갖는 데에도 제도적 제약이 따랐습니다. 차별이 횡행했음은 물론입니다. 언론은 외국인인 재일조선인에게 혈세가 낭비되고 있다며 연일 기사를 내보냈습니다.

북한에 가려고 적십자 센터에 도착한 어느 재일조선인이 기자에게 했다는 말 속에 '자율적으로 선택했다는 것'의 진짜 의미가 담겨 있지 않나 싶습니다. "일본에 있어 봐야 먹고살 수가 없어. 거기 가면 굶진 않겠지."

마지막 키워드는 '배신'. 조총련은 북한을 젖과 꿀이 흐르는 땅으로 선전했습니다. 잘 먹고 잘살 수 있다는 희망. 이것이 9만 명이나 되는 이들을 북한으로 이끌었던 것이죠. 조총련은 이 귀국 사업을 통해 재일조선인 사회에서의 영향력을 키웠고, 귀국자들이 재산을 맡기고 떠나는 경우가 많아 자금도 풍부해졌습니다.

이 책에는 당시 북한으로 떠났다 돌아온, 또는 떠나려고 준비했던 이들의 인터뷰가 여럿 실려 있습니다. 인터뷰이 중 한 명인 정영호는 북한으로 가겠다고 했을 때 조총련 활동가인 어머니가 극구 만류했다고 하는군요. 조총련에서 그렇게나 홍보했던 사업인데 대체 왜 그랬을까요? 홍보물은 홍보물일 뿐, 전쟁이 끝난 지 몇 년 되지도 않은 나라에서 먹고살기는 힘들다는 것이었습니다. 정영호는 그럼에도 불구하고 "일본에서는 도저히 미래가 없다고 생각해" 북한행을 택했습니다. 불행히도 북한에도 그의 미래는 없었습니다. 어머니의 걱정대로 "새로운 고향에서 가혹할 만큼의 물질적 빈곤을 경험"한 그는 이후 북한을 탈출해 서울에 살고 있습니다.

일본 정부도 북한으로 떠난 이들의 생활고를 알고 있었지만 아랑곳하지 않았습니다. 재일조선인을 북한으로 보내려는 노력에 박차를 가할 뿐이었습니다. 1960년 후반 귀국 협정을 갱신할 때, 일본은 송환자 수를 일주일에 1,000명에서 1,500명으로 늘릴 것을 강력히 주장했습니다.

그곳에 가면 굶진 않겠지, 공화국에서는 매일 쌀밥을 먹는다던데. 소박한 바람을 품고 청진항을 향해 떠난 이들의 상당수가 가난과 기근에 시달려야 했습니다. 일부는 일본에서 왔다는 이유로 차별을 당했고요. 숙청을 당해 죽거나 수용소에 보내지기도 했습니다. 대규모 북송 사업으로 일본과 북한, 조총련은 당초의 정치적 목적을 달성했습니다. 그러나 북한으로 건너간 재일조선인들의 소박한 꿈은 이루어지지 못했습니다.

이 책을 읽다 보면 이민진의 소설 『파친코』를 여는 첫 독백, "역사가 우리를 저버렸다."라는 문장이 떠오릅니다. 많은 경우 개인의 인생은 거대한 역사 앞에서 꺾이고 상처 입기 마련인 것 같습니다. 후대에 기록될 만한 국제정치적 사건에 휘말린 하나의 삶이 파고를 피해 가는 경우는 흔치 않은 것 같고요. 테사-모리스 스즈키의 『북한행 엑서더스』는 미스터리한 구성과 아름다운 문장으로 독자를 50년대 후반의 격동기로 안내합니다. 구미가 당기고 흥미가 동합니다. 페이지마다 크고 작은 이야기의 매력이 넘칩니다. 그러나, 저자가 이끄는 대로 정신없이 책을 읽다 보면 만나게 되는 것은, 역사의 긴 터널을 지나 캄캄한 밤의 설국에 도달하고야만 60년 전 재일조선인들의 비극적인 운명입니다.

독서 안내

『길 위에서 만난 북한 근현대사』(테사 모리스 스즈키 지음,
서미석 옮김, 현실문화, 2019)

　　『북한행 엑서더스』의 서술 방식이 마음에 들었다면 이 책도 꼭 함께 읽기를 권합니다. 『길 위에서 만난 북한 근현대사』는 제목 그대로 북한의 근현대사를 다루지만, 여행 에세이 형식을 취하고 있습니다. 빛나는 문장을 홀린 듯 따라가다 보면 자연스럽게 저자의 여정에 동행하고 있는 나를 발견하게 됩니다.

『카메라를 끄고 씁니다』(양영희 지음, 인예니 옮김, 마음산책, 2022)

　　저자 양영희의 아버지는 북송 사업에 적극적이었던 조총련 간부였습니다. 아들 셋을 북한으로 보낸 아버지를 저자는 이해하지 못합니다. 그랬던 부녀가 결국에는 다시 서로 이해하고 화해하는 과정에서 독자는 이데올로기니 민족이니 하는 것들이 얼마나 허망한 것인지를 다시금 확인하게 됩니다.

4

해방 직후,
우리에게도 기회가 있었다

『26일 동안의 광복』

가슴 답답한 한국 근대사

어려서부터 역사책 읽는 것이 즐거웠지만 유독 한국 근대사만큼은 재미가 없었습니다. 그저 뺏기고 뜯기고 수탈당하는 이야기가 상당 부분을 차지하거든요. 강화도 조약 이후로는 불평등조약이 아닌 것이 없고, 조선의 이권이란 애초부터 뺏기기 위해 존재했던 건가 싶었던 게 저만의 느낌은 아니겠지요. 정치인은 왜 또 그리 하나같이 무능하거나 부패했을까요. 그나마 존경할 만한 사람을 찾더라도 그들의 운명은 대개 둘 중 하나입니다. 과거에 연거푸 낙방한 끝에 초야에 묻혀 잊힌 지식인이 되었거나 의병의 우두머리가 되었다가 관군에 잡혀 감옥에서 생을 마감했거나.

한국의 근대사가 이토록 슬픈 것은 조선과 대한제국이 외부의 충격에 제대로 대응하지 못했기 때문입니다. 물론 우리가 학교에서 배우기로는 조선 스스로 근대화를 이루기 위해 다양한 노력을 기울였다고는 하지만, 그 노력들은 나라 밖에서 거세게 밀려드는 변화의 물결을 이겨 내기에는 역부족이었습니다. 임오군란, 갑신정변, 동학농민혁명(갑오농민전쟁), 갑오개혁, 의병 전쟁 같은 숱한 노력은 끝내 결실을 맺지 못했죠.

현대로 와도 사정은 비슷합니다. 해방과 동시에 한반도를 분할 점령한 미국과 소련은 오랫동안 한반도의 정치와 경제에 있어 가장 중요한 변수였습니다. 남한 정치의 고빗사위에는 항상 미국의 개입이 있었고, 미국의 원조는 한때 남한의 경제를 지탱하는 거의 유일한 기둥뿌리였습니다. 북한은 다를까요. 소련과 중국을 빼놓고는 한국전쟁의 발발도, 김일성 유일 체제의 성립도 설명할 수 없지 않습니까.

그래서 역사책을 좋아하는 저 같은 사람도 유독 한국 근현대사에 관한 책을 읽을 때만큼은 사이다 없이 삶은 달걀을 다섯 개쯤 먹은 것처럼 가슴이 답답합니다. 아니 뭘 그렇게 잘못했길래 매번 뺏기고 뜯기고 주저앉기만 하다가 세월 다 보낸 걸까요. 뭐라도 좋으니 가능성 비슷한 것이라도 찾은 사람이 단 한 명도 없었던 걸까요. 뭔가를 해 볼 수 있는 여지가 단 한 순간도 없었던 걸까요. 그 많은 역사책 중에 그런 이야기 하나쯤 어디 없나요. 아이고, 정말 속이 터져 못 살겠습니다.

그런 순간이 있었다

그런데 길윤형의 『26일 동안의 광복』은 약간 다른 이야기를 합니다. 비록 짧긴 하지만 한반도를 둘러싼 주변 열강의 영향력이 사라진 순간이 있었다고요. 조선을 식민 지배한 일본 제국주의가 항복을 선언한 1945년 8월 15일부터 동아시아의 새로운 지배자로 등장한 미국이 한반도에 들어온 9월 9일까지의 26일 동안만큼은 외세의 간섭 없이 온전히 우리의 손으로 우리의 미래를 설계하고 준비할 수 있었다는 것이죠.

함석헌 선생은 "해방은 도둑과 같이 뜻밖에 왔다."라고 했지만, 그렇다고 조선인들이 나무 아래 누워 입 벌리고 해방이 떨어지기만 기다렸던 것은 아닙니다. 3·1 운동의 결과로 탄생한 대한민국 임시정부가 임시 헌장 제1조에서 "대한민국은 민주공화제로 함"이라고 선언한 이래로 독립운동은 곧 건국의 과정이기도 했습니다. 독립운동이란 빼앗긴 주권을 되찾아 과거의 봉건제 국가로 돌아가지 않는 길에 대한, 그리고 앞으로 살아갈 나라가 어떤 모습이어야 하는지에 대한 다양한 상상과 전망이 경합하는 과정이었으니까요.

그렇기에 1945년 8월 15일은 국내외 각지에서 각자의 방식으로 해방을 준비하던 이들이 마침내 각자의 상상과 전망을 현실에서 펼쳐 보일 수 있는 순간이었습니다. 지배자였던 일본은 패망했고, 새로운 지배자인 미국은 아직 한반도에 오지 않은 그 짧은 순간, 그 누구의 훼방도 없이 해방된 조선의 미래를 실현할 수 있었던 순간.

잘 만들어진 한 편의 정치 드라마

『26일 동안의 광복』의 저자인 길윤형은 『한겨레』 기자로, 도쿄 특파원과 국제부장을 지냈고 『신냉전 한일전』, 『미중 경쟁과 대만해협 위기』 등의 책을 쓴 동아시아 국제 관계 전문가이기도 합니다. 그러면서도 『나는 조선인 가미카제다』, 『안창남, 서른 해의 불꽃 같은 삶』 같은 굵직한 역사책을 쓰고 『공생을 향하여』, 『북일 교섭 30년』 같은 책을 번역한, 만만치 않은 내공을 가진 작가이기도 합니다. 국제 관계를 중심으로 재조명한 대한제국의 역사를 '조선의 갈림길'이라는 제목으로 한 해 동안 『한겨레』에 연재하기도 했습니다. 언론계에서 잔뼈가 굵은 사람이지만 1차 사료와 관련 연구를 성실하게 섭렵하고 갈무리하는 솜씨는 여느 역사학자 못지않습니다. 거기에 저널리스트로서의 문제의식에 상황 묘사 능력까지 갖췄으니, 일단 길윤형이라는 이름만으로도 신뢰감을 줍니다.

그래서일까요, 이 책은 한 편의 정치 드라마를 보는 것처럼 생생하고 흥미진진한 묘사가 일품입니다. 패배를 직감하고 패배 이후를 준비하는 조선총독부와, 건국을 준비하는 좌파와 우파 정치인들의 움직임이 시, 분, 초 단위로 전개됩니다. '제○공화국'류의 정치 드라마만큼이나 다양한 인간 군상이 각자의 시간과 공간 속에서 보이는 움직임을 따라가는 구성은 일단 그 자체로 아주 재미있습니다. 예컨대 이런 식입니다. 해방 직전 여운형의 상황을 묘사한 1부 1장은 이렇게 끝납니다.

> 그러던 8월 14일이었다. 여운형의 평생의 후원자였던 (…) 이임수의 아들 이란(1925~2011)은 이날 아버지의 사식을 넣기 위해 평소 안면이 있던 나가사키 유조 경성사상범보호관찰소장을 찾아갔다. (…) 그는 이란에게 "아버지 사식 넣을 필요가 없다. 내일 아버지가 나올 것"이라고 말했다. 그러더니 옆에 있는 배급용 세숫비누를 몇 개 주워다 가져다 쓰라고 권했다. 이란은 놀란 마음에 계동 여운형의 집을 찾았다. 그에게 "내일 일본이 망한다는데 무슨 꿍꿍이가 아니냐"고 물었다. 여운형은 며칠 전부터 이날을 손꼽아 기다렸던지 마침 말끔하게 이발을 한 상태였다. 그는 신이 나서 이란에게 말했다. "아, 틀림없어. 내일 일본이 항복해. 나가서 결사대를 조직하라." (46~47쪽)

여기서 갑자기 상이 끝나는데요, 독자로서는 도저히 다음 장을 보지 않으려야 않을 수가 없습니다. 서론에서 연구사를 정리하고, 이어지는 몇 개의 장으로 본론을 구성한 다음, 연구의 의의와 한계를 정리하는 것을 결론으로 삼는 보통의 역사책에서는 상상할 수 없는 구성 아닙니까. 이거야말로 말 그대로 '책의 앞 장이 뒷장을 끌어들이는' 구성이지요. 정치 드라마나 다큐멘터리를 좋아하는 사람이라면 이 책은 분명히 취향 저격입니다.

　이 책이 잘 만들어진 정치 드라마처럼 느껴지는 것은 주요 등장인물의 캐릭터 설정을 기가 막히게 잘했기 때문이기도 합니다. 몽양 여운형은 디테일은 약간 부족할지언정 탁월한 카리스마와 행동력으로 통합을 주도한 행동주의자였고, 민세 안재홍은 특출한 리더십은 없었지만 묵묵히 좌우 통합을 지지한 온건한 덕망가였으며, 고하 송진우는 명분은 있으되 지나치게 신중한 탓에 결과적으로는 아무것도 하지 못한 인물이었다는 식입니다. 개별 영화에서 서로 중복되지 않게 각각의 캐릭터를 잘 쌓아 올린 다음 그것들을 하나의 영화로 절묘하게 모아 놓은 한국사판 〈어벤저스〉라고나 할까요. 능력 좋은 감독처럼 훌륭하게 캐릭터를 포착해 낸 저자 덕분에 독자는 자연스럽게 이 각각의 인물들에게 감정을 이입하며 정신없이 책에 몰입할 수 있습니다.

　그런데 어찌 된 일인지 페이지가 넘어갈수록 독자의 마음은 무거워져만 갑니다. 26일 동안의 천금 같은 시간이 주어졌음에도 해방 정국의 정치인들은 일치된 목소리를 내는 데 이르지 못하고 번번이 분열의 길로 달려가기 때문입니다. 그렇습니다, 이 영화, 〈어벤저스〉는 맞는데 '엔드게임'

이 아니라 '인피니티 워'였습니다. 타노스에 의해 우주의 절반이 날아갔던 것처럼, 한반도도 두 동강이 나는 비극적인 결말을 맞이합니다.

역사가 스포일러

사실 책을 읽기 전부터 우리는 이미 결론을 알고 있었습니다. 해방 이후 일련의 과정에서 좌파와 우파는 무한히 대립만 하다가 끝내는 분열하고 말았다는 것, 거기에 38선을 경계로 남과 북을 분할 점령한 미국과 소련의 냉전 구조가 덧씌워지면서 분단이 공식화되었다는 것, 그 과정에서 그나마 존중할 만한 사람들은 또 하나같이 암살당했거나 총살당했다는 것, 남과 북 양쪽 모두 극단적인 부류의 인간들만 살아남아 권세를 누렸다는 것, 그리고 마지막으로 한반도는 냉전의 질서가 가장 처참한 형태로 구현된 공간이 되고 말았다는 것까지.

맞습니다. 저자의 이야기 솜씨에 잠시 취해 한국 근현대사 책은 하나같이 재미없었다는 걸 그만 깜빡했습니다. 인간은 어리석고 늘 같은 실수를 반복한다고 했던가요. 애써 시간과 돈을 들여 책을 읽었는데 우리의 마음은 또 이렇게 한없이 불편해지기만 합니다. 우이씨, 이거 뭐 이래.

우리를 더욱 실망케 하는 것은 책에 등장하는 그 누구도 특별히 악하거나 못된 사람이 아니라는 사실입니다. 흔히 해방 이후의 역사는 청산되지 못한 친일파가 미국에 달라붙고, 공산주의자들이 소련의 힘을 등에 업고 준동하고, 뭐 그런 식으로 설명되는 것이 보통입니다. 하지만 이 책에 등장하는 해방 정국의 정치 지도자 중에 그런 사람은 없습니다. 좌우 각각에서 통합을 위해 힘썼던 여운형과 안재홍에게 마음이 쏠리기는 하지만 그렇다고 해서 이 책이 다른 이들을 마냥 비난하지는 않습니다. 그들은 그저 각자의 입장에서 최선의 합리적 선택을 한 것으로 보입니다. 그러니 이 책이 보여 주는 1945년 8월 15일부터 26일 동안의 역사는 개인 수준에서 최선의 합리적 선택이 반드시 집단 수준에서 최선의 결과를 담보하지는 않는다는 것을 보여 주는 사례인지도 모르겠습니다.

예컨대 송진우가 좌파에 대해 조금만 유연한 태도를 취했다면 이 책의 결론도 많이 달라졌을 겁니다. 식민지기를 거치며 여러 이념에 따라 진영이 나뉜 것이야 어쩔 수 없겠죠. 하지만 해방 이후 한국인들의 목소리를 한데 모을 수 있는 공간을 사실상 보이콧한 송진우에 대해, 이 책은 은근히 책임을 묻고 있는 것처럼 보이기도 합니다. 그는 애초부터 건국준비위원회(건준)에는 참가하지 않았고, 참가를 논할 때에도 건준이 수용할 수 없는 친일 경력 우익 인사들의 명단을 들이밀며 사실상 파투를 놓는 데 열중했습니다.

하지만 뼛속까지 우익이었던 송진우로서는 어쩌면 그게 최선의 선택이었을지도 모릅니다. 공산주의자들과 함께 미래를 도모하느니 얼마 후에 한반도에 진주하게 될 미군과 함께 미국식 자유주의를 추구하는 것이 더 나을 거라는 판단이 꼭 틀렸다고만 할 수는 없을 테니까요. 송신우에게는 민족적 동질성보다는 이념적 동질성이 더 중요했을 테지요. 사실 따지고 보면 좌익도 문제가 많기는 마찬가지입니다. 그들 역시 자기와 다른 이념을 가진 이들과 타협하고 공존하며 조율하기보다는 상대를 헐뜯으며 자기 비중을 늘리는 데 골몰했으니까요.

독자가 느끼는 실망은 근본적으로 여기서 비롯됩니다. 그 누구도 특별히 잘못하지 않았는데 최악의 결과가 나오는, 물 흐르듯 너무도 자연스러운 과정이기에 대체 어디서부터 잘못된 건지도 알 수 없다는 무력감, 그렇기에 그 어디에서도 반전의 가능성을 확인할 수 없다는 절망감, 그래서 지난 80여 년간 한반도를 짓눌렀던 냉전과 대립의 구조는 너무나도 자연스럽고 필연적인 역사적 결과일지도 모른다는 탄식.

아니 이게 뭡니까. 처음에는 외세의 개입이 없는 26일을 살펴보자고 우리를 꾀더니, 마치 그 과정에서 작은 희망이라도 발견할 수 있을 것처럼 떡밥을 뿌려 대더니, 결과가 이게 뭡니까. 아니, 이보시오, 기자 양반, 뭐라고 답을 좀 해 보시오!

물론 서로 생각이 다른 이들이 하나의 조직 속에서 하나의 목소리를 내는 것은 애당초 불가능한 일이었는지도 모릅니다. 예나 지금이나 정치를 움직이는 건 당위가 아니니까요. 그러니까 한국의 좌·우파가 자기들끼리는 지지고 볶으면서도 미국과 소련에 대해서만큼은 일치된 목소리를 내는 것은 너무나도 가능성이 희박한 일이었을지도 모르지요.

하지만 저자가 이 책을 쓴 이유가 단지 열패감을 재확인하는 데 있지는 않을 겁니다. 저는 오히려 저자가 독자에게 그 실낱같은 가능성을 보여 주고 싶어 했다고 생각합니다. 이 책이 보여 주는 26일간의 정치 드라마에는 분명 인간의 의지와 우연이 개입할 수 있는 여지가 있었습니다. 여운형과 안재홍이 어떻게든 송진우를 설득했더라면, 송진우 스스로가 조금이라도 적극성을 발휘했더라면, 경성에 왔던 OSS(미국 전략사무국) 요원들이 경성에 좀 더 머무르며 임시정부의 정치적 교두보 역할을 했더라면 하는 등등의 가정을 자꾸 하게 됩니다. 역사에서 가정이란 무의미하다고들 하지만, 자꾸 그것을 생각하게 됩니다.

그러니 저자의 목표는 그 26일 후에 미 군정이 건준을 배척하고 친일파가 득세한 것이 필연은 아니었다고 말하는 것 아니었을까요. 역사라는 것에 꼭 그러해야만 했던 필연적인 이유가 있는 것은 아니라고 한다면, 우리는 그때부터 지금과 다른 어떤 새로운 현실을 상상할 수 있습니다. 절대로 변할 것 같지 않은 저 단단한 현실의 벽을 넘어설 가능성이, 로또와 연금복권에 동시에 당첨될 확률만큼이나 희박할지라도, 분명히 있기는 있습니다.

독서 안내

『1945년 해방 직후사』(정병준 지음, 돌베개, 2023)
    거의 같은 시기를 역사학자 정병준이 다룬 책입니다. 성실한 역사학자의 꼼꼼한 정리가 돋보이는 가운데 해방 직후 상황에 대한 분노와 탄식도 진하게 묻어나지요. "현대 한국의 원형"이라는 부제에서도 드러나듯이 저자는 이때의 경험이 현재 우리 사회가 겪고 있는 여러 모순의 직접적인 원인이라고 보는 듯합니다.

『조선을 떠나며』(이연식 지음, 역사비평사, 2012)
『다시 조선으로』(이연식 지음, 역사비평사, 2024)
    해방 직후의 사회사를 다룬 이 두 권의 책은 모두 이연식이 썼습니다. 『조선을 떠나며』에는 해방 직후 조선을 떠나야 했던 일본인의 이야기가, 『다시 조선으로』에는 식민지 시대 이후 조선 땅의 조선인들이 겪어야 했던 혼란상이 담겨 있습니다.

5

1972년 일본, 아사마 산장 집단 살인극의 전모

『적군파』

그해, 1972년

1972년에는 뭔가 대단한 일이 있었던 것이 틀림없습니다. 태양계 행성들이 일렬로 선다든지 하는 정도까지는 아니어도, 최소한 지구 자전축이 1만 분의 1도 정도는 틀어진 것이 확실합니다. 하나하나 따로 보아도 어마어마한 사건들이 1972년 한 해에 수두룩하게 일어났기 때문입니다. 오키나와 반환, 미군의 베트남 철수, 닉슨의 중국 방문, 미국·소련 간 전략무기제한협정 체결, 7·4 남북공동성명, 10월 유신 등 하나같이 각국 정치는 물론이고 동아시아, 더 나아가 세계질서를 흔들 만한 사건들입니다.

정치적 사건만이 아니었습니다. 최초의 비디오 게임기

인 '오디세이'가 1972년에 처음 나왔고, 최초의 아케이드 게임인 '퐁'도 1972년에 출시되었습니다. 그러니까 전 세계의 어린이와 그 부모가 게임을 둘러싸고 벌이는 지난한 투쟁의 시작이 1972년인 셈입니다. 헝가리 출신의 토트 라슬로라는 지질학자가 "내가 바로 예수 그리스도"라며 바티칸의 피에타상을 망치로 깬 것도 1972년인 걸 보면 그해에는 '똘끼'도 만만치 않았던 것 같습니다.

그래서일까요. 1972년에 태어난 이들도 하나같이 대단한 사람으로 성장했습니다. 한국에서는 유재석, 장동건, 서태지, 심은하, 배용준이 태어났고, 바다 건너에서는 래퍼 노토리어스 B.I.G.와 에미넴, 밴드 오아시스의 리엄 갤러거가 태어났습니다. 그러니까 1972년이 없었다면 우리는 그 좋은 개그와 그 좋은 음악을 듣지 못하고 살 팔자였던 것입니다. 유느님과 〈돈 룩 백 인 앵거〉가 없는 세상이라니, 상상만 해도 끔찍합니다.

1972년의 기운은 일본에서도 예외가 아니었습니다. 일본 사회를 발칵 뒤집어 놓은 대형 사건이 그해 정초에 터졌기 때문입니다.

산장에 들이닥친 괴한들

늦겨울이라지만 아직 봄을 바라기에는 너무 이른 날이었던 1972년 2월 19일, 일본 나가노현의 아사마 산장에 5명의 괴한이 들이닥쳤습니다. 어디서 뭘 하다 왔는지 짐작조차 가지 않는 피골상접한 괴한들은 관리인의 아내를 위협해, 그녀를 인질로 잡고 농성을 시작했습니다.

자신들을 '연합적군'이라고 밝힌 그들은 1,000여 명에 달하는 경찰과 대치한 채 열흘간 인질극을 벌였습니다. 열흘째인 2월 28일 진압 작전이 개시되었고, 1명의 민간인과 2명의 경찰이 사망하는 희생 끝에 인질극은 종료됩니다. 텔레비전으로 생중계된 진압 작전의 최고 시청률은 89.7%에 달했다고 하니 일본 전체의 관심이 이 작은 산장에 집중되었다고 해도 과언은 아니겠습니다.

하지만 여기서 끝이 아니었습니다. 체포된 5명의 괴한을 조사한 결과, 이들이 원래는 5명이 아니라 31명이었으며, 이 가운데 12명을 나머지 19명이 죽였다는 충격적인 진술이 나온 것입니다. 총기로 무장한 채 공권력에 맞서 농성하는 집단이 존재한다는 것부터가 놀랄 일인데, 산장에 틀어박혀 서로 죽이는 끔찍한 살인극까지 벌였다니요.

『소년탐정 김전일』에서나 봤을 법한 산장 집단 살인극의 전모는 대충 이러합니다. 급진적인 사회혁명을 꿈꾸는 일군의 젊은이들이 약간의 무기와 자금을 가지고 한 산장에 집결합니다. '연합적군'이라는 이름으로 모인 이들의 목적은 내부적인 사상 통일을 이루는 한편으로 혁명을 위한 역량을 쌓는 것이었습니다. 그 과정에서 사상적으로 오류를 범한 인물이나 철저한 혁명 의식을 가지지 못한 자에 대해서는 치열한 논쟁과 '약간의 고행'을 통해 그간의 오류를 바로잡고 투철한 혁명 사상을 가질 수 있도록 했습니다. 오류를 범하거나 '공산주의화가 덜 된' 동지에게 육체적인 고행을 가하고 이를 통해 사상을 단련하도록 한 것이죠. 따라서 그 고행의 과정에서 당사자가 죽음을 맞더라도 그것은 동료에 의한 타살이 아니라, 스스로의 오류와 불철저함을 극복하지 못했기 때문에 일어난 '패배사'로 규정되었습니다. 문제는 무척 사소한 것들도 오류나 불철저함의 증거로 여겨졌다는 점입니다. 예컨대 산장에 들어오면서 이름과 머리 모양을 바꾸지 않은 것은 여성으로서의 정체성을 완전히 버리지 못한 증거로 받아들여지는 식이었습니다. 그런 식으로 12명의 젊은이가 죽었습니다.

혈기 왕성한 20대 젊은이들이 산장에서 벌인 집단 살인극이라고 하니 황색 저널리즘의 먹잇감으로는 최적입니다. 연합적군 이야기는 곧바로 사건의 본질과는 무관한 자극적이고 선정적인 내용으로 뒤덮였습니다. 하지만 연합적군 사건이 세상 사람들의 조롱거리가 되고, 끝내는 일본 진보 운동에 결정적인 타격을 입힌 것이 단지 황색 저널리즘의 책임만은 아닐 것입니다. 여남은 명이나 되는 젊은이가 단번에 목숨을 잃었다는 것은 그 어떤 이유로도 합리화될 수 없기 때문입니다. 아사마 산장 농성 당시만 해도 대학생들을 중심으로 이들에 대한 지지 움직임이 나타났지만, 집단 살인 이야기가 나오자 이런 움직임조차 완전히 자취를 감춘 것은 그 때문입니다. 연합적군 사건은 일본 진보 운동의 몰락을 극적으로 고한 사건인 동시에, 몰락하는 진보 운동의 산소호흡기를 떼어 버린 사건이기도 했습니다.

그 많던 진보 운동은 누가 다 먹었을까

지금은 지나친 우경화를 걱정해야 할 정도로 일본 사회가 보수적으로 변해 버렸지만 사실 일본의 진보 운동은 오랜 전통을 가지고 있습니다. 1922년 창당한 일본 공산당은 현재까지도 활발하게 활동하고 있을 뿐 아니라 공산당이 집권하는 국가를 제외하면 세계 최다 수준의 당원 수를 자랑할 정도로 작지 않은 역량을 가지고 있습니다.

1960년대는 '정치의 계절'로도 불리는 일본 진보 운동의 전성기로, 특히 1960년에 미일안전보장조약 개정에 반대하며 일어난 시민운동인 '안보 투쟁'은 미국 주도의 냉전 질서에 저항하고 자민당의 비민주주의적 행태에 일침을 가하는 대규모 평화운동으로 이어지기도 했습니다. 1966년에 시작된 '산리즈카 투쟁'(나리타공항 건설 반대 운동) 역시 일방적인 국가정책에 반대하는 일본의 진보적인 시민운동이었습니다.

일본 진보 운동의 이러한 역량은 1945년 패전 후 치안유지법이 폐지되어 좌파 정당이 합법적으로 인정받았고, 노조 조직률도 꾸준히 상승했기 때문에 가능했습니다. 학생운동 역시 대단한 수준이었습니다. 대학의 수업료 인상 반대, 학원 민주화 등의 문제를 통해 꾸준히 누적된 학생운동의 흐름은 1968년 (한국으로 치면 전대협이나 한총련쯤 되는) 전학공투회의(전공투)의 결성으로 이어졌습니다.

급기야 전공투를 중심으로 한 학생운동 세력은 도쿄대 야스다 강당을 점거하고 경찰과 대치했는데('야스다 강당 사건'), 이는 1년 가까이 수천 명에 달하는 전국 대학생이 참여하는 거대한 투쟁으로 성장했습니다(이 사건으로 도쿄대는 1969년에 신입생을 모집하지 못했기 때문에 도쿄대에는 69학번이 없다고 하네요. 그래서 이해에는 교토대로 신입생이 대거 몰렸고, 그런 까닭에 교토대 69학번은 학교 설립 이래 최고의 인재라는 농담이 나오기도 했다는군요).

하지만 안보 투쟁과 산리즈카 투쟁, 야스다 강당 사건의 결과는 역설적이었습니다. 일본 진보 세력의 역량을 과시하는 기회이기도 했지만, 끝내는 모두 패배했기에 결과적으로 진보 운동이 내리막길을 걷는 계기가 되기도 했기 때문입니다. 1980~90년대의 한국 학생운동이 그랬던 것처럼, 건물을 점거하고 공권력에 대항하는 대학생들의 모습은 치기 어린 젊은 이상주의자의 과격함 정도로만 치부되었을 뿐, 사회의 변화까지 끌어내지는 못했습니다. 유의미한 결과를 끌어내지 못한 진보 운동은 자연스럽게 몰락의 길을 걸었습니다.

이런 상황에서 발생한 아사마 산장 사건은 몰락하는 일본 급진 좌파가 내지른 단말마의 비명이었는지도 모릅니다. 몰락에 몰락을 거듭하며 소수로 전락한 이들은 급기야

산속에 틀어박혀 자신들만의 굳건한 성채를 짓고자 했지만, 그들이 걸어간 궤적은 그다지 아름답지 못했습니다. 국가의 탄압에 따른 피해 의식과 이데올로기에 대한 확신이 결합된 결과는 자기 이데올로기에 대한 맹목과 맹신이었습니다.

흔들리지 않는 원칙과 신념을 강조하는 '근본주의'는 위기의 시기에 훨씬 더 강해지기 마련입니다. 엄청난 경제난에도 불구하고 수령에 대한 우상화는 전혀 흔들리지 않았던 북한과, 혁명을 달성한 쿠바 인민이기에 수십 층짜리 건물에도 엘리베이터 따위는 필요 없다고 일갈했다는 체 게바라의 모습도 여기서 크게 벗어난 것 같지는 않습니다. 자기 신념에 대한 확신과 헌신은 물론 중요합니다. 하지만 그것이 신념을 넘어서 맹목과 집착으로까지 치달을 때, 그것은 곧 타인에 대한 폭력이 됩니다.

바다 건너 외국 이야기만은 아닌
여기까지 생각을 진전시키면 연합적군 이야기는 단지 40여 년 전 일본에서 일어난 집단 살인극 이야기가 아니라, 결국 지금 우리의 문제가 됩니다.『적군파』의 부제인 "내부 폭력의 사회심리학"이라는 표현을 생각하면 더욱 그렇습니다.

에릭 홉스봄이 '극단의 세기'라고 불렀을 정도로 20세기는 폭력이 빈발한 시기였습니다. 두 차례의 세계대전을 비롯해 나치즘과 파시즘의 대량 학살, 세르비아 등지에서 벌어진 인종 청소 등이 대표적입니다.

전통적인 의미의 폭력이 국가나 군대처럼 물리력을 보유한 특정 집단에 의해 이뤄진 데 비해 20세기의 폭력은 보통의 필부들까지 폭력의 가해자가 되었다는 점이 특징입니다. 자기 동네에 사는 유대인과 집시를 당국에 신고한 것도 보통의 독일인들이었고 한국전쟁 당시 벌어진 학살극 중 상당수를 자행한 것 역시 평범한 농군들이었습니다.

폭력과는 아무 상관 없을 것 같은 평범한 사람들까지 가해자가 되었다는 사실을 설명하기 위해서 우리는 흔히 '광기'나 '극단' 같은 말을 사용하곤 하지만, 사실 그 당시 그것은 무척 합리적이고 과학적인 행위로 이해되었습니다. 나치 독일은 유대인과 집시가 얼마나 인류의 발전을 방해하는 존재인지를 우생학과 골상학을 통해 '과학적으로' 증명했고, 좌익과 우익은 서로가 인류의 자유와 해방에 방해가 되는 존재임을 '합리적' 이데올로기로 논증했습니다.

스스로를 '합리'나 '과학', '진리', '상식', '보편' 등의 수사로 과도하게 치장하는 신념은 확신으로 무장한 폭력일 뿐입니다. 산장에 모인 연합적군은 자신들이 인류의 해방을 위해 싸우는 투사라고 생각했겠지만, 자기만이 옳다고 생각하는 그들의 시선 속에서는 그 어떤 이견도 허용될 수 없었습니다. '불철저한 공산주의자'인 동료를 죽이고도 그것을 '패배사'라고 말할 수 있는 태연함도 그런 확신에서 나왔을 것입니다. '불합리'나 '거짓'에 가해지는 것이라면 비록 그것이 다소 폭력적이어도 상관없다는 그런 확신 말입니다.

얼핏 봐도 부당해 보이는 이런 폭력이 실현될 수 있는 것은, 그것이 언제나 소수자를 표적으로 삼기 때문입니다. 연합적군 내에서도 사상적으로 불철저한 사람은 언제나 한 사람씩 지목당했던 것처럼, 유대인, 동성애자, 장애인 등 집단에서 배제되는 사람은 언제나 소수자이기 마련입니다. 특정한 소수집단에게 집단의 모순과 폭력을 집중시키면 자신에게 향하는 폭력의 화살을 돌릴 수 있을 뿐 아니라 상대의 저항력도 약하기 때문에 가해자 입장에서는 이보다 더 좋은 해법이 없을 것입니다.

다양한 정체성이 공존하고 있는 현대 사회에서 이런 식의 소수자 배제는 한층 더 두드러집니다. 하지만 단지 그 사회의 다수가 공유하는 정체성이라는 이유만으로, 그 정체성을 가지지 못한 사람이 탄압받고 백안시되어야 할 이유는 없습니다. 그럼에도 나와 다르다는 이유만으로 혹은 그저 보기 싫다는 이유만으로 소수자 집단을 배척하는 경우가 드물지 않습니다.

역사 속의 사건과 인물들에 대해 올바른 태도를 취하기는 쉽습니다. 하지만 그것이 정말 자기의 문제가 되었을 때도 올바른 태도를 취할 수 있는지는 좀 다른 문제가 아닌가 싶습니다. 그렇다고 해서 책에서 읽는 역사 이야기, 그러니까 이 경우에는 적군파 이야기를 단지 강 건너 불 보듯 하는 식으로만 보면 안 될 것 같습니다. 우리가 무심코 던지는 말들과 별생각 없이 취하는 태도들은, 언뜻 보기에는 합리적이고 과학적이어서 별문제 없는 듯하지만, 우리가 의식하지 못하는 사이에 누군가에 대한 폭력이 될 수 있기 때문입니다. 자기 생각에 대해서 매 순간 반성하고 성찰하며 산다는 건 정말 피곤한 일이겠죠. 하지만 그런 작은 성찰들이 사라졌을 때 벌어질 수 있는 결과가 바로 적군파의 참극 아니었을까요.

독서 안내

──────────────────────────────

『현대 일본의 역사』(전 2권, 앤드루 고든 지음, 김우영·문현숙 옮김, 이산, 2015)

    『적군파』를 읽다 보면 일본 현대사에 대해 알고 있는 게 별로 없다는 새삼스러운 자각을 하게 됩니다. 『현대 일본의 역사』는 말하자면 통사입니다. 전체적인 그림을 그려 보는 데 도움이 되지요. 1960~70년대의 역사는 제2권을 참고하세요.

──────────────────────────────

『일본 '우익'의 현대사』(야스다 고이치 지음, 이재우 옮김, 오월의봄, 2019)

    『적군파』가 좌익 혁명가들이 벌인 엽기적인 사건을 다루었다면, 이 책은 일본 우익의 역사를 소재로 삼고 있습니다. 저자는 오늘날 일본에 '극우 공기'가 가득 찼다고 평가하는데, 『일본 '우익'의 현대사』는 그 기원을 역사에서 찾아보려는 시도입니다.

2부

격투기 경기만큼 긴박한

세상에서 가장 재미있는 구경이 싸움 구경이라고 합니다. 역사학자라고 하면 책 더미에 파묻힌 점잖은 어르신이 떠오르는데 그런 분들이 싸움이라니 상상이 잘 가지 않습니다. 그렇지만 싸움 구경하는 재미가 의외로 역사책에도 있습니다. 어떤 책은 전투적입니다. 문장에서 날카로움이 느껴집니다. 앞서 쓰인 책의 멱살을 꽉 잡고, 그 책의 주장이 왜 잘못되었는지를 적극적으로 논파합니다. 내가 맞고 저들은 틀렸다고 외치는 데 거리낌이 없습니다. 격투기를 볼 때의 긴박감이 느껴집니다. 상대가 누구든 거침없이 트래시 토크(상대를 자극하는 말)를 날리는 코너 맥그리거의 경기를 보는 기분입니다.

책이 스스로 전투 본능을 드러내지 않는다 하더라도, 독자가 직접 서로 다른 주장을 하는 책들을 찾아 비교하며 읽을 수도 있습니다. 책끼리 싸움을 붙여 보는 것이죠. 언론 기사에서 어떤 역사적 인물에 대한 상반된 의견을 접했을 때, 예전에 배웠던 사건에 대한 다른 해석이 있다는 것을 알게 되었을 때, 그리고 그것에 대한 내 나름의 관점을 찾고자 할 때 써먹기 좋은 방법입니다. 모든 학문에는 쟁점이 있습니다. 학자들이 하나의 사안에 대해 서로 다른 의견을 갖는 것은 자연스러운 일이니까요. 논쟁을 거쳐 하나의 지배적인 이론이 만들어지고 그중 일부가 교과과정을 통해서, 언론을 통해서, 교양서적을 통해서 연구자가 아닌 이들에게도 전달됩니다. 역사학의 경우 학계의 논쟁이 여타 학문에 비해 대중에게 더 많이 알려지는 편이라고 생각합니다. 과거의 해석이 오늘날 우리가 옳다고 생각하는 가치를 결정하는 경우가 많다 보니 아무래도 세간의 관심이 쏠릴 수밖에 없지 않나 싶습니다. 같은 주제에 대해 똑같은 내용과 주장을 담은 책이란 있을 수 없기 때문에(있다면 표절입니다) 몇 권의 책을 비교해서 읽다 보면 쟁점이 무엇인지, 서로 다른 입장을 가진 이들이 각각 무엇을 주장하는지를 생각보다 금방 알 수 있습니다.

영화 〈광해, 왕이 된 남자〉를 보고 광해군이라는 인물에 관심을 갖게 되었다고 해 봅시다. 온라인 서점 앱을 열어 검색창에 '광해군'을 넣고 돋보기 아이콘을 누르면 제일 먼저 등장하는 책 두 권이 한명기의 『광해군』과 오항녕의 『광해군, 그 위험한 거울』입니다. 이 두 책은 광해군을 두고 서로 정반대의 입장을 취합니다. 한명기는 광해군을 명나라에서 청나라로의 교체기에 합리적인 외교정책을 추구한 현명한 군주로 묘사합니다. 그런데 오항녕이 그리는 광해군은 그와는 거리가 멉니다. 오항녕의 광해군은 부족한 정치적 정당성을 확보하기 위해 형제를 죽음으로 몰아넣은 콤플렉스 덩어리의 암군暗君입니다. 광해군이 인조반정으로 퇴위당한 것에는 광해군 스스로의 잘못이 가장 크게 작용했다는 거죠. 우리에게 비교적 친숙한 광해군 한 사람을 두고도 정반대의 주장이 정면충돌하는 상황입니다. 여러분은 광해군에 대해 어떻게 생각하시나요.

아 참, '역사책끼리의 싸움'을 볼 때 염두에 두어야 하는 점이 하나 있습니다. 역사학의 논쟁은 스포츠와는 달라서 어느 한쪽의 승리나 패배로 끝나지 않습니다. 근거가 없거나 날조된 것이 아니라면 어떤 주장이든 경청해 볼 만합니다. 그렇기 때문에 관전자인 독자 역시 서둘러 어느 한쪽으로 입장을 정할 필요가 없습니다. 반드시 결론을 내야 한다는 강박은 가지지 않아도 좋다는 뜻입니다. 하나의 주제에 대해 서로 다른 주장이 다투는 과정을 즐기며 관찰하고, 그 과정에서 내 관점을 세울 준비를 하는 정도로 충분합니다. 같은 주제로 독서를 반복하다 보면 처음에 가졌던 생각이 더 선명해질 수도 있고, 반대로 180도 바뀔 수도 있습니다. 역사책을 읽는 목적은 결정적인 지식 하나를 획득하는 데에 있지 않습니다. 역사책 한 권을 읽는 것은 내가 지금 갖고 있는 지식과 주장을 끊임없이 허물고 수정하고 새로 쌓아 가는, 그렇게 해서 어제보다 좀 더 나은 지성을 만들어 가는 장기적인 과정의 일부입니다. 세상의 질문을 단번에 해결하는 단 한 권의 책 같은 것은 세상 어디에도 없다는 사실을 인정하는 것, 훌륭한 독서는 바로 거기서부터 시작됩니다.

2부에서 소개할 책

1   『광해군』(한명기 지음, 역사비평사, 2000/2018)
    『광해군, 그 위험한 거울』(오항녕 지음, 너머북스, 2012)
2   『유사역사학 비판』(이문영 지음, 역사비평사, 2018)
3   『고종황제 역사 청문회』(이태진·김재호 외 지음, 푸른역사, 2005)
4   『우린 너무 몰랐다』(김용옥 지음, 통나무, 2019/2023)

1

같은 사람 이야기하는 거 맞죠?

『광해군』
『광해군, 그 위험한 거울』

광해군을 어떻게 볼 것인가

한명기의 『광해군』은 조선의 15대 국왕이자 인조반정으로 폐위된 광해군의 평전입니다. 책은 그가 선조의 둘째 아들이고, 어머니가 후궁이었으며, 임해군이라는 형이 있었다는 사실에서 시작해, 임진왜란 때 분조分朝(일종의 임시정부)를 이끌었던 세자 시절, 왕위에 오르기까지 겪었던 어려움, 즉위 후의 공과, 폐위 이후와 죽음에 이르기까지 광해군의 일생을 골고루 다룹니다.

광해군은 후궁의 아들이었고 그중에서도 둘째였습니다. 선조와 첫 번째 정실부인인 의인왕후 사이에는 아이가 없었습니다. 의인왕후가 병으로 사망한 후 맞아들인 인목왕후는 아들을 낳지만, 이미 광해군이 세자로 책봉된 후였습니다. 광해군에게는 같은 어머니 밑에서 태어난 임해군이라는 형이 있었죠. 그런데 그 성정이 영 신통치 않았던 모양입니다. 애당초 군왕이 될 만한 인물로 고려되지 않았다는군요. 의인왕후에게 친자가 있었다면, 인목왕후가 조금 더 일찍 선조의 부인이 되어 광해군이 세자가 되기 전 아이를 낳았다면, 임해군이 기록된 것처럼 방탕하고 포악하지 않았다면, 광해군에게는 왕이 될 기회가 오지 않았을지도 모릅니다.

광해군은 열여덟에 세자가 되었습니다. 선조가 불과 마흔한 살밖에 되지 않았고, 적자는 없었지만 광해군을 비롯해 열세 명의 왕자가 있었다는 점을 생각하면 후계를 낙점하기에는 조금 이른 시점이었다고 볼 수도 있겠습니다. 그럼에도 광해군이 그 나이에 세자가 될 수 있었던 것은 임진왜란 때문이었습니다. 왜란 초기 일본군은 쉴 틈 없이 조선군을 격파해 가며 한양을 향해 내달렸습니다. 신립이 충주에서 패배하고 강에 몸을 던졌다는 소식이 전해지자, 신립의 형 신잡은 선조에게 하루빨리 왕세자를 책봉하라고 건의합니다. 선조가 선뜻 그 제안을 받아들인 것은 바람 앞 등불처럼 흔들리던 당시 조선의 운명 때문이었겠지요. 조정은 피난길에 올랐고, 선조는 세자가 된 광해군에게 분조를 맡겨 전쟁터가 된 나라의 사정을 살피도록 했습니다.

임진왜란의 의미

한명기의 『광해군』에서 임진왜란은 광해군과 그 치세를 이해하는 데 있어 아주 중요한 사건입니다. 광해군은 임진왜란을 계기로 세자 자리에 올랐을 뿐 아니라, 분조를 이끌며 임무를 충실히 해낸 탓에 '왕이 질투하는 세자'가 되어 견제와 불안에 시달려야 했습니다. 일을 잘한 대가로 세자 지위를 잃을지 모른다는 걱정을 하게 되었다는 것이 좀 이상하게 들립니다만, 당시의 상황과 선조의 성정이 그러했던 모양입니다. 선조가 피난길에 올라 전전긍긍하는 동안 광해군은 전국 곳곳을 다니면서 민심을 수습하고 의병의 활동을 독려했습니다. 한명기는 피난 가기에 급급했던 선조의 무능을 비판하면서 광해군의 활약에는 후한 점수를 주고 있는데요, 당대에도 둘의 모습이 대조적으로 보였는지 명나라는 선조를 힐난하고 광해군에게 아버지를 대신해 군사 관계 업무를 맡아 진행하라는 칙서를 보내기도 했습니다.

서자이자 둘째라는 태생적인 한계에 더해, 임진왜란을 거치면서 기묘하게 틀어진 선조와의 관계는 오랫동안 광해군을 괴롭힙니다. 즉위에 이르기까지 선조의 견제 속에서 여러 정적의 공격을 받았고, 즉위 후에도 왕위를 잃을지 모른다는 불안에 휩싸여 지냈습니다. 정치력의 상당 부분을 그 불안을 없애는 데 쓰기도 했죠. 권력에 위협이 된다고 생각해 친형과 배다른 어린 동생을 반역자로 몰아 죽음에 이르게 했고, 대비 인목왕후를 폐위시켰습니다. 어머니(계모)

를 폐위시키고 동생을 죽인 사건, '폐모살제'는 인조반정의 강력한 명분이 되었고요. 왕위를 잃을지 모른다는 불안이 커지고 커져, 실제로 왕위를 잃게 만든 셈입니다.

한명기의 관점

임진왜란이 광해군에게 끼친 영향이 부정적인 것만은 아니었습니다. 광해군은 궁궐을 벗어나 전국 방방곡곡을 다닌 몇 안 되는 조선의 왕입니다. 원치 않은 일이었겠지만 그 덕분에 광해군은 변방의 사정을 속속들이 알게 되었고, 당시 급부상하던 누르하치 세력의 위력에 대해서도 이해하게 되었습니다. 이 경험은 한명기가 칭찬해 마지않는 광해군의 외교술로 이어집니다. 『광해군』은 내치에 대해서도 다루고 있지만, 저자의 가장 큰 관심은 외교정책에 있습니다. 명청 교체기라는 민감한 시기에 명과 청 두 나라의 사정을 모두 살펴 소국의 살길을 찾고자 했던 광해군의 노력을 높이 삽니다. "탁월한 외교정책을 펼친 군주"라는 책의 부제가 저자의 관점을 명쾌하게 대변하고 있습니다.

광해군의 외교정책을 높이 평가할수록, 이후 벌어진 역사적 사건에 대한 안타까움도 커집니다. 인조반정으로 광해군이 왕위에서 물러난 후 조선은 병자호란이라는 국난을 맞이하게 되니까요. 2013년에 출간된 한명기의 『역사평설 병자호란』은 인조 정권의 외교정책을 다루고 있는데, 저자의 한숨 소리가 페이지마다 묻어납니다. 이 책은 인조가 현명하지 못한 대외 정책을 펼쳤기 때문에 병자호란이 발발했다고 보고 있습니다. 인조는 반정으로 왕이 되었습니다. 광해군은 불안에 떨다가 왕좌에서 쫓겨났지만, 쫓아낸 인조도 불안하기는 마찬가지였습니다. 불안을 달래 줄 가장 중요한 수단이 대국 명나라의 추인이었고요. 인조는 명나라의 인정을 받기 위해 무리수를 여럿 둡니다. 한명기는 이 악수들이 모여 병자호란이라는 대참사를 만들어 냈다고 봅니다. 과정도 결과도 너무나 참혹했습니다. 임진왜란 이후 병자호란 이전의 조선 외교에 대한 관점과 평가는 『광해군』과 『역사평설 병자호란』이(두 책이 11년이라는 긴 시간을 사이에 두고 출간되었음에도) 크게 다르지 않습니다. 저자는 『광해군』을 마무리하면서, 이 폐위된 '혼군昏君', 어리석은 임금이야말로 조선 군주들 가운데 주변국의 동향과 정세를 파악하기 위해 가장 많이 애를 쓴 인물이라고 평가합니다. 그리고 여전히 엄혹한 국제 정세 속에 있는 오늘날, 광해군의 "명과 후금의 실체를 있는 그대로 간파했던 냉철함"과 "유연한 외교를 통해 얻어진 평화의 시간 동안 자강책을 마련하려 했던 자세"를 본받아야 한다고 주문합니다.

한명기의 『광해군』은 2000년에 출간되어 공전의 히트를 기록했습니다. 2017년에 이미 30쇄를 찍었고 이후 판을 바꾸어 지금까지 판매되고 있습니다. 한명기는 책의 서문에서 광해군에 대한 세간의 평가와 학계의 평가가 양극단을 달리고 있다는 점을 지적하고, 광해군 치세를 객관적으로 그려 보이겠다는 포부를 밝혔습니다. 과연 이 책은 광해군이 내치에서 저지른 실수를 다루고 있지만, 그 비판의 강도는 외교정책에 대한 후한 평가에는 미치지 못하는 것 같습니다. 폐모살제의 비극을 다룰 때처럼, 광해군의 실정失政 중 일부분은 신하들의 제안을 매몰차게 거절하지 못했기 때문이라는 서술도 심심찮게 등장하고요(인목대비 폐위의 주체가 누구였는지에 대해서는 계승범의 『모후의 반역』이 자세히 다루고 있습니다. 계승범의 결론은 한명기의 그것과 전혀 다른 곳에 가닿습니다). 광해군 대를 있는 그대로 살피겠다는 책의 목표에도 불구하고 저자가 광해군의 폐위를 적잖이 안타까워한다는 인상을 받는 것은 그 때문이 아닐까 싶습니다.

오항녕의 반론

오항녕의 『광해군, 그 위험한 거울』은 비평집에 가깝습니다. 비평의 대상은 광해군에 대한 세간과 학계의 평가입니다. 한명기의 『광해군』이 출간되고 10년 후에 나온 이 책은, 조선 시대 내내 혼군으로 묘사되었던 광해군이 오늘날 완전히 복권되었다고 진단합니다. 그런데 오항녕이 보기에 이런 평가는 온당하지 않습니다. 그는 『광해군, 그 위험한 거울』에서 자신이 왜 그렇게 생각하는지 사료에 근거해 차근차근 설명합니다.

광해군 치세는 어지러웠습니다. 역모와 추국推鞫(조선

시대에 임금의 특명에 따라 의금부에서 중죄인을 신문하던 일)이 이어지면서 정치적으로 혼란했고, 전란의 피해에 궁궐 건축이라는 부담이 더해지면서 민생은 피폐해져만 갔습니다. 한명기가 광해군의 실정을 이야기하면서 일부 책임 소재를 모호하게 다룬 것과는 달리 오항녕은 광해군의 책임을 분명하게 따져 묻습니다. 대동법에 관한 내용이 특히 그렇습니다. 한명기의 『광해군』이 광해군 대에 대동법이 시행되었다는 것의 의의에 주목하는 반면, 오항녕은 그 시도가 얼마나 보잘것없이 끝나 버렸는지를 지적합니다. 그리고 그 원인으로는 광해군의 의지박약과 정책에 대한 몰이해, 나아가 무엇보다도 광해군이 정치적으로 기대고 있던 세력이 실은 대동법이 겨냥했던 방납防納 커넥션의 몸통에 가까웠다는 점을 꼽습니다. 대동법의 좌절과 실패는 다름 아닌 광해군의 탓이라는 것이죠.

　오항녕이 보기에 광해군 시대의 가장 큰 문제는 왕이 조선의 시스템을 거부하고 망가뜨렸다는 데 있습니다. 오항녕은 『조선의 힘』이라는 저서에서 조선이 500년이나 유지될 수 있었던 까닭을 탐구합니다. 조선을 향한 올바른 질문은 왜 500년 만에 그렇게 힘없이 망하고 말았는지가 아니라, 어째서 500년이나 되는 긴 세월 동안 나라의 틀을 유지할 수 있었는지가 되어야 한다고 주장하죠. 오항녕이 주목하는 것은 조선의 운영 시스템이고, 그중 하나가 문화와 철학, 견제와 균형에 바탕을 둔 통치 방식입니다. 조선의 설립

자들은 왕이 제 마음대로 독재하는 나라가 아니라, 성리학이라는 정치철학을 바탕으로 왕과 신하가 서로 토론하고 견제하면서 함께 중요한 의사 결정을 해 나가는 나라를 꿈꿨습니다. 왕은 신하들과 경전, 역사서 등을 강론하며 국정을 논하는 '경연經筵'을 통해 끊임없이 공부해야 했습니다. 정치적인 의사 결정이 단단한 철학적 근거에 바탕을 두어야 했기 때문에, 성리학에 대한 소양은 군주가 갖춰야 할 가장 중요한 자질이었습니다. 무력으로 억압하는 왕이 아니라 공부하고 솔선하고 교화하는 왕이 조선의 이상적인 정치 지도자였습니다. 광해군은 이런 이상에 여러모로 반하는 왕이었습니다. 그는 경연에 좀처럼 출석하지 않았습니다. 경연 대신 친국이 열렸습니다. 친국은 왕이 직접 죄인을 심문하는 일을 의미하죠. 광해군 집권 초기부터 여러 역모 사건이 벌어졌습니다. 광해군은 그때마다 친히 자리에 나가 사건을 조사했고요. 공부하고 논의하고 다스리는 대신에, 광해군은 죄를 묻고 고문하는 친국을 통해 흔들리는 왕권에 대한 불안을 해소하고자 했습니다.

　　광해군 대에는 조선이 발 디디고 선 또 다른 시스템인 기록과 기억의 체계도 제대로 작동하지 않았습니다. 조선시대에 왕의 모든 말은 기록되었습니다. 모든 행동이 역사에 남았습니다. 그리고 그 집합체인 실록은 왕이 죽고 나서야 세상에 나올 수 있었습니다. 보통 새로운 왕의 첫 전교傳敎(임금의 명령)는 전대前代 실록의 편찬을 명하는 것이었지만, 광해군 때는 달랐다고 하는군요. 『선조실록』의 편찬은 광해군의 즉위 1년 반 후에나 시작되었고, 완성에는 9년이 걸렸습니다. 보통의 경우보다 세 배의 시간이 걸린 셈인데, 그 세월 동안 편찬 책임자도 바뀝니다. 이항복, 이정구, 신흠에서 이이첨으로 교체된 것이지요. 광해군의 최측근이자 광해군 대를 어지럽힌 이로 맹렬한 비판을 받게 되는 그 이이첨입니다. 반정 이후 『선조실록』은 여러 차례 시비에 휩싸입니다. 시스템이 흔들리는 계기가 광해군 대에 마련된 것입니다.

보통 사람들의 생활은 어렵기만 했습니다. 오항녕은 광해군이 왜란 후 백성들의 삶을 살뜰히 챙긴 군주라는 평가는 잘못되었다고 지적합니다. 대동법은 유야무야되었고, 국고는 무리한 궁궐 건축 사업으로 축났습니다. 한명기가 극찬한 외교정책마저 뚜렷한 성과 없이 말뿐이었다고 평가하고 있으니, 『광해군, 위험한 거울』이 보는 군주로서의 광해군은 여러 면에서 자격 미달입니다. 그렇다 보니 한명기의 『광해군』을 읽으면서 느꼈던 광해군 폐위의 안타까움이 오항녕의 『광해군』을 읽고 나면 아주 희미해지게 됩니다.

이 책을 읽을 때 하나 더 염두에 둬야 할 것이 있습니다. 책 제목의 "위험한 거울"이라는 표현에 연관된 주제 의식인데요, 말하자면 이렇습니다. 오항녕이 보기에 광해군의 내치는 엉망이었습니다. 이런 평가는 당대만 해도 별로 특이한 것이 아니었습니다. 조선 시대에 광해군은 내내 혼군,

사리에 어둡고 어리석은 임금으로 불렸습니다. 그런데 왜 오늘날 우리는 광해군을 긍정적으로 평가하고, 그리워하고, 광해군에 대한 수많은 영화, 드라마, 소설을 만들어 내는 걸까요? 오항녕은 이런 현상이 우리가 가진 어떤 마음을 비추고 있다고 진단합니다. 광해군이 21세기 초반 한국의 역사 인식을 보여 주는 하나의 거울로 기능하는 면이 있다고 보는 것입니다.

오항녕이 판단하기에 우리는 모두 정도만 다를 뿐 20세기 초의 망국에 대한 트라우마를 갖고 있습니다. 왜 조선이 망했는지 원인을 찾고 싶어 합니다. 어떤 이는 노론 세력을 비판합니다. 어떤 이는 임진왜란으로 거슬러 올라가서 그때 나라가 망했어야 한다고 목소리를 높입니다. 또 어떤 이는 조선이 망한 것은 모두 1623년의 인조반정 때문이라고 주장하고요. 이들은 광해군이 계속 집권했더라면 조선을 더욱 황폐하게 만든 병자호란도 없었을 것이고, 대동법도 제대로 시행되었을 것이고, 인조반정 이후 조정이 내치와 외교에서 벌인 실책도 존재하지 않았을 것이고, 그리하여 조선은 우리가 알고 있는 것보다 훨씬 더 건강한 나라가 되었으리라는 기대를 품고서, 실제 역사가 그렇게 흘러가지 않은 데 대한 짙은 아쉬움을 토로합니다. 오항녕의 분석에 따르면 이 기대 뒤에는 광해군이 계속 집권했더라면 우리도 영국, 프랑스, 일본처럼 근대화를 더 빨리 이룰 수 있지 않았을까, 19세기와 20세기의 제국주의 시대에 뒤처지지 않을 수 있었던 것은 아닐까 하는 바람이 숨어 있습니다. 서구식 근대화에 성공하지 못한 조선을 실패한 왕조로 규정하고, 좌절한 개혁 군주로서의 광해군이라는 우상을 만들어 자꾸만 쳐다보게 된다는 것입니다.

『광해군, 위험한 거울』은 이 같은 우리의 관점이 올바르지 않다고 지적합니다. 무엇보다 광해군이 조선을 더 나은 길로 인도할 군주였는지 확신할 수 없습니다. 더군다나 일어나지 않은 일에 대한 가정이라는 점에서 논의의 한계도 분명합니다. 지난 역사는 사실에 기초해서 살펴야 하는데, '반정이 일어나지 않았더라면', '반정 이후에 곧바로 나라가 망했더라면', '그래서 다른 세력이 집권했더라면' 하는 식으로 사고를 이어가다 보면, 도달할 곳은 결국 막다른 골목뿐이겠습니다. 해석하고 논쟁할 사실이 존재하지 않는 곳 말입니다. 역사적 상상력이 필요하다고 주장할 수도 있겠지만, 그렇다 해도 '조선은 서양과 일본이 이룬 근대에 가닿지 못했기 때문에 실패했다'는 명제는 사고 실험을 하기에 적절한 출발점이 아닙니다. 근대주의가 인류가 도달해야(했어야) 할 단 하나의 목표라는 생각은 이미 낡은 것이 되었습니다. 학자들의 연구 결과까지 갈 것도 없습니다. 근대의 짙은 그림자 속에서 살아가는 지금, 우리가 모든 면에서 전보다 나은 삶을 살고 있다고 말할 수 있을까요? 조선을 서구식 근대화를 이루지 못한 나라로 납작하게 정의한 뒤, 조선이 가지 않은 길을, 예컨대 광해군의 길을 아쉬워하는 것은 결코 바람직하지 않습니다. 그보다는 임금의 정치적·정책적 실패가 반정으로 이어졌던 광해군 시대를 있는 그대로 받아들인 후에, 무엇을 반성하고 무엇을 얻어 갈지를 검토해야 합니다.

역사를 해석한다는 것

한명기와 오항녕의 『광해군』, 『광해군, 그 위험한 거울』을 읽다 보면 역사를 해석한다는 것이 얼마나 어려운 일인지 새삼 깨닫게 됩니다. 훈련받은 역사학자들이 같은 시대를 들여다본 뒤 주장하는 바가 어쩌면 그리 다를 수 있을까요. 우리는 책을 읽다가, 또는 강연을 듣는 도중에 지난 역사를 '있는 그대로' 보여 주겠다는 각오나 다짐을 종종 접합니다. 그러나 이것이 과연 가능한 일일까요? 누군가 지난 일을 돌아보고 이해하는 데 있어 가장 중요한 것은 그가 가진 '관점'일 수도 있습니다. 사료를 왜곡하지 않고, 거짓으로 해석하지 않고, 없는 이야기를 지어내거나 있는 이야기를 못 본 척하지 않는다 하더라도, 설명을 위해 어떤 문헌을 볼지 선택하는 그 순간부터 해석이 시작되고 주관이 개입됩니다. 지난 일에 대한 어떤 설명이나 해석도 완전히 객관적일 수 없다는 한계 속에서 어느 한쪽으로 경도되지 않기 위해서는, 독자이자 청자인 나 스스로가 많이 읽고 익히는 수밖에는 없을 것입니다. 각기 다른 주장과 근거를 비교하면서 조금씩 전체 그림을 그려 보려고 노력하는 것 말입니다. 학자들의 진지한 논쟁을 접하는 것은 더할 나위 없는 도움이 되겠지요. 많은 경우 답은 하나의 주장에 있기보다는 그 결론에 가닿기 위한 과정 안에 녹아 있기 마련이기 때문입니다. 영화와 드라마를 비롯한 대중문화에 심심찮게 등장하는 광해군을 어떻게 볼 것인가 하는 문제도 마찬가지입니다. 한명기와 오항녕이 분석한 광해군 시대를 서로 견주며 읽는 것이 좋은 출발점이 되리라 믿어 의심치 않습니다.

독서 안내

『모후의 반역』(계승범 지음, 역사비평사, 2021)
    제목만 보고는 떠올리기 어렵지만 광해군에 관한 책입니다. 인목대비 폐위에 초점을 맞추어 광해군의 정치적 딜레마와 실정을 다루었습니다. 한명기의 책을 먼저 읽고, 오항녕의 책을 거쳐 세 번째로 읽는 것을 권하고 싶습니다.

『소현세자는 말이 없다』(이명제 지음, 푸른역사, 2024)
    광해군을 몰아낸 인조의 장자 소현세자에 관한 짧고 담백한 책입니다. 소현세자의 짧은 생을 안타까워하는 많은 이들의 관심이 광해군에 닿아 있다는 점을 생각하면, 광해군과 함께 묶어 읽기에 좋지 않을까 싶습니다.

2

역사를 둘러싼 어두운 욕망과의 싸움

『유사역사학 비판』

역사인 듯 역사 아닌 역사 같은
'환.'

만약 당신이 역사학 연구자를 원수로 두었다면, 그리고 그 원수를 외나무다리에서 만났다면, 이 한마디로 단번에 기선을 제압할 수 있습니다. 이 말을 들은 역사학 연구자는 필시 동공이 흔들리며 당황한 기색을 감추지 못할 것입니다. 이때를 노려 눈을 찌르거나 명치를 노리면 필승입니다. 운이 좋아서 그가 고대사 전공자라면 이 말을 듣자마자 줄행랑을 칠 수도 있습니다. 물론 도망치면서 약간 경멸하는 눈빛으로 우리를 바라보겠지만 아무러면 어떻습니까, 이기는 게 중요하지.

역사학 연구자가 저 한마디에 그토록 격렬하게 반응하는 것은 바로 『환단고기』라는 책 때문입니다. 『환단고기』는 단군 설화가 단순한 건국 설화가 아니라 있는 그대로의 역사적 실체이며, 고대 한국사의 영토 역시 한반도에 국한된 것이 아니라 중국 대륙과 일본열도에까지 뻗쳐 있다는 등의 주장으로 가득한 책입니다. 분명히 우리가 학교에서 배우기로는 고조선 이래로 한국의 역사는 한반도를 주무대로 전개되었는데, 고구려, 백제, 신라를 한반도가 아니라 중국 대륙과 일본열도에 천연덕스럽게 그려 놓은 지도를 보고 있노라면 절로 정신이 아득해집니다. 백제가 일본열도에 있었다면 그때 일본은 어디에 있었다는 거지? 아니, 무엇보다, 그러면 백제가 일본이라는 건가? 이런 식으로 계속 꼬리를 물고 계속 생각을 이어가다 보면 절로 주화입마에 빠지는 것만 같습니다.

  사실 이런 주장을 논파하는 것은 그다지 어려운 일이 아닙니다. 유사역사학은 역사학이 지난 수천 년간 갈고닦아 온 방법론을 무시하고 자기 주장에 맞는 논거만을 취사선택하기 때문에, 여러 가지 고고학적 증거와 사료 들을 교차 검증하면 한사군의 위치를 엉뚱한 곳으로 잡는다거나 중국 대륙에 고구려, 백제, 신라의 영토를 그리는 것이 얼마나 얼토당토않은 일인지는 쉽게 알 수 있습니다. 다른 시대의 역사에 비해 고대사를 연구할 수 있는 사료가 부족한 것은 사실이지만 그렇다고 해서 터무니없는 상상력까지 수긍할 정도는 아니지요.

그럼에도 고대사의 연구 성과나 사료에 대해 이해가 깊지 않은 비전공자로서는 유사역사학과 맞서기가 쉽지는 않습니다. 어딘지 모르게 '구라'라는 감이 오지만 그렇다고 막상 반박하자니 그게 생각만큼 쉬운 일은 아닌 거죠. 그런 분에게는 『유사역사학 비판』만큼 적절한 책이 또 없습니다. 이 책에서 가장 많은 분량을 할애한 것은, '붉은 악마'의 상징으로 잘 알려진 '치우'에 관한 이야기부터 광개토왕비 조작설, 홍산 문화(중국 동북부의 신석기 문화)에 대한 아전인수식 해석 등 유사역사학이 즐겨 물고 늘어지는 주장들에 대한 실증적인 반박입니다.

이런 구성은 저자의 오랜 경험에서 비롯됩니다. 저자인 이문영의 본래 직업은 소설가로, 역사학을 전문으로 연구하는 연구자는 아닙니다. 그럼에도 PC 통신 시절부터 유사역사학과 싸워 왔던 오랜 경험을 통해 유사역사학의 주요한 논리를 여지없이 부수는 심후한 내공의 소유자죠. 그간 역사학계가 유사역사학과의 싸움에 상당히 무관심했던 것을 생각하면 저자는 유사역사학의 영향력 확대를 막은 일등 공신이라고 해도 무방하겠습니다.

유사역사학의 기원

그런데 저자가 유사역사학의 논리를 반박하는 것만큼이나 주력하는 것은 유사역사학의 계보를 추적하는 것입니다. 사실 이 책의 전반부는 유사역사학의 성립 과정을 추적하는 데 오롯이 할애되어 있습니다.

유사역사학자들은 자신의 주장을 강화하기 위해 신채호나 정인보 같은 독립운동가들을 끌어오곤 하지만 저자는 유사역사학의 직접적인 연원이 (유사역사학자들이 그토록 목 놓아 비판하는) 식민주의 역사학에 있다고 지적합니다. 예컨대 유사역사학의 주장 중 가장 대표적인 것으로 두만강과 압록강 너머의 땅이 오랜 시간 한국사의 영역이었다는 주장을 들 수 있을 텐데요, 이 지역에 대한 희구는 기실 1930년대를 전후하여 일제 식민 당국이 만주에 관심을 가지기 시작한 데에서 직접적으로 기원한다는 것입니다. 이런 지적은 저자만의 것이 아니고 대다수 역사학자가 공통적으로 지적하는 바이기도 하죠.

> 식민지 당국은 이러한 대리 제국주의를 조장하는 데 총력을 기울였다. '만주에 있는 조선의 고적'에 관해 쓴 논설들은, 일본이 만주에 대해 정치적 권리를 갖는 것은 본래의 조선 땅을 되찾는 것이어서 역사적으로 정당한 일이라고 그럴싸하게 포장했다. 뿐만 아니라 한국인들도 만주를 제국주의 용어로 조선의 미수복지로 여기게끔 부추겼다.
> ─카터 J. 에커트, 『제국의 후예』, 푸른역사, 2008, 254쪽

정리하자면, 한반도 역사의 영역을 두만강과 압록강 이북으로까지 계속 확장하려는 시도가 1930년대 일제의 확장 야욕과 연결되어 있다는 것입니다. 그러고 보면 한국사의 영역을 자꾸 만주 일대로 확장하려는 시도는 식민주의 역사학의 '만선사관'(만주와 한반도의 역사가 하나라고 주장하는 식민 사관)과 묘하게 닮은 구석이 있습니다. 물론 1930년대 이전에도 만주 일대에 대한 관심이 없었던 것은 아닙니다. 하지만 그때의 관심은 만주를 우리의 옛 영토로 보고, 이를 통해 강대한 국력을 가지고자 한 것이라기보다는 조선 말부터 식민지기에 걸쳐 만주와 연해주 일대로 이주했던 조선인들의 법적 지위에 대한 관심에 가까웠습니다.

유사역사학과 식민주의 역사학은 이것 말고도 닮은 구석이 더 있습니다. 유사역사학은 넓은 영토와 이민족에 대한 지배가 곧 국가의 번영이라고 말합니다. 그런 관점에서 보자면 국가 영토가 한반도 안으로 줄어든 지금에 이르기까지의 한국사는 줄곧 쇠락의 과정으로 설명됩니다. 한국의 역사는 쇠락의 과정일 뿐이라는 유사역사학의 주장은, 정체되어 있거나 쇠퇴하고 있는 나라는 타국의 식민지가 되어 마땅하다는 식민주의 역사학의 주장과 똑 닮았습니다.

이처럼 유사역사학과 식민주의 역사학이 닮은 꼴일 수밖에 없는 것은, 이 둘이 하나의 전제를 공유하고 있기 때문입니다. 타국을 지배하는 것이 곧 국가의 번영이고 우리가 지향해야 할 최고의 덕목이라는 전제 말이죠. 만주 일대로 영역을 확장하고 싶어 했던 제국주의의 욕망과 동아시아의 여러 민족을 (심지어 중국인까지 포함해서) 지배하는 패자로 군림하고 싶어 하는 유사역사학의 욕망은 크게 다르지 않습니다.

이런 까닭에 유사역사학은 강력한 동원의 논리가 됩니다. 강력한 국가에 대한 열망은 곧잘 동원의 논리가 된다는 점을 우리는 나치 독일을 통해 이미 확인한 바 있죠. 노동자의 권리 주장에 특히 적대적이었던 박정희나 전두환 정권 시기에 유사역사학의 활동이 유독 활발했다는 사실이 이를 뒷받침합니다.

> 국가는 다물多勿민족주의를 통한 새로운 이데올로기 캠페인을 시작하였다. 1990년대에 나타난 다물이데올로기는 노동자들을 상대로 한 이념교육에서 자주 활용되었다. 단군사상에서 도출된 상대적으로 새로운 이 이데올로기는 강한 민족주의적·국수주의적 성격을 지녔다. 다물민족주의는 한국이 고대에 만주를 포함해서 광대한 영토를 차지했다는 점과 선조들이 빛나는 문화를 발전시켰다는 점을 상기시킨다. 다물민족주의는 한민족의 위대한 역사와 문화를 복원해야 한다고 주장하고, 이를 위해 노동자들은 국가와 경제가 항상 경쟁적이고 적대적인 국제체제에서 차지하는 위태로운 위치를 이해할 필요가 있으며, "작은 불만, 작은 분노, 작은

슬픔에서 벗어나 역사를 이루는 주체세력으로 자부심을 가져야 한다"고 강조했다. (…) 많은 기업들이 이 프로그램에 노동자들을 등록했고 또 대단히 만족스러운 효과를 거둔 것으로 짐작된다.

—구해근, 『한국 노동계급의 형성』, 창비, 2002, 273~274쪽

그런데 저자가 유사역사학과 그토록 오랜 시간 싸워 왔고, 유사역사학의 논리적 허점을 조목조목 반박해 왔는데도 여태껏 유사역사학은 꽤 많은 사람들을 매료시키고 있습니다. 불과 몇 년 전에는 진보 성향의 어느 정치인도 장관 취임을 앞두고 유사역사학을 지지하는 것으로 알려져 여러 사람이 우려한 적이 있는데요, 이런 일들을 생각하면 유사역사학의 저변은 생각보다 넓습니다.

그렇다면 그토록 많은 사람들이 유사역사학의 세계관에 빠져든 이유는 무엇일까요. 아마도 그것은 한국의 역사적 경험과 관련이 있을 것입니다. 식민지 경험이라는 강력한 트라우마 말이죠. 우리는 한국의 역사를 '단 한 번도 다른 나라를 침략해 본 적이 없는 역사'라거나 '끊임없이 외침에 시달린 역사'라는 식으로 배우곤 했습니다. 실제로 한국의 근대사는 제국주의 열강의 수탈로 얼룩져 있기도 하죠. 그 정점에는 식민지 경험이 있습니다. 35년간 온갖 수탈과 핍박을 다 받은 경험에 해방 이후 친일 부역 행위를 제대로

청산하지 못했다는 경험까지 겹치는 바람에 우리 마음속 어딘가에는 우리도 한 번쯤 다른 나라에 큰소리 뻥뻥 치고, 가끔은 다른 나라를 지배하기도 하기도 했으면 하는 아쉬움이 자리 잡게 됩니다. 물론 그런 아쉬움은 더 나은 사회를 만들기 위한 좋은 거름이 될 수도 있지만, 동시에 유사역사학 같은 삐뚤어진 욕망이 자라날 수 있는 최적의 조건이 되기도 합니다.

이쯤에서 우리는 '우리는 왜 역사를 공부하는가?' 하는 물음을 떠올릴 필요가 있습니다. 우리가 배운 역사는 흔히 독립운동에 몸 바친 사람들을 기리거나, 국가를 구한 영웅의 행적을 살피거나, 혹은 으리으리한 왕궁이나 문화재들을 보는 것에 그치곤 했습니다. 그리고 거기서 도출되는 통찰과 교훈은 대체로 국가주의적·영웅주의적 교훈에서 더 나아가지 못했죠. 그런데 민족과 국가 따위의 가치만이 우리가 역사에서 얻을 수 있는 통찰의 전부라고 생각하는 사람에게 유사역사학은 정말로 매력적인 주장일 것입니다. 그러나 역사가 우리에게 줄 수 있는 것이 단지 그것뿐일까요.

우리는 왜 역사를 공부할까

사람은 누구나 못나고 추한 부분은 애써 감추고, 예쁘고 멋진 부분은 최대한 드러내고 싶어 합니다. 역사도 마찬가지입니다. 이미 죽고 없어진 사람들일지언정, 나와 혈연으로 맺어져 있는 내 할아버지와 할머니가 좀 더 현명하고 영향력 있는 사람이었다고 말할 때 지금의 나도 괜히 어깨를 으쓱거리게 됩니다. 그런 할아버지와 할머니를 통해 지금의 나를 성장시킬 수 있는 자극을 받는다면 그것도 좋은 일이겠지요. 반대로 내 할아버지와 할머니가 그다지 현명하지도 못했을뿐더러 잘못된 행동까지 했다고 한다면 지금의 내 어깨도 괜히 움츠러드는 것만 같습니다. 그래서일까요, 매번 수탈당하고 억압받기만 한 조선 시대 말 역사를 보는 것은 언제나 힘들고 고통스럽습니다.

하지만 역사를 공부한다는 것은 내가 원하는 모습만 골라서 보거나, 있지도 않은 사실을 꾸며 내는 일이 아닙니다. 혹자는 역사 공부를 거울에 내 모습을 비춰 보는 것에 비유합니다. 내 모습을 객관적으로 비춰 보는 것이죠. 보기에 예쁘고 멋진 부분이 어디인지를 알면 내 장점을 계속 부각시켜서 좀 더 멋진 사람이 될 수 있습니다. 부족한 부분이 있으면 그것을 고쳐서 단점을 감출 수도 있고요. 얼굴이나 옷에 얼룩이 묻었으면 닦아 내고, 넥타이가 삐뚤어졌으면 고쳐 매듯이요.

역사를 배운다는 것은 그런 것입니다. 긍정적인 부분이 있다면 그것을 어떻게 되살릴지를 고민해야 할 것이고, 그렇지 못한 부분이 있다면 어떻게 해야 그것이 반복되지 않을지를 고민해야 할 것입니다. 무턱대고 나는 잘생겼다고, 내 차림새에는 문제가 없다고 우긴다고 해서 삐뚤어진 넥타이가 바로잡히는 것도 아니고, 사람들의 손가락질을 피할 수 있는 것도 아닙니다.

독서 안내

『한국 고대사와 사이비역사학』(젊은역사학자모임 지음, 역사비평사, 2017)
『욕망 너머의 한국 고대사』(젊은역사학자모임 지음, 서해문집, 2018)
    한국사학계의 젊은 연구자들이 유사역사학의 주요 논리를 반박하고 나선 결과물입니다. 『유사역사학 비판』과 더불어 유사역사학에 대한 가장 폭넓고 체계적인 반박을 담고 있습니다.

『단군, 만들어진 신화』(송호정 지음, 산처럼, 2004)
    이 책은 신화로서의 단군·고조선과 역사로서의 단군·고조선을 구분할 것을 줄곧 강조합니다. 물론 단군 신화가 처음 문자화된 것이 외적의 침입에 몸살을 앓던 고려 시대였고, 단군·고조선 신화가 식민지 시기의 독립운동에도 큰 영감을 주었던 것을 생각하면 신화로서의 단군·고조선의 역할이 없다고 할 수는 없습니다. 하지만 신화로서의 단군·고조선이 가진 의미 때문에 역사로서의 단군·고조선까지 비틀어 왜곡해서야 되겠습니까.

『치우, 오래된 역사병』(김인희 지음, 푸른역사, 2017)
    이 책에 따르면 치우는 역사적 실체라기보다는 중국의 애국주의적 역사관의 산물에 가깝습니다. 그렇다면 치우를 상징으로 내세운 한국의 사이비 역사학은 기실 중국의 애국주의 역사관의 파생물이자 중국의 애국주의와 공생 관계에 있는 것이라 하겠습니다. 사이비 역사학은 역사학이 아니라 그저 욕망일 뿐이라는 것을, 이 책을 통해 다시 한번 확인할 수 있습니다.

3

천하제일 역사학자 대회

『고종황제 역사 청문회』

2부에서 서로 '싸우는' 책들을 살펴보고 있는데, 그 다툼은 주로 서로 다른 공간에서 간접적으로 일어납니다. 어떤 주장을 담은 책이 나오면 그것과 다른 주장을 하는 또 다른 책이 등장하는 식이지요. 이런 경우 갈등의 양상이 직접적으로 드러나지는 않습니다. 독립된 저작이 각자의 목소리를 내기 때문입니다. 어떤 싸움이 벌어지고 있는지 온전히 이해하기 위해서는 배경지식도 필요하고, 책 뒷부분에 실린 참고문헌을 살펴 행간을 읽는 노력도 들여야 합니다. 그런데 이 책,『고종황제 역사 청문회』는 다릅니다. 책 한 권 안에서 격렬한 토론의 장이 펼쳐집니다. 처음에는 좀 점잖은가 싶은데, 점점 거칠어집니다. 이거 이래도 되나 하면서 페이지를 더듬는 기분, 이 책 아니면 느끼기가 쉽지 않습니다.

이 책은 『교수신문』에 실린 글들을 묶은 것입니다. 『교수신문』에 이 이례적인 연재가 시작된 계기는 고종 시대를 다룬 두 권의 책, 『고종시대의 재조명』, 『고종시대의 국가재정 연구』의 출간이었다고 하네요. 두 책 모두 이태진 전 서울대 국사학과 교수와 관계가 있습니다. 전자는 이태진의 논문집이고, 후자는 고 김대준 연세대 교수의 박사학위 논문을 단행본으로 간행한 것인데, 이태진이 이 작업에 직접 참여했습니다. 이 책들에 대해 경제사 연구자 김재호가 신문 지면을 빌려 비평하면서 논쟁이 시작되었습니다. 김재호의 기고문에 대한 이태진의 반론이 같은 신문에 실렸고, 그것에 대한 김재호의 재반론, 이태진의 추가 논평이 이어졌죠. 그러고 나서 각각의 의견에 동의하는 다른 학자들도 기고자로 나서면서 판이 커졌습니다. 출판사는 22개의 비평문이 실린 이 책의 제목에 '청문회'라는, 어쩐지 살짝 겁나는 단어를 썼는데, 페이지를 넘기다 보면 그럴 만하다 싶습니다. 가끔 뉴스에 등장하는 청문회장의 열기가 곳곳에서 느껴집니다. 도대체 『고종시대의 재조명』에 무슨 내용이 담겼길래 이런 격한 토론의 장이 펼쳐졌을까요.

이태진은 한국 근대사에 대한 부정적 편견을 바로잡을 목적으로 『고종시대의 재조명』을 썼다고 합니다. 한일 병합의 충격으로 한국사에 대한 부정적 인식이 퍼졌는데, 이를 변화시켜야 한다고 주장한 것이죠. 고종에 대한 재평가로 그 변화의 중요한 계기를 만들어야 한다는 것일 테고요. 이태진이 보기에 고종은 근대국가 수립을 열망한 계몽 군주였습니다. 고종은 뚜렷한 목적의식을 가지고 광무개혁을 비롯한 근대화 정책을 적극적으로 펼쳤으나, 개혁의 시도는 일본의 침략으로 인해 성과를 내기 전에 좌절되고 말았습니다. 이태진이 간행에 관여한 김대준의 『고종시대의 국가재정 연구』는 대한제국 정부가 근대적 국가 예산 제도를 확립했다고 주장하는데, 『고종시대의 재조명』과 비슷한 문제의식을 갖고 있다고 볼 수 있겠습니다. 김재호는 이런 주장에 반대합니다. 기고문의 제목이 그의 입장을 극적으로 드러냅니다. "고종시대의 재조명, 조명 너무 세다."

김재호는 크게 두 가지 면에서 이태진의 주장을 비판합니다. 그는 우선 전제군주제를 선택한 대한제국을 근대 국민국가로 보기 어렵다고 평가합니다. 왕정 극복이라는 문제의식 없이 근대화를 추구했다는 말 자체가 어불성설이라는 것입니다. 대한제국이 근대국가를 향한 첫걸음이었다는 데 그가 동의하지 않는 또 다른 이유는 대한제국의 재정 제도에 있습니다. 대한제국은 황실 재정을 별도로 운영했습니다. 그런데 황실에 배정된 예산의 규모가 커지면서 대한제국 정부의 예산이 제대로 집행되지 못하는 일이 빈발했습니다. 황제의 절대 권력을 뒷받침하기 위한 재정의 규모가 지나치게 컸다는 점을 생각하면, 대한제국과 근대화를 연결하여 생각하기는 더욱 어려워집니다.

김재호의 비판에 대해 이태진은 곧이어 『교수신문』에 반박문을 실었는데, 이 글의 제목도 김재호 글의 그것 못지않게 셉니다. "식민사관의 덫을 경계해야 한다."

읽던 책을 떨어뜨리게 되는 제목이 아닐 수 없습니다. 덫에 사로잡혀 있다니, 그것도 무려 식민사관의 덫이라니요. 이태진이 보기에 대한제국이 표방한 민국 이념은 군주와 백성이 하나가 된다고 하는 '군민일체' 사상을 내포한 만큼, 새로운 시대를 이끌 사상으로 보아 줄 충분한 여지가 있습니다. 황실 재정에 대해서도, 이태진은 그것이 근대화 사업을 위해 쓰였다고 주장합니다. 당대의 사정을 고려했을 때 황제가 직접 근대화를 지휘할 필요가 있었고, 예산은 그 활동에 사용되었다는 것이죠. 그 돈이 황제의 주지육림을 위한 것이 결코 아니었던 만큼, 맥락과 내용을 고려해 평가해야 한다는 것입니다. 그러면서 김재호의 인식을 "일본이 러일전쟁 중 퍼뜨린 유언비어의 잔재"이자 "일제 식민주의 역사 왜곡의 덫"에 걸린 결과라고 지적합니다.

책이 30페이지도 채 넘어가기 전에 조명이 너무 세다는 둥, 일제가 퍼뜨린 유언비어와 역사 왜곡의 덫에 빠져 있다는 둥 모진 말들이 오가는 마당이니, 읽는 입장에서는 어쩐지 오금이 저려 옵니다. 이후에도 서로를 향한 날 선 비판은 계속됩니다. 여러분도 다음과 같은 표현을 읽는다면 어디론가 사라지고 싶은 기분이 들지도 모릅니다. "유감스럽게도 이 교수의 친절한 진단은 내장원의 회계책을 완전히 잘못 읽은 것이다."

이태진과 김재호의 설전은 다른 연구자들의 참전으로 이어집니다. 그러면서 자연스럽게 논점도 확대되고요. 광무개혁의 성과에 대한 여러 의견이 등장하고, 20세기 초에 나타난 경제 발전의 양상이 일제 식민지 시기에 시작된 것인지, 1900년대 초반에 발아한 어떤 움직임이 식민지 시기에 들어 비로소 열매를 맺어 통계로 드러나게 되었는지에 대한 논쟁도 오갑니다. 김재호와 이태진의 상호 비평이 '근대화'라는 키워드에 초점을 맞추고 있다 보니, 두 사람 모두에게 '근대화 지상주의자'라는 호칭을 붙이는 이가 나타나기도 합니다.

반년에 걸쳐, 책의 분량으로 따지면 200페이지 넘게 계속되던 지면 논쟁은 급기야 대면 토론으로 이어집니다. 이태진, 김재호, 이영훈, 주진오, 이영호 다섯 사람이 모여 직접 의견을 주고받는 자리가 마련되었습니다. 이 토론은 책 끝머리에 회의록 형태로 수록되었는데, 앞의 내용을 다시 한번 정리할 수 있는 좋은 기회를 제공합니다. 물론 이 토론도 앞부분의 여러 비평문이 갖고 있는, 점잖은 건지 살벌한 건지 모를 분위기를 뿜어냅니다. 어려운 단어들이 오가는 와중에 묘하게 행간에서 쇠 맛이 느껴지는데, 독자 입장에서는 배운 사람들이 흥분하면 어떤 대화가 오가는지 실감 나게 경험하게 됩니다.

이렇게 대놓고 치고받는 학술 논쟁이 출판되는 경우는

매우 드물지 않나 생각됩니다. 신문에 실린 글을 모은 것이라 그런지 연구자가 아닌 독자들도 어렵지 않게 읽을 수 있고, 우리 모두 관심이 많은 조선의 마지막 운명에 관한 내용이다 보니 구미도 쉽게 당기지 않나 싶고요. 책을 읽다 보면 대한제국에 대한 연구자들의 평가뿐 아니라 '식민지 근대화론'이니, '내재적 발전론'이니 하는 내용에도 자연스럽게 관심을 갖게 되고, 나도 모르게 어느 한쪽의 주장에 마음이 기울어 응원하는 마음으로 읽게 되기도 합니다. 언론에 소개되는 '역사를 둘러싼 대중 논쟁'은 지나치게 자극적이고 소모적인 주제를 다루는 경우가 많은데, 그렇다 보니 학계의 진지한 연구 성과를 다룬 이 책이 더 귀하게 느껴집니다. 역사를 둘러싼 토론과 싸움도 이렇게 품위 있게 할 수 있다는 점, 그렇지만 그것은 다소간 피가 튀는 긴장을 유발할 수 있다는 점을 새삼스레 알게 해주는 책입니다. 일독을 권합니다.

독서 안내

『21세기 한국사학의 진로』(박찬승 지음, 한양대학교출판부, 2019)
　『고종황제 역사 청문회』는 고종을 다루고 있지만, 더 넓게는 내재적 발전론, 식민지 근대화론을 비롯한 한국 역사학계의 다양한 쟁점을 포괄합니다. 역사학자들의 논쟁을 보면서 학계의 쟁점에 대해 궁금증이 생겼다면, 이 책이 좋은 가이드가 되어 줄 것이라 생각합니다.

『그들의 대한제국 1897~1910』(김태웅 지음, 휴머니스트, 2024)
　고종 시대 전반을 좀 더 친숙하게 익힐 수 있는 책입니다. 저자는 이 시대를 둘러싼 오늘날의 논쟁을 염두에 두었는지 부제에 "있는 그대로의 대한제국사"라는 말을 덧붙였습니다. 역사를 '있는 그대로' 쓴다는 게 가능할지, 『고종황제 역사 청문회』를 떠올리며 읽어 보는 것도 재미있는 경험이 될 것 같습니다.

『제국의 후예』(카터 에커트 지음, 주익종 옮김, 푸른역사, 2008)
　문제작이라는 표현이 잘 어울리는 책이 아닐까 싶습니다. 한국 근대화의 원형을 식민지 시기에서 찾고자 한다는 점에서 그렇습니다. 『고종황제 역사 청문회』가 가진 문제의식의 한 측면을 좀 더 확장해서 읽고자 하는 분들께 추천합니다.

4

편 갈라서 싸움 붙이는 게 능사는 아닙니다

『우린 너무 몰랐다』

이름만 '마리오'지
'슈퍼 마리오'의 마리오를 모르는 사람은 없을 겁니다. 이제는 까마득한 옛날이 되어 버린 1980년대부터 첨단 과학 문명이 꽃핀 2020년대까지, 블록 사이를 뛰어다니고 파이프를 오가는 이 캐릭터는 벌써 40년 넘도록 우리를 울리고 웃기고 있습니다. 40년째 외모도 그대로입니다. 빨간 모자에 숱 많은 콧수염을 가진 친근한 모습 말이죠.

사실 마리오가 이런 모습을 가지게 된 것은 기술적인 제약 때문입니다. 마리오가 처음 등장했던 당시의 게임기 하드웨어로는 높은 해상도를 구현할 수 없었고, 다양한 색상을 표현할 수도 없었습니다. 머리카락과 입을 묘사할 수가 없어서 모자와 콧수염을 대신 그려 넣은 것이라고 하죠. 지금 와서 보면 참으로 조악합니다. 머리카락과 입이 없으니 이렇다 할 표정이 없는 것은 물론이고, 몸 전체가 불과 3개의 색상으로만 그려져 있습니다. 이 단순한 모양새에 우리는 울고 웃었죠.

하지만 지금 우리가 아는 마리오는 어떤가요. 이목구비를 제대로 갖춰 얼굴 표정으로 희로애락을 다 표현할 수 있고, 패션도 훨씬 다채롭습니다. 두세 개의 색상과 몇십 개밖에 안 되는 픽셀로만 겨우 표현했던 것이 이제는 더 높은 해상도와 풍부한 색깔을 가지게 된 덕분입니다. 이름만 '마리오'지 1980년대의 마리오와 2020년대의 마리오는 결코 같지 않습니다.

너무 명쾌한 역사책

『우린 너무 몰랐다』는 철학자 김용옥이 쓴 해방 직후의 역사입니다. "해방, 제주4·3과 여순민중항쟁"이라는 부제에서 짐작할 수 있듯이 1945년 해방 직후의 좌우 대립과 4·3 사건, 그리고 여순 사건을 집중적으로 다루죠. 김용옥은 본디 동양철학을 전공했지만 명쾌하고도 유쾌한 입담 덕분에 대중적으로도 널리 알려진 철학자입니다. 그런 김용옥이 쓴 역사책이라고 하니 일단 관심이 가지 않을 수 없습니다. 동양철학을 전공한 철학자가 갑자기 무슨 역사책인가, 그것도 심지어 현대사 책인가 싶어 약간 의아하기도 하지만, 뭐 어떻습니까, 일단 저자의 이름에서 먹고 들어갑니다. 김용옥이라잖습니까, 김용옥.

고백하자면, 그에게는 저 혼자만의 빚이 있습니다. 석사과정을 마치고 한동안 삶의 목표를 잃고 방황하면서 심한 우울에 빠진 적이 있습니다. 재능은 없고 미래도 불투명한데, 과연 공부를 계속해야 하는지 한참을 고민했습니다. 그때 저를 다잡은 것이 그의 강의였습니다. 유쾌하면서도 생각의 깊이를 더해 주는 그의 강의를 몇 주 동안 계속 돌려 들으며 마음의 위안과 더불어 앞으로 나아갈 용기도 얻었습니다. 아직 누구에게도 고백한 적은 없지만, 저 나름대로는 그에게 큰 신세를 진 셈이죠.

김용옥의 강의를 들어 보신 분이라면 누구나 느끼시겠지만, 『우린 너무 몰랐다』의 문체는 김용옥의 강의를 그대로 옮긴 듯 그의 평소 말투를 쏙 빼닮았습니다. 예컨대 전남 구례 출신의 소리꾼이라는 송만갑에 대해 말하며 그의 가계가 19~20세기에 걸친 우리나라 예술사의 대맥이자 고조선 이래 우리나라 예술혼의 정수가 집결된 진원이라며 찬사를 아끼지 않는 대목은, 그 특유의 과장된 표현이라고 생각할 법도 하지만 그렇다고 이렇게까지 추켜올려도 괜찮은가 싶어서 괜히 앉은자리가 불편해지는 느낌도 듭니다. 그런가 하면 글을 쓰는 중에 어깨와 궁둥이가 너무 아프지만 이미 자정을 넘겼으니 어서 탈고를 해야 한다고 하소연하는 대목도 있는데, 제4의 벽을 뚫고 나오는 듯한 이런 한탄은 엄숙하게 격식을 갖추는 보통의 연구에서는 보기 힘든 문투입니다. 본문이 총 300쪽 남짓인데, 한참이나 딴소리를 하다가 거의 120쪽에 와서야 비로소 한국 현대사 이야기를 시작하는 산만함조차 평소 말투 그대로입니다. 그래서일까요, 음성 지원이 되는 듯 페이지는 술술 넘어갑니다.

그렇게 한참 산만하게 늘어놓는 이야기에 대해서도 보태고 싶은 말은 많지만(예컨대 고려의 북방 국경선에 관한 대목에서는 유사역사학의 영향이 강하게 느껴집니다) 현대사를 이야기하는 부분으로만 한정하자면, 김용옥의 논지는 참으로 간단하고도 명쾌합니다. 그가 그리는 해방 정국은 좌익과 우익 혹은 신탁통치 찬성파와 반대파로 명확히 양분됩니다. 글쎄요, 청군과 백군이 싸우면 누가누가 이길까 노래 부르던 고릿적의 '국민학교' 운동회가 아닌 다음에야 세상 사람들이 명확히 둘로 나뉠 것 같지 않습니다만, 김용옥은 쾌도난마처럼 당시의 상황을 명확히 둘로 나누어 설명합니다.

혹시라도 독자가 헷갈릴까 봐 걱정됐는지 깔끔하게 양분된 표로 정리해 주기까지 합니다. 왼쪽의 '신탁통치 찬성' 칸에는 '합리적·상황주의적 사유', '통일론자들' 같은 표현이 묶여 있고, 오른쪽의 '신탁통치 반대' 칸은 '변통을 모르는 꼴통 사유', '분단주의자들' 같은 표현으로 채워져 있습니다. 여기에서 이미 저자의 가치판단이 강하게 느껴집니다만, 그러고도 마음이 놓이지 않았는지 '좋은 놈', '나쁜 놈'

이라고까지 써 둬서 크로캅의 왼발 하이킥 같은 결정타까지 날립니다.

이렇게까지 대놓고 가치판단을 하는 것이 마음에 걸리지만, 그런 가치판단만 빼고 보면 해방 직후의 역사를 좌익과 우익의 이분법적 대립 구도로 설명하는 것이 아주 놀랍거나 새로운 관점은 아닙니다. 한국 현대사를 설명하는 대부분의 책은, 보수적인 입장에서건 진보적인 입장에서건, 해방 직후의 상황을 그 두 집단의 대립으로 설명했다는 점에서는 비슷한 것이 사실입니다. 한국 현대사 해석을 두고 보수와 진보는 첨예하게 대립하지만 실제로는 공통의 전제를 가진 셈이죠.

보수적인 역사관 속에서 해방 직후의 역사는 한반도에서 준동하던 좌익 세력을 몰아내고 우익 세력 중심의 정부를 수립하는 과정으로 설명됩니다. 해방 이후 한반도는 미국과 소련의 영향력 아래 양분되었지만, 소련식 사회주의를 맹종하던 좌익 세력이 일련의 사건을 통해 자연스럽게 배제되면서 지금과 같은 정치체제가 만들어졌다는 것이죠. 그 과정에서 제주 4·3 사건이나 여순 사건 같은 비극은 있었지만, 대한민국이 1948년 유엔으로부터 한반도 내의 유일한 합법 정부임을 인정받으면서 미국식 자유주의를 지향하는 지금과 같은 체제가 수립되었다는 것의 의미가 애써 축소되어야 하는 것은 아닙니다.

진보적인 역사관도 마찬가지입니다. 예를 들어 1945년의 모스크바 삼국 외상 회의 결과에 대한 해석을 봅시다. 진보적인 역사관에 따르면 이 회의는 조선을 대표하는 임시정부를 수립하고 이와 협의할 것을 골자로 합니다. 즉 조선을 대표하는 임시정부의 수립에 주안점을 두고 이 회의의 결과를 해석해야 한다는 것이죠. 하지만 당시 『동아일보』가 이를 '소련의 신탁통치 찬성 주장'으로 왜곡해 전달했고, 이 '오보'가 이후 한반도의 정치 판도를 바꾸었다는 것입니다. 요컨대 이전까지 미국의 입장을 추종하던 우익은 기회주의적으로 신탁통치 반대 입장을 내세우며 순식간에 여론을 주도했고, 모스크바 삼국 외상 회의의 결정을 정확히 이해하고 이 회의에 대한 절대 지지를 주장한 좌익은 억울하게 정치적 입지를 상실했다는 것이죠. 그리고 김용옥의 관점이 대략 이와 같습니다.

이런 관점은 1980~90년대에 대학가를 풍미했던 『다시 쓰는 현대사』 등을 통해 꽤나 익숙해진, 가장 널리 알려진 관점이기도 합니다. 하지만 지금에 와서 돌이켜 보면 이런 관점은 냉정히 따져 볼 필요가 있습니다. 익히 알려진 것처럼 해방 직후의 여론 지형은 결코 좌익에 불리하지 않았습니다. 지금처럼 반공주의가 득세한 상황이 아니었기에 사회주의나 공산당에 대한 사람들의 거부감 역시 특별히 크지 않았습니다. 그런데 그런 상황에서 신탁통치에 대한 입장 때문에 사회주의 세력의 정치적 입지가 급격히 좁아졌다는 것은 당시 조선 사람들에게 신탁통치가 그만큼 수용하기 어려운 것이었다는 뜻입니다. 1910년 주권을 빼앗기고 식민지가 된 후 줄기차게 독립 투쟁을 전개했던, 몸은 비록 굴복할지라도 마음만은 꺾이지 않았던, 그래서 즉각적인 주권의 회복을 염원했던 조선 민중에게 강대국에 의한 신탁통치란 식민 통치의 연장으로 여겨졌을지도 모릅니다. 그런 조선인들로서는 신탁통치를 도저히 받아들일 수 없었을 것입니다.

물론 저도 당시의 우익 세력이 대단히 기회주의적으로 준동한 것을 모르지 않습니다. 그 누구보다 이에 대해 비판적이기도 합니다. 하지만 그런 동시에 몇 가지 의문이 없는 것도 아닙니다. 이 시기에 대해 깊이 알지는 못하지만, 저는 당시는 좌익 세력이 모스크바 삼국 외상 회의 소식을 듣고 상당히 혼란스러웠을 것이라고 생각합니다. 좌익이 이 회의에 대한 '절대 지지' 입장을 밝힌 것은 1946년 1월의 일입니다. 회의 소식이 전년 12월에 처음 전해지고 며칠이 지난 후지요. 그러니까 좌익 세력에게 있어 이 회의에 대한 최종 입장을 내놓기까지의 며칠간은 회의 결과를 어떻게 해석해야 할지를 놓고 혼란 속에 고민하는 시간이었던 것 같습니다. 좌익 역시 즉각적인 주권 회복을 염원했지만, 한편으로는 모스크바 삼국 외상 회의의 결정 내용을 냉정하고 현실적으로 따져 볼 필요가 있다고 생각했을 것입니다. 그들의 구호가 '찬탁(신탁통치 찬성)'이 아니라 "모스크바 삼상 회의 결정 절대 지지"였던 것도 아마 그 때문이겠지요. 그럼에도 좌익의 구호는 즉각적인 주권 회복을 열망했던 조선 민중의 뜻과는 동떨어진 것이었습니다.

　제가 정말로 문제 삼고 싶은 것은 사실관계가 아니라 역사를 보는 관점입니다. 당대의 역사를 명확히 둘로 나누고 둘 중 하나만 골라야 한다고 강변하는 듯한 김용옥의 태도에는 결코 동의할 수 없습니다. 게다가 어느 한쪽만이 옳았다는 가치판단까지 개입된다면 더 말할 것도 없죠.

　우리가 살펴보는 과거가 이분법적이었다고 해서 그 과거를 바라보는 지금의 우리까지 이분법적일 필요는 없습니다. 1945년 겨울을 살았던 조선인들에게는 좌익이냐 우익이냐, 신탁통치 찬성이냐 반대냐 중에서 하나를 골라야 하는 선택지만 있었는지도 모릅니다. 이분법적으로 나뉜 사회에서 중간 지대란 허용되지 않는 경우가 많으니까요. 하지만 몇십 년이 지나 그때의 일을 '역사'로 바라보는 지금의 우리까지 이분법적 태도를 강요받을 필요는 없습니다.

　100명의 사람이 있으면 100가지 생각이 있을 것입니다. 그 모든 생각들을 굳이 몇 개의 범주로 좁히고 그중 하나만 골라야 할 이유는 없습니다. 물론 그래야만 하는 때가 있기도 합니다. 선거 때마다 우리들의 생각은 몇 개의 기호로 나뉜 범주에 따라 구분되기는 합니다. 하지만 그렇지 않은 다음에야 우리의 생각을 왜 굳이 몇 가지 범주 안에 욱여넣어야 할까요. 그렇기에 『우린 너무 몰랐다』의 인식은 너무나도 낡았습니다. 민주와 반민주, 독재와 반독재로 이분법적으로 나뉘었던 과거의 어떤 시대에는 그런 식의 현실 인식이 유효했을지도 모르지만, 그때보다 훨씬 더 다원화된 지금 시점에서 그런 접근법은 너무나도 낡았습니다. 2019년에 나온 『우린 너무 몰랐다』는 어째서 고릿적 인식에서 단 한 걸음도 나아가지 못했을까요.

시대를 역행하는 마리오

『우린 너무 몰랐다』의 철 지난 이분법에 대한 훌륭한 대답은, 의외로 그보다 한참 전에 나온 심지연의 『미소공동위원회 연구』에서 찾을 수 있습니다. 이 책은 누가 잘하고 누가 잘못했는지를 단순하게 따지지 않습니다. 어느 한쪽을 편들어야 한다고 독자에게 선택을 요구하지 않습니다. 어느 한쪽을 편들기보다는 양쪽이 각각 무엇을 잘못했고 또 잘했는지를 따져 묻지요. 심지연은 우익의 기회주의적인 처신을 비판하는 동시에 좌익 역시 실책을 범했으며, 그로 인해 사람들의 마음을 얻지 못했고 분단을 막는 데도 실패했다고 지적합니다.

둘 중 하나만 골라야 할 필요가 없다면, 그래서 나머지 한쪽을 욕하면서 버릴 필요가 없다면 우리 생각의 폭은 훨씬 더 넓어집니다. 역사를 공부한다는 것은 과거에 있었던 일을 판결하고 단죄하는 재판관이 되는 것이 아닙니다. 그것은 과거의 경험으로부터 더 많은 가능성을 찾고 더 다양한 선택지를 만들어 가는 일입니다. 그렇기에 『미소공동위원회 연구』가 진정으로 안타까워하는 것은 해방 직후를 거치면서 더 많은 생각의 갈래와 가능성이 차단되었다는 사실입니다.

> 정국은 반탁과 찬탁으로 양분되어 신탁통치 문제에 대해 중간적인 입장을 취할 수 있는 여지는 좁혀지고 말았다. 3상 회의 결정에 규정된 신탁통치를 식민 통치와 유사한 것이라고 여겨 민족적 자존심에 비추어 받아들일 수 없다고 반대한 진영이나, 한반도 문제의 유일한 해결책으로서 전면적으로 받아들여야 한다는 찬탁 진영 앞에서 중간이란 용납되기 어려웠던 것이다. 이로써 3상 회의 결정의 의의와 내용을 냉철하게 분석하여 합리적인 대안을 제시하는 자세가 수용되기 어려운 분위기가 조성되고 말았다.
> ―『미소공동위원회 연구』, 청계연구소, 1989, 30~31쪽

단순히 '제3의 길'이나 '중간파'의 길을 가야 했다고 이야기하는 것이 아닙니다. 선택지의 항목을 하나 추가할 뿐 생각의 폭을 확장시킬 수 없다면, 그 역시 한계가 뚜렷하죠. 하지만 '피자 먹을래, 치킨 먹을래' 하고 물으면 '둘 다 먹으면 안 돼?' 하고 되묻게 되는 것이 인지상정이고, 짜장면과 짬뽕 사이에서 고민하는 이들을 위해 짬짜면을 만든 것이 우리의 지혜입니다. 그래서 '피자나라 치킨공주'가 나왔고,

짬짜면은 볶음밥과 탕수육까지 아우르며 무한히 조합을 확장하는 중입니다.

제가 보기에 『우린 너무 몰랐다』는 1980년대의 마리오 같습니다. 불과 두세 개의 색상과 몇 개 되지 않는 픽셀로 표현된 거친 마리오 말이죠. 단순해서 그리기 쉬울지도 모르지만(그래서 용량도 더 작겠지만!) 그렇게 그려 낸 마리오가 과연 지금 우리에게 얼마나 인상적일까요. 불과 40kb의 용량에 게임 하나를 욱여넣어야 했던 기술적 제약이 없어진 지금, 우리는 훨씬 더 풍부한 색상과 고해상도의 마리오를 그려야 하지 않을까요.

그러고 보니 훨씬 해상도가 낮은 『우린 너무 몰랐다』가 2019년에 나왔고, 그보다 훨씬 더 다채롭고 해상도 높은 『미소공동위원회 연구』는 1989년에 나왔군요. 마리오는 1980년대 이후 2020년대에 이르기까지 훨씬 더 다채로운 모습이 되었는데, 어째서 역사를 바라보는 관점은 오히려 더 단순해진 걸까요. 김용옥이 자신의 전공인 동양철학에서 보여 주었던 통찰이 왜 역사학에서는 발휘되지 못한 걸까요.

독서 안내

『영국 청년 마이클의 한국전쟁』(이향규 지음, 창비, 2019)
한국전쟁과 그 경험에 대해 우리 사회에는 극단적인 두 입장만 있는 것처럼 느껴집니다. 하지만 이 책의 저자는 어느 영국인 청년을 통해 한국전쟁의 기억을 더듬어 간 끝에 결국 세대(혹은 진영) 간의 공감과 화해의 가능성에까지 다다릅니다. 우리 사회에서 과거와 역사는 상대방을 정치적으로 재단하고 비난하기 위한 수단으로 흔히 사용됩니다. 그러나 저는 역사를 돌아보는 일이 스스로를 성찰하고 상대방을 이해하기 위한 것이라고 믿습니다.

『교양인을 위한 역사학 교실』(윤진석 지음, 이른비, 2022)
역사를 둘러싸고 벌어지는 논쟁을 보고 있노라면 과거에 일어난 일은 하나일 텐데, 기억하는 방식은 어째서 그다지도 여러 갈래일 수 있는지 궁금해지곤 합니다. 『교양인을 위한 역사학 교실』은 역사를 기록하고 기억하는 학문인 역사학의 방법론과 철학을 다룹니다.

3부

밥은 먹고 다니냐고 묻는 역사책

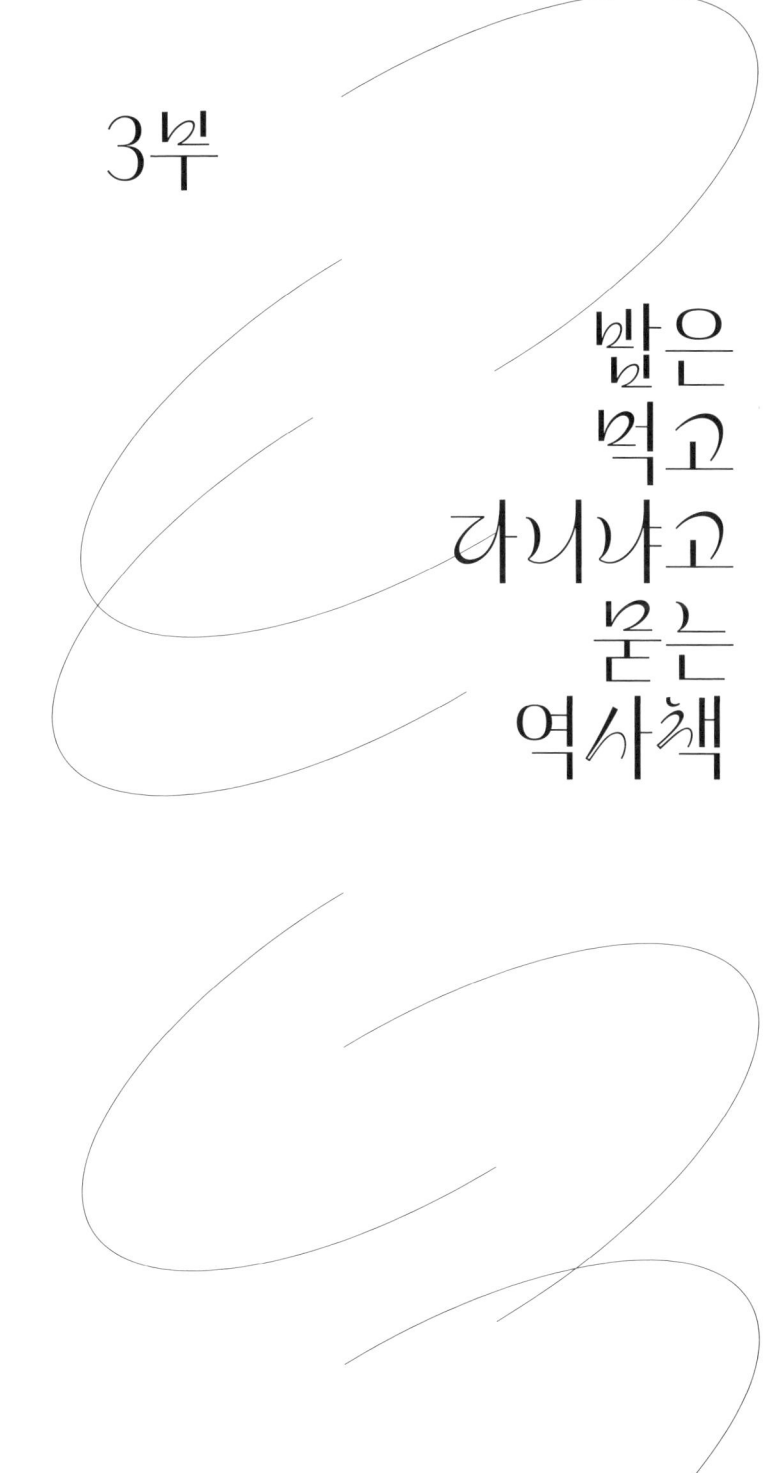

책에서 인생을 배운다는 말 들어보셨나요. 책에는 활자화된 정보가 담겨 있기 마련이니 독서를 통해 무엇이든 지식을 습득하는 것은 자연스러운 일이겠지만(단, 연애 같은 걸 책으로 배우면 대참사로 이어질 수 있으니 주의해야 합니다) 인생을 배운다는 게 그저 몰랐던 사실을 알게 된다거나 당장 써먹을 수 있는 실용적인 기술을 익힌다는 뜻은 아닐 것 같습니다. 그보다는 내가 가진 삶의 태도에 대해 생각할 기회를 갖게 된다는 의미가 아닐까 싶습니다.

 뭔가를 읽고 삶을 돌아보려면 무엇보다 그 내용에 공감부터 해야겠죠. 이거 꼭 내 이야기 같다는 반가움이야말로 책이 생활 속으로 스며드는 첫 단계라 하겠습니다. 역사

책을 읽다가도 그런 기분을 느낄 수 있을까요. 300년 전의 역사를 다룬 책을 읽고, 아니, 이것이 바로 마블 영화의 세계관에서만 보던 멀티버스인가, 나와 꼭 닮은 이자가 조선 시대에 내 삶을 미리 한 번 살았던 것인가 하면서 격한 공감의 감동에 몸을 부르르 떠는 경험을 할 수 있는 걸까요.

그럴 수 없다고 생각하는 분들이 많을 겁니다. 우리는 흔히 역사가 용맹한 군인, 이름난 정치가, 유별난 군주의 특별한 이야기라고 생각하곤 합니다. 그런 역사는 우리의 일상과는 별로 관계가 없는 것처럼 느껴집니다. 세종대왕과 이순신과 칭기즈칸의 업적은 참으로 위대하지만, 과거를 치르다 말에서 떨어져 다리가 부러졌음에도 다리를 동여매고 마저 시험을 끝냈다는 이순신 장군의 에피소드가(그런데 시험에는 떨어졌다고 합니다), 한 달에 한 번 잠시 통장에 들어왔다가 빛의 속도로 사라지는 월급을 바라보며 장마철 비 오듯 줄줄 눈물이나 흘리는 보잘것없는 나의 하루와 도대체 무슨 상관이란 말입니까.

그런데 없을 것 같은 그런 역사책이 실제로 존재합니다. 3부에서는 우리에게 밥은 먹고 다니냐고, 살림살이는 좀 나아졌냐고 묻는 책들을 소개합니다. 오래전에 살았던 사람들의 이야기를 읽으면서 어쩐지 내 이야기 같다고 생각하게 되는 책, 인생 선배의 에세이를 읽는 듯한 기분에 빠져들게 하는 책들입니다. 대단한 스펙터클을 기대한다면 실망할 수도 있습니다. 앞에서 소개했던 드라마 뺨치게 흥미진진한 줄거리나 격투기 경기를 방불케 하는 격한 논쟁은 없습니다. 그 대신 거기에는 당대에 이름을 떨친 엘리트부터 무명씨에 이르기까지, 각자의 방식으로 세상을 받아들이고 세상에 적응하며 살아가는 개인들의 모습이 담겨 있습니다.

본문에서 소개할 책 한 권을 예로 들어 보겠습니다. 보통 한국전쟁에 대한 책이라면 누가 전쟁을 일으켰는지, 전쟁이 어떻게 전개되었는지, 전쟁을 둘러싼 국가 간 협상의 막전막후는 어떠했는지와 같은 덩치 큰 이야기가 먼저 떠오르기 마련입니다. 그런데 『마을로 간 한국전쟁』은 조금 다릅니다. 이 책에는 한국전쟁이라는 비극을 맞이했던 보통의 장삼이사들이 등장합니다. 저자는 전쟁의 후방에서, 전투가 지나간 자리에서 어떤 일들이 벌어졌는지, 우리 할머니, 할아버지가 겪은 한국전쟁은 어떤 모습이었는지 담담하게 기술해 나갑니다.

『사신을 따라 청나라에 가다』와 『슬픈 아시아』를 저는 (저자의 의도와는 아마도 무관하게) 지난 시대 직장인의 출장기로 읽었습니다. 여행과 밥벌이를 비닐봉지에 넣고 열심히 흔들면 만들어지는 것이 출장입니다. 여행에는 늘 새로움을 향한 설렘과 낯선 것에 대한 두려움이 동반되기 마련인데, 출장은 여기에 밥벌이의 무거움까지 더해진 묘한 결과물이라고 할 수 있겠습니다. 『사신을 따라 청나라에 가다』는 조선과 청나라의 관계를, 『슬픈 아시아』는 해방 이후 냉전의 전운이 감돌던 시절 신생 한국의 아시아 인식을 다룬 책입니다. 책의 주제도 매우 흥미롭지만, 어째서인지 청나라로 먼 길을 떠나야 했던 조선 사신들의 부르튼 입술과, 비행기를 타고 인도로 필리핀으로 홍콩으로 떠나던 이들의 지친 어깨가 자꾸 행간으로 삐져나와 눈에 밟혔습니다.

역사책에서 인생을 배운다는 것은 다른 시대, 다른 세상에서 나를 발견하는 훈련인지도 모르겠습니다. 왠지 나랑 비슷해 보이는 옛사람들과 함께 기뻐하고, 슬퍼하고, 선택의 기로에서 방황하기도 하며 '눈앞의 보자기만 한 시간을 살고 있는' 나를 확장해 나가는 것이죠. 이때는 시대와 문명을 논할 때 쓰는 큰 망원경이 아니라 작은 것도 예민하게 살필 수 있는 현미경이 필요할 것 같습니다.

멀리서 보면 숲만 보입니다. 거대한 녹색 덩어리가 존재할 뿐입니다. 그러나 가까이 가면 그 안에는 제각각 다른 모양의 나무들이 있습니다. 가지도 제각각 뻗어 있을 뿐 아니라 껍질 위로는 오만 가지 벌레들이 경주하듯이 기어오르는 중입니다. 나무 한 그루 한 그루에 관심을 갖는 것, 지나간 삶의 목소리에 귀를 기울이는 것이야말로 책에서 인생을 배워 현재를 두텁게 만드는 가장 좋은 방법이 아닌가 싶습니다.

3부에서 소개할 책

---

1 『슬픈 아시아』(장세진 지음, 푸른역사, 2012)
  『사신을 따라 청나라에 가다』(손성욱 지음, 푸른역사, 2020)
2 『마을로 간 한국전쟁』(박찬승 지음, 돌베개, 2010)
3 『윤치호와 김교신』(양현혜 지음, 한울, 2009)
4 『이혼 법정에 선 식민지 조선 여성들』(소현숙 지음, 역사비평사, 2017)
5 『나의 한국현대사』(유시민 지음, 돌베개, 2014/2021)
6 『대구』(마크 쿨란스키 지음, 박중서 옮김, RHK, 2014/2024)
7 『소주의 세계사』(박현희 지음, 서울대학교출판문화원, 2023)

1

조상님들의 해외 출장 보고서

『슬픈 아시아』
『사신을 따라 청나라에 가다』

공항을 물들이는 잿빛 기운

공항만큼 낭만적인 공간이 또 있을까 싶습니다. 한편에서는 새로운 곳을 향해 떠난다는 설렘이 가득하고, 다른 한편에서는 이별의 슬픔과 헤어졌던 이를 다시 만나는 재회의 기쁨이 뒤섞인 장소가 공항입니다. 짧은 시간에 희로애락을 가장 포괄적으로, 또 극적으로 관찰할 수 있는 셈입니다. 그런데 수많은 감정이 출렁이는 공항에서 유독 건조해 보이는, 잿빛 기운을 풍기는 사람들이 있습니다. 기내에 실을 수 있는 작은 캐리어에 두툼한 서류 가방을 올린 채 초점 흐린 눈으로 허공을 응시하면서 라운지를 향해 직진하는 이들. 십중팔구 출장자입니다.

앞에 쓴 것처럼 여행과 밥벌이를 비닐봉지에 넣고 열심히 흔들면 만들어지는 것이 출장입니다. 어느 정도는 설렙니다. 어쨌든 낯선 곳으로 떠나는 것이고, 공항의 들뜬 분위기에 젖어 들기도 하고요. 그러나 서류 가방에 들어 있는 일 더미를 생각하면 마음이 무겁습니다. 출장지에 가 봐야 빌린 차를 타고 호텔과 사무실을 오갈 뿐입니다. 출장지가 아무리 매력적인 곳이라도, 미팅과 보고서의 첩첩산중에서는 입과 귀와 손가락을 혹사하는 것 외에 딱히 경험할 게 없습니다(저는 발리로 출장을 간 적이 있는데, 딱 24시간 만에 그곳이 발리인지 정발산인지 구분이 안 되는 지경에 이르렀습니다). 거래처 직원이나 정부 인사처럼 출장지에 있기 마련인 '비즈니스 파트너'의 존재는 상황을 더욱 어렵게 합니다. 언어도 문화도 낯선 곳에서 이 사람 눈에 내가 어설퍼 보이지는 않을까, 아마추어 취급을 당하지는 않을까 신경도 써야 하니 어지간히 피곤한 일이 아닐 수 없습니다. 공항이 희로애락이 넘실대는 곳이라고 했지만, 희喜, 로怒, 애哀, 락樂 중 출장자에게 적용할 만한 말이 있을지 모르겠습니다. 억지로 말을 만들자면 '로勞' 정도가 어울릴 수도 있겠군요.

한복 차림을 한 신생 독립국 공무원의 출장기

장세진의 『슬픈 아시아』는 해방 직후 해외 출장을 떠났던 선배들의 이야기를 다룹니다. 이 책은 미 군정 보건후생부

부녀국장이라는 직함을 갖고 있던 고황경이 1947년 인도 뉴델리로 출장을 떠나는 장면으로 시작합니다. 미군 군용기에 한복을 입고 낙하산까지 짊어진 채 올랐던 모양입니다.

> 먼저 입은 사람들이 도와주어서 이럭저럭 몸에 붙기는 하였으나 몸이 크고 키가 큰 미국 군인에게 맞게 만든 것을 동양 여자의 체격에 붙여놓으니까 마치 할아버지 마고자를 어린 손자가 입은 격이었다. 입은 것이 아니라 파묻히고 말아서 보기에도 우습거니와 옹기 장사의 지겟짐 모양으로 무거운 것을 가까스로 지고 비행기로 기어 올라갔는 고로 남이 보기에도 땀이 났을 것이라고 생각이 된다. 그보다도 더한층 우습고도 딱했던 것은 여러 친구의 권고를 받아 조선 옷을 입었던 까닭에 비록 외투를 입기는 했으나 검정 치마가 길게 늘어진 데다 낙하산을 몸에 붙이려고 얽어매었던 그 꼴이었다. (19쪽)

본문 첫 페이지에 등장하는 77년 전 이 광경에 유독 눈길이 갔습니다. 한복 저고리에 치마를 입고 그 위에 거대한 낙하산을 걸머멘 채 미군기에 오르는 어색하기 짝이 없는 모양새가 어째 낯설지가 않았기 때문입니다. 해외 출장길에 처음 오르는 이라면 누구라도 조금은 버벅대고, 가끔은 우스꽝스러워 보일 수밖에 없는 것 같습니다. 일제강점기에 미국에서 박사과정을 수료한 당대 최고 엘리트 고황경도 예외는 아니었던 모양이고요.

고황경의 출장기는 계속 이어집니다. 고황경은 1947년 개최된 뉴델리 범아세아 대회에 참석하기 위해 떠난 것이었는데, 그가 뉴델리에서 마주한 사건은 식민 지배에서 벗어난 아시아 국가들 간의 협력을 도모한다는 대회 취지와는 사뭇 다른 것이었습니다. 그를 당황하게 한 이는 출장지에서 만난 한 말레이시아인이었습니다. 그는 고황경이 한국 사람이라는 걸 알고는, 일본군이 말레이시아에 왔을 때 자신과 동료들을 유독 핍박하던 (일본군 소속) 조선인 군인에 대해 맹렬히 비난했습니다. 식민 지배를 당한 동병상련을 나누고, 앞으로 함께 성장할 기회를 도모하러 왔는데 이 무슨 일이란 말입니까. 고황경은 '식민지 사람으로서 그도 어쩔 수 없었을 것'이라며 변명 아닌 변명을 해 보았으나 무용지물이었습니다. 돌아온 반응은 여전히 차갑기 그지없던 것입니다. 고황경은 일제강점기에 '애국금차회'라는 친일 단체의 간사로 있었으며, 내선일체를 강조하고 태평양전쟁 참전을 종용하기도 해 『친일인명사전』에 등재되었는데, 그런 과거 때문에 더욱 복잡한 감상에 빠지지는 않았을지 모르겠습니다.

책은 고황경 외에도, 한국은행 홍콩지점장 천병규, 경향신문 기자 김병도, 아시아재단 한국지부 초대 총무 조동재 등 여러 사람의 아시아 출장기를 담고 있습니다. 인도네시아에서 입국 심사를 호되게 받기도 하고, 국공 내전이 한창인 중국 대륙에서, 영국과 중국이 뒤섞인 홍콩에서 기묘한 감상에 젖어 들기도 하는 모습이 그들이 남긴 기록과 함께 자세히 소개됩니다. 독자는 아득히 먼 옛날처럼 느껴지는 해방 직후의 이런저런 장면들을 지켜보다가 어느 순간 책에 소개된 이 선배들의 에피소드가 몇 년 전 내가 겪었던 일과 비슷하지 않은가 하는 상념에 빠지게 됩니다. 제가 고황경의 에피소드를 읽던 중에, 정장에 코트를 걸치고 구두까지 챙겨 신는 바람에 10시간도 넘는 비행시간 내내 불편함에 몸을 배배 꼬았던 첫 출장의 기억을 떠올렸던 것처럼 말입니다.

오랑캐 나라로 떠난 출장

『슬픈 아시아』를 손에 든 채로 오늘날 우리가 다니는 출장의 원형이 80년 전 해방 직후의 한국에 있는 것인가 생각하다가도, 손성욱의 『사신을 따라 청나라에 가다』를 읽고 나면 그보다 100년은 더 전으로 거슬러 올라가야 되겠구나 생각하게 됩니다. 이 책은 제목 그대로 조선 사신의 청나라 기행을 다루고 있습니다. 해방 직후 출장길에 올랐던 신생 한국의 엘리트들이 주로 비행기를 이용했던 데 비해 조선의 사신들은 말 몇 필과 두 다리에 의존할 수밖에 없었습니다. 가는 길이 워낙 멀고 고되다 보니 사행길에 병을 얻는 경우가 부지기수이고, 심한 경우 목숨을 잃기도 했다네요. 목숨을 담보로 떠나는 출장이라니, 살벌합니다.

　먼 길을 걷고 또 걸어, 말 그대로 산 넘고 물 건너 청나라의 수도 북경(연경)에 도착한 사신들의 모습은, 어떤 면에서는 신기하리만치 『슬픈 아시아』에 등장하는 신생 한국의 출장자들과 닮았습니다. 『슬픈 아시아』의 등장인물들이 그랬듯이 조선의 사신으로 뽑힌 이들이 그저 그런 장삼이사였을 리 없습니다. 각자 나름대로 중차대한 임무를 띠고 어려운 길을 떠났을 테고, 그 임무를 수행하기 위한 학식과 경험도 두루 갖추었을 것입니다. 그러나 그들 모두 낯선 환경 앞에서는 잠시일지언정 얼이 빠질 수밖에 없었던 것 같습니다. 북경에 들어서면서 풍겨오는 석탄 때는 냄새에 고통스러워하기도 하고, 코끼리를 보고 놀라 자빠지기도 합니다. 먼 길 오느라 오랫동안 씻지 못한 탓에 냄새가 진동하는 채로, 고린내가 난다는 욕을 먹어 가면서 대국의 수도를 이해해 보려고 두리번거리는 바쁜 마음이 책에 잘 묘사되어 있습니다.

　물론 『슬픈 아시아』와 『사신을 따라 청나라에 가다』 두 권의 책이 출장자들의 어설프고 우스꽝스러운 모습만 전시하는 것은 아닙니다. '해외여행'이라는, 당시로서는 낯선 경험을 한 이들을 통해, 조선과 신생 한국을 살아간 사람들의 세계관을 엿보는 것이 장세진, 손성욱 두 저자의 집필 목적입니다. 『슬픈 아시아』의 시대적 배경은 2차대전이 끝나고 본격적인 냉전이 시작되기 전의(그러나 이미 냉전의 그림자가 짙게 드리워져 있던) 몇 년간입니다. 식민지에서 벗어났다는 흥분과, 제3세계 국가들이 서로 협력할 가능성과, 중국이 공산화되고 미국이 일본 중심의 동아시아 질서를 구상하는 과정이 어지럽게 뒤얽히던 시기였죠. 식민지를 막 벗어난 한국의 엘리트들은 아시아를 여행하면서 어떤 기록을 남겼을까, 그 기록에는 어떤 인식이 담겨 있을까, 그 인식을 통해 우리가 짐작할 수 있는 1940년대 중반 한국의 세계관은 어떤 것일까, 『슬픈 아시아』는 이런 질문들을 던지고 있습니다.

『사신을 따라 청나라에 가다』도 변혁의 시대를 다루는 것은 매한가지입니다. 오랑캐라고 무시하던 청나라가 점차 대국의 면모를 갖추어 가는 동안, 조선 사신이 청나라를 바라보는 관점도 조금씩 달라집니다. 청조 초기, 북경에 도착한 이들은 '누린내' 때문에 괴로워했다는군요. 그런데 시간이 지나고 청나라의 지배 질서가 공고해질수록 누린내 때문에 힘들었다는 기록은 점차 찾아보기 어려워집니다. 냄새가 사라진 것일까요, 아니면 청나라의 문화에 익숙해져 특유의 냄새를 비롯한 여러 특징들을 당연하게 받아들이게 된 것일까요? 조선의 사신이 청나라에 다녀오는 일을 연행燕行이라고 합니다. 사신이 오갔던 길을 연행로라고 하고요. 그 길을 따라 중국을 오가는 사람들은 어떤 생각을 했을까요. 두 번의 호란 이후 청나라를 바라보는 조선의 심정은 복잡했을 것입니다. 저깟 오랑캐들은 기껏해야 100년도 못 가서 스스로 망할 거라 생각하며 삼전도의 굴욕감을 꾹꾹 참아 눌렀는데, 이게 웬걸, 강희-옹정-건륭의 치세를 거치며 청나라는 날로 번성해 갔기 때문입니다. 그러니 한편으로는 조선이 중화의 전통을 계승했다는 소小중화주의로 상처 입은 자존심을 달랬을 것이고, 다른 한편으로는 청나라의 현실적인 힘을 인정하며 세상에 적응해 나갔을 것입니다. 그리고 그런 변화는 그들이 남긴 '연행록'에 그대로 반영되었고요.

 이 책은 사신들의 활동을 통해 당대의 사대 관계를 현실적으로 이해할 계기도 마련해 줍니다. 조선은 왕이 즉위할 때마다 중국의 황조로부터 그 즉위를 인정받는 '책봉'을 받아 왔는데, 이 중차대한 임무를 띠고 청나라를 방문했던 사신들의 고군분투를 읽다 보면 자연스럽게 (그 모습에 금세 짠한 기분이 되는 것은 물론이고) 조선이 속했던 중화 질서의 냉정한 단면을 마주하게 되는 것이죠. 이 책의 3부는 숙종 대에서 영조 대에 이르기까지의 왕세자(혹은 왕세제) 책봉 문제를 자세히 설명하고 있습니다. 당시의 조선 사신들이 해결해야 했던 현안들은 대체로 당시의 동아시아 세계 질서 및 조선 내의 정치 상황과 밀접하게 연관된 것이었는데, 이 책은 그 부분을 무척이나 충실하게 설명하고 있습니다.

『슬픈 아시아』와 『사신을 따라 청나라에 가다』는 각각 나름의 진중한 문제의식을 갖고 있는 연구자가 쓴 진지한 책이지만, 출장길 비행기에서 읽을 역사서를 고르라면 이만한 선택이 없을 것 같습니다. 동병상련의 마음으로 페이지를 넘기기 시작해 저자들이 던지고 있는 질문을 따라가다 보면 어느새 조선 후기와 20세기 중반의 한국으로 이동해 있는 자신을 발견하게 됩니다. 나는 어떤 마음으로 이 출장을 가고 있는지 새삼스럽게 다시 한번 생각하게 될 수도 있습니다. 그러다 저 멀리 출장지의 활주로가 보일 즈음에는, 왼쪽에는 갓 쓰고 도포를 차려입은 조선 사신이, 오른쪽에는 한복을 입고 낙하산을 맨 신생 한국의 관료가 앉아 여러분의 출장길을 응원하고 있다는 든든한 기분이 들지도 모르겠습니다.

독서 안내

『베이징에 온 서양인, 조선과 마주치다』(손성욱 지음, 동북아역사재단, 2022)
　　『사신을 따라 청나라에 가다』의 저자 손성욱이 쓴 책입니다. 베이징으로 몰려드는 제국 출신 '출장자'들을 바라보는 시선이 독특합니다.

『아시아의 기억을 걷다』(유재현 지음, 그린비, 2007)
『아시아의 오늘을 걷다』(유재현 지음, 그린비, 2009)
　　아시아의 역사와 정치, 사회를 다룬 에세이입니다. 제가 가장 좋아하는 논픽션 작가 중 한 사람인 유재현이 썼습니다. 동남아시아에 관심이 있으신 분이라면 꼭 한번 읽어보시길 권합니다.

2

주머니 속의 한국전쟁

『마을로 간 한국전쟁』

할머니의 한국전쟁

1950년 7월, 제 할머니가 살던 곳은 경남 하동의 어느 작은 마을이었습니다. 농사지을 만한 땅도 변변찮은 가난한 산골짜기 마을이었습니다. 워낙에 들이 좁아서 이쪽 산에서 대나무를 꺾으면 맞은편 산에 닿는다고 할 정도였습니다. 먹고사는 것만 문제였을까요. 불과 한두 해 전까지만 해도 빨치산과 경찰들 등쌀에 목숨을 부지하기도 어려웠습니다.

그에 비하면 1950년 여름은 그나마 조용한 편이었습니다. 나라에서 농사지을 땅을 나눠 준다는 소문도 들려왔지만, 그런 이야기들이야 세상 물정에 밝은 사람들이나 아는 일이지, 할머니 같은 평범한 아낙에게는 눈앞에 닥친 일들만으로도 하루하루가 힘들었습니다. 잠깐 고개만 돌려도 잡초가 한 뼘씩 자라오르는 밭일 하랴, 갓 태어난 큰딸 키우랴, 시부모님 수발하랴, 하루해가 어떻게 지나가는지도 모를 지경이었습니다.

갑자기 군인들이 나타난 것은 그 무렵의 일입니다. "소화 손들었을 때"(할머니는 1945년의 해방을 이렇게 표현했습니다. '소화昭和'는 일본의 쇼와 시대[1926~89]를 말하죠)도 별달리 시끄러운 일이 없던 이 궁벽한 마을에, 어느 날부터 갑자기 낯선 말씨를 쓰는 사람들이 들어왔습니다. '혁명'이니 '반동'이니 하는 말을 입에 붙이고 사는 사람들이었습니다. 북한에서 온 사람들이라고 했습니다. 다시 몇 달이 지나, 그들은 올 때만큼이나 빠르게 마을을 떠났습니다. 어떤 사람은 국군에 쫓겨 북으로 도망갔다고 했고, 또 어떤 사람은 지리산으로 들어갔다고도 했습니다.

그러고는 끝이었습니다. 할머니는 그날 이후 다시는 북한에서 온 사람을 보지 못했습니다. 할머니의 한국전쟁은 그렇게 시작되었고 그렇게 끝났습니다.

대문자 역사와 소문자 역사

역사학에서 사용하는 개념으로 '대문자 역사'(History)와 '소문자 역사'(histories)라는 것이 있습니다. 영어 시간에 배우기를, 세상에 하나밖에 없는 고유명사는 첫 알파벳을 대문자로 쓴다고 했습니다. 그렇지 않고 일반적인 의미를 가지는 명사, 즉 일반명사는 첫 알파벳을 소문자로 쓴다고도 했습니다. 이 말을 토대로 해석해 보자면 '대문자 역사'란 단일한 서사로 공식화·고유화된 역사적 경험을 의미하고, '소문자 역사'란 공식화된 서사에 포함되지 않는 복수의 다양한 경험을 의미한다고 할 수 있겠습니다.

예를 들어 설명하자면 이렇습니다. 교과서에 나오는 한국전쟁(혹은 6·25 전쟁)은 1950년 6월 25일 새벽에 북한의 기습 남침으로 시작되어 1953년 7월에 휴전협정이 맺어져 끝난 전쟁입니다. 이것은 세상에 단 하나만 존재하는 움직일 수 없는 사실이자 국가에 의해 공인된 사실입니다. 교과서만이 아니라 인터넷에도 '한국전쟁'을 찾아보면 이렇게 서술되어 있습니다. 이런 게 바로 '대문자 역사'입니다. 중고등학교 역사 시간에 우리가 배웠던 역사는 대부분 '대문자 역사'라고 보시면 됩니다.

그런데 한국전쟁이 과연 그렇기만 할까요. 경남 하동의 어느 마을에 살았던 제 할머니의 경험만 해도 이것과는 꽤 다릅니다. 할머니가 기억하는 한국전쟁은 1950년 7월 말 어느 날 나타난 북한 말씨의 사람들로 시작되어 그로부터 약 두 달 후 그들이 쫓기듯 도망가는 것으로 끝난 약 2개월 동안의 난리통입니다. 1950년 6월 25일부터 1953년 7월까지 3년간 이어진 동족상잔의 비극이 아니라 1950년 여름 두어 달 정도의 기억인 거죠. 제 할머니만 그렇지는 않을 겁니다. 전라도에 살았던 사람의 기억은 이것과 또 좀 다를 테고, 여타 지역 사람들의 경험도 또 다를 테죠. 이런 식으로 다양한 주체가 경험한 다양한 '역사들'을 곧 '소문자 역사'라고 부릅니다.

그런 '소문자 역사'의 관점에서 한국전쟁을 바라보려는 시도는 꽤 많습니다. 윤택림의 『인류학자의 과거 여행』이나 김귀옥 등의 『전쟁의 기억 냉전의 구술』 같은 책이 대표적입니다. 한국전쟁을 이야기할 때 전쟁 발발의 원인이나 그 국제정치적 의미 같은 것들도 중요하겠지만, 이 책들은 장삼이사의 관점에서 한국전쟁은 어떤 의미였는지를 알아보려고 했습니다. 박찬승의 『마을로 간 한국전쟁』 역시 비슷한 맥락 속에 있습니다. 이 책은 제목 그대로 작은 마을에서 벌어진 한국전쟁의 양상을 살펴봅니다. 한 권의 책으로 묶여 있기는 하지만 여기에 실린 각각의 글은 2000년부터 2008년까지 논문으로 발표된 것들입니다. 책이 2010년에 나왔으니, 첫 논문의 준비 기간까지 생각하면 10년도 훨씬 넘게 전국 각지를 직접 찾아다니며 사람들의 이야기를 듣고 정리한 결과물인 셈입니다.

『마을로 간 한국전쟁』은 무엇보다 한국전쟁에 관한 책입니다. 우리가 아는 한국전쟁이란 냉전이 어떻고 이데올로기가 어떻고 하는 거창한 이야기, 혹은 전쟁의 발발부터 휴전까지 무한히 반복된 크고 작은 전투들로 정리됩니다. 하지만 한국전쟁은 정치가와 군인만의 이야기가 아니었습니다. 실제로 한국전쟁을 경험하고 견뎌 냈던 것은 민간인들이었죠. 실제 사상자 수도 군인보다 민간인이 훨씬 더 많고요.

군인보다 민간인 희생자가 훨씬 더 많은 것은 대개 학살 때문입니다. 우리에게 친숙한 '보도연맹원' 학살을 비롯해, 공산군과 유엔군이 서로에게 협조했다는 이유로 각각 마을 사람들을 괴롭히고 심지어 죽이는 일도 있었습니다. 좌익과 우익으로 나뉜 마을 사람들끼리 서로 죽이는 경우는 더 많았다고 합니다. 지금도 어느 마을에 가면 여러 집의 제삿날이 같다고 하지요.

역사학자 박찬승이 10년 넘게 진도와 영암, 부여, 당진에서 찾아낸 것이 바로 그런 이야기들입니다. 점령과 탈환이 반복되었던 한국전쟁 시기에 좌와 우로 나뉜 마을 사람들이 서로를 죽이고 또 죽이고, 그러고 수십 년이 지난 지금까지도 그때의 트라우마에서 벗어나지 못하고 있는 이야기들이죠. 다만 저자의 관심은 당시의 민간인 학살을 우리에게 전하는 데에만 있는 것 같지는 않습니다. 그가 들려주는 민간인 학살 이야기 역시 기존의 것과는 약간 다릅니다.

이데올로기에 앞서는 것, '복합적 갈등 구조'
저자는 한국전쟁 시기의 마을 사회를 이야기하기 위해 각 마을의 상황을 먼저 살핍니다. 마을에 살던 사람들이 같은 집안이었는지, 집안의 리더는 누구였는지, 각 집안이 마을에 처음 들어와 살게 된 건 언제인지, 토지 소유 관계는 어떘는지 같은 것들부터 살피죠. 이런 문제들은 민간인 간의 학살과는 일견 무관해 보이지만, 저자는 이런 문제들이야말로 한국전쟁 시기의 민간인 간 학살을 결정한 가장 중요한 요인들이라고 말합니다. 즉, 한국전쟁 시기의 민간인 학살은 이념 투쟁의 외피를 두르고 있지만 실제 학살의 양상을 결정지은 것은 그보다 훨씬 오래전부터 마을 안에 잠복해 있던 권력관계와 갈등들이었다는 것이죠. 그 갈등은 어디서는 양반 마을과 평민 마을의 갈등이었고, 또 어디서는 지주와 소작인의 갈등이었으며, 또 다른 어디서는 종교적인 차이에서 비롯한 갈등이었습니다. 그리고 이는 어김없이 끔찍한 학살로 이어졌고요.

정리하자면, 한국전쟁 당시 벌어진 민간인 학살들은 비록 전쟁으로 촉발되기는 했지만, 그것의 양상을 결정지은 것은 그 밑바탕에 깔려 있던 숨은 갈등이라는 것입니다. 나아가 저자는 한국전쟁의 갈등 구조는 단지 이념이나 계급의 충돌로만 볼 수는 없고, 향촌 사회에 잠복해 있던, 집안·마을·종교 간의 '복합적 갈등 구조'의 산물이었다고 설명합니다. 물론 이런 갈등들에서도 이념과 국가권력이 중요한 변수로 작용한 것은 사실이지만, 구체적인 갈등 상황과 이후의 경과는 각 마을이 가진 개개의 조건에 의해 더 크게 규정되었다고 하겠습니다.

『마을로 간 한국전쟁』이 말하는 '복합적 갈등 구조'는 단지 한국전쟁에만 적용되는 것이 아닙니다. 그것은 지금 우리 사회의 갈등 관리라는 측면에서도 중요한 생각거리를 던집니다. 이 책에 따르면 한국전쟁 시기 마을 사회에서 벌어진 학살은 전쟁 이전부터 내재되어 있던 갈등이 전쟁이라는 외부적인 계기에 의해 폭발한 결과로, 학살의 구체적인 양상은 평소에 갈등 관리가 얼마나 잘되었는지에 따라 결정되었습니다. 그렇다면 여기서 가장 중요한 변수는 전쟁이 아니라 '평소의 갈등 관리'입니다. 전쟁 이후의 상황도 마찬가지입니다. 끔찍한 학살의 기억에도 불구하고 증오와 폭력의 연쇄를 끊어 낸 마을은 이후에도 공동체를 잘 유지할 수 있었던 반면, 그러지 못하고 미움과 질시를 그대로 품고 산 공동체는 지금까지도 그 트라우마로부터 자유롭지 못합니다.

이는 단지 역사 속의 문제가 아니라 지금 우리의 문제이기도 합니다. 당장 아무 게시판, 뉴스, 유튜브 채널만 들어가 봐도 박탈감과 편견을 이용해 갈등을 조장하는 자들이 널리고 널린 것이 작금의 슬픈 현실입니다. 상대방을 멸시하거나 혹은 짓밟고 없애지 못해서 안달이지요. 이렇게 해서 어떻게 나중에 화해와 극복으로 나아갈 수 있을지 도통 모르겠습니다. 물론 대책 없이 화해와 용서만을 강요하는 것도 나쁘지만, 그렇다고 해서 상대에 대한 무한한 증오와 폭력이 정당화되는 것은 아닙니다. 심지어는 역사를 이용해 이를 정당화하는 자들도 있지요.

허버트 허시의 『제노사이드와 기억의 정치』에서도 이와 비슷한 통찰을 찾을 수 있습니다. 허시는 제노사이드(학살)의 재발을 막기 위해서는 배제와 혐오가 우리 삶에 침투하지 못하도록 평소에도 애쓰는 것이 중요하다고 말합니다. 즉, 평소에도 우리 사회의 갈등을 잘 관리하는 것이 중요하다는 말이겠죠.

> 인종주의적 혹은 성적 농담처럼 작은 것일지라도 비인간성을 무시하다 보면 개인은 억압과 부정의를 무시하는 데 익숙해지고, 비인간성이 자기 앞에 벌어졌을 때 그것을 인지하는 능력을 잃게 된다. 결론적으로, 억압과 부정의한 행위에 분개하는 감각을 잃게 된다. 우리는 일상의 삶에 가장 직접적으로 영향을 끼치는 제도 안에서 정의감과 동정심을 배우거나 다시 배울 수 있다. 우리가 침입 국가의 세력과 정치적 삶의 슬픈 현실들로부터의 보호와 구원을 구하는 것은 일상의 작아 보이는 영역들 안에 있다.
> ―『제노사이드와 기억의 정치』, 책세상, 2009, 250~251쪽

『마을로 간 한국전쟁』이라는 제목의 진짜 의미는 '외부적인 요인이 우리 공동체 속에 있던 갈등을 자극할 때 일

어나는 일'이라고 하겠습니다. 그러니 책을 덮은 지금 우리에게는 질문이 남습니다. '지금 당장 우리 공동체 속에 숨어 있는 갈등과 혐오는 무엇인가요?'

독서 안내

『제노사이드와 기억의 정치』(허버트 허시 지음, 강성현 옮김, 책세상, 2009)
    『마을로 간 한국전쟁』이 마을 공동체에 내재된 갈등에 주목했듯이, 이 책 역시 배제와 혐오가 우리의 삶 속에 침투하지 못하도록 평소부터 애쓰는 것이 제노사이드의 재발을 막는 가장 구체적인 힘이라고 말합니다. 우리가 혐오 발언을 혐오하고 경계해야 하는 이유가 여기에 있습니다.

『혼돈의 지역사회』(상·하, 박찬승 지음, 한양대학교출판부, 2023)
    목포, 나주, 영광, 강진, 능주(화순)의 근현대사가 빼곡히 담긴 이 책은 '지역'이라는 렌즈를 통해 한국 근현대사를 들여다봅니다. 다소 딱딱하게 느껴질 수 있지만, 이 책을 읽고 나면 범상하게만 느껴졌던 내 주변의 풍경과 공동체가, 실은 오랜 역사가 켜켜이 쌓여서 만들어진 결과라는 것을 깨달을 수 있습니다.

3

같은 신앙, 엇갈린 행보

『윤치호와 김교신』

서점에 가면 꽤 많은 수의 평전을 찾을 수 있습니다. 역사학 전공자가 쓴 것도 있고, 그렇지 않은 것도 있지만, 평전이라는 장르는 저자 불문 상당히 널리 읽히는 편입니다. 각자의 방식으로 역사에 흔적을 남긴 이들의 삶과 사상을 더듬어 보는 특유의 맛이 있기 때문이 아닐까요. 서술의 대상이 되는 인물의 행동이나 생각을 통해서 나를 돌아보는 경험도 하게 되고요.

『윤치호와 김교신』도 평전의 한 종류라고 할 수 있겠습니다. 인물의 삶과 그에 대한 저자의 비평이 담겨 있으니까요. 여느 평전과 다른 점이라면 역시 두 명의 인물을 비교한다는 것이겠지요. 『윤치호와 김교신』은 제목 그대로 동시대를 살았던 두 인물의 삶을 다루고 있습니다. 저자는 종교사학을 전공한 양현혜인데요, 윤치호와 김교신 모두 기독교인이었던 만큼 이 책은 그들의 종교적 신념과 그것이 발현된 방식을 집중적으로 다룹니다. 이 책이 흥미로운 이유는 두 사람의 삶을 바라보는 저자의 대조적인 관점에 있지 않나 싶습니다. 양현혜는 하나의 신앙을 뿌리 삼아 서로 다른 방향으로 전개되는 윤치호와 김교신의 사상적 차이를 선명하게 드러냅니다.

윤치호는 1865년에, 김교신은 1901년에 태어났습니다. 둘 다 엄격한 유교 집안에서 자라 일본에서 '신지식'을 공부했고, 독실한 기독교 신자로 살았습니다. 세상이 뒤집히던 때니 누구라도 시대를 고민하고 나를 돌아보지 않을 수 없었을 텐데, 윤치호와 김교신은 모두 기독교를 통해 돌파구를 찾고자 했습니다. 공통점이 적지 않은 두 사람의 삶은 그러나 전혀 다른 궤적을 그렸습니다.

조선 최고의 두뇌이자 부호, 권력자로 살았던 윤치호의 인생은 화려했습니다. 그러나 오늘날 그의 일대기를 존경의 마음으로 돌아보는 사람은 많지 않을 것 같습니다. 윤치호의 삶에 관심을 갖게 된 이라면 형편없는 나라에서 태어난 것을 저주하며 끝내 일본인이 되어 자기 상승을 완성하고자 했던 조선 최고 지성의 몸부림과 마주하게 되는데, 그게 썩 유쾌한 경험은 아니니까요.

윤치호는 당대를 대표하는 기독교인이었습니다. 그러

나 사회진화론의 충실한 신봉자였던 윤치호의 신앙이 성경에 기록된 예수의 삶을 따르고자 하는 것이었을 리 만무하다는 게 『윤치호와 김교신』의 분석입니다. 그가 본 것은 기독교였다기보다는 '미국 교회'였고 제국주의를 뒷받침하는 사상적 자원이었습니다. 기독교는 시대마다 인간의 욕망과 만나 지독히 변질되곤 했는데, 윤치호를 매료시킨 것도 종교의 본질이라기보다는 그것의 부산물에 가까웠습니다.

김교신은 역시 널리 알려진 지식인이었지만 평생 평교사로 살았고 그나마도 마흔 이후로는 자격을 박탈당했으니 생전의 명성은 윤치호에 못 미쳐도 한참을 못 미쳤다 해야겠습니다. 그러나 역사는 상대적으로 초라한 그의 삶을 더 귀하게 기록했습니다.

양현혜는 『윤치호와 김교신』에서 둘의 차이를 과감하게 드러냅니다. 윤치호의 재능이 그 자신의 영달을 위해 사사로이 쓰였다면, 김교신은 민족과 인류의 더 나은 미래를 고민하는 삶을 살았습니다. 윤치호가 적자생존의 원칙에 따라 사는 것을 부끄러워하지 않았다면, 김교신은 사회정의를 말하지 않는 삶을 견디지 못했습니다. 윤치호의 기독교가 강대국의 가치관을 체화하기 위한 수단이었다면, 김교신의 기독교는 세계관을 뿌리째 바꾸고 일생을 공의에 헌신하게 하는 자양분이었습니다.

이런 차이는 스스로에 대한 감수성의 차이에서 비롯되지 않았나 싶습니다. 『윤치호와 김교신』은 김교신이 개종

후 '죄의식'에 눈떴다고 말합니다. 신 앞에 선 보잘것없는 인간으로서 부끄러움을 느끼게 되었다는 뜻이겠지요.

부끄러워할 줄 아는 것도 능력입니다. 혼란한 시대라 그런지 가끔은 이게 단순한 능력이 아니라 초능력처럼 느껴지기도 합니다. 부끄러우면 고민하게 되죠. 스스로에 대한 깊은 고민은 자아를 성숙시키고요. 준비 없이 일찍부터 밖으로 내달리는 이보다 오랜 기간의 숙성으로 깊어진 내면의 힘을 가진 이가 더 강하기 마련입니다.

윤치호도 부끄러움을 모르지 않았습니다. 다만 그 대상이 똑똑한 자신의 출세를 방해하는 조국의 우매한 대중이었을 뿐입니다. 윤치호는 인정받고자 했습니다. 더 강해지길 바랐고 더 높아지길 원했습니다. 시대가 평안했다면 머리도 좋겠다, 무탈하게 잘 살다 갔을지도 모르겠습니다. 그러나 불행히도 사회진화론을 신봉하는 조선인에게는 모순 가득한 시대였습니다. 강한 것은 좋은 것이어야 하는데, 그 좋은 것이 내 나라를 서슴지 않고 짓이기던 때가 아니었겠습니까.

내가 사랑하는 것들이 나를 경멸하고 괴롭히는 상황에서 윤치호의 결론은 나를 버려야겠다는 것이었습니다. 민족이니 공동체니 '발전적으로 해체'하면 그만이라 여겼고요. 일본이 태평양전쟁에 즈음하여 수탈에 박차를 가하고자 '내선일체'를 강조한 것은 더할 나위 없는 기회였습니다. 조선인도 전쟁에 참여하여 천황을 위해 싸울 수 있다! 드디어 조선인도 진정한 일본인으로 인정받을 수 있다! 만년의 적극적인 친일 행위는 이런 판단 때문이었다는군요.

김교신에게 기독교는 '의義'의 종교였습니다. 그는 '신의 사랑'을 뜻하는 '아가페'를 '인의仁義' 또는 '의애義愛'로 번역했습니다. 구약과 신약이 일관되게 강조하는 것은 약자를 억압하는 구조를 깨뜨리고 역사에 개입하는 신의 모습입니다. 총과 대포를 앞세운 구미 열강과 일본이 전 세계를 난도질하던 당대의 현실이 신의 뜻에 부합하지 않는다면, 신을 따르는 신자는 저항할 수밖에 없습니다.

따라서 『성서조선』에 바탕을 둔 그의 운동은 성서뿐 아니라 조선의 현실도 포괄하는 것이어야 했습니다. 교파주의, 인종차별주의, 제국주의의 냄새가 짙게 밴 미국 기독교는 경계의 대상일 수밖에 없었죠. 그는 '무교회주의'가 교회 제도에 내포된 인간중심주의를 타파할 수 있다고 생각했고, 성서에 근거해 조선 문제의 해결책을 찾아 가는 운동으로서 '조선산 기독교'의 정립을 주장했습니다.

김교신의 '민족' 개념이 독일의 그것으로부터 영향을 받아 다소간 폐쇄적이었다는 비판도 있는 모양이고, '조선산'이라고 과연 올바른 해답이 나올지도 의문이지만, 그럼에도 불구하고 당시 시대 상황을 고려했을 때 김교신이 종교인·지식인으로서 사회적 책임을 다하고자 했다는 점에는 이의를 제기하기 어려울 듯합니다.

『윤치호와 김교신』을 읽고 누가 윤치호를 훌륭하다

고 생각할까 싶지만, 사실 내 모습이 윤치호와 김교신 중 누구를 닮았는지 묻는다면 자신 있게 후자라고 답하기는 쉽지 않습니다. 내가 과연 자기 성찰을 바탕으로 의를 추구하는 삶을 살고 있는지, 대답하기도 전에 일단 동공이 사정없이 흔들릴 것 같습니다.

도대체 무엇으로 벌어먹고 살았을까 싶고, 그나마도 마흔다섯에 간호하던 환자에게 병이 옮아 세상을 떠나고 만 김교신의 삶을 따라 산다는 것은 못난 제 입장에서는 엄두가 안 나는 일입니다. 그럼에도 모범으로 삼을 만한 누군가가 있다는 것은 의미가 있는 것 같습니다. '아 살기 힘들다' 하고 괴로워하다가 고개를 들었을 때 보이는 인생 선배가, 닮지는 못할 것 같더라도 어쨌든 한평생 신 앞에서 바른 삶이 무엇인지 고민한 인물이라면 좀 낫지 않을까 싶습니다. 정신 차리자고 스스로 다독이기가 조금은 수월하지 않을까 싶습니다.

독서 안내

『태극기와 한국교회』(홍승표 지음, 이야기books, 2022)
    한국이 기독교를 처음 받아들일 때, 선교사와 초기 신자 들이 어떤 사상적 고민을 했는지 탐구한 연구서입니다. 기독교는 탄생과 동시에 그리스, 로마 지역으로 퍼져 나가면서 성공적으로 토착화를 이루었는데, 2,000년 후 한반도에서도 비슷한 양상이 펼쳐졌습니다. 조선은 제국주의 침략국과 기독교 선교국이 분리되어 들어온 독특한 공간이었다는 분석이 인상적입니다.

『유신체제와 한국기독교 인권운동』(손승호 지음, 한국기독교역사연구소, 2017)
    개인적인 신앙 체계인 기독교를 역사 속에서 읽어 내는 작업은 시간과 공간에 관계없이 참 만만치 않은 것 같습니다. 그 어려운 시도의 결과물 중 하나를 여러분과 함께 읽고 싶습니다.

4

1882년생 김기영들의 이혼 법정 분투기

『이혼 법정에 선 식민지 조선 여성들』

세상을 바꾸는 것은 어려운 일입니다. 사람들 하는 말 들어 보면 되게 쉬울 것 같은데, 우리 각자가 열심히 싸우면 금방이라도 세상이 뒤집힐 것 같은데, 그게 참 만만치가 않습니다. 수천 년의 인류사에서도 '혁명'이라 할 만한 일은 몇 번 없었으니, 정말 어렵기는 어려운 모양입니다. 아니 대체 왜.

바깥을 상상할 수 없기 때문입니다. 학벌이 뭐 같고 가부장제도 뭐 같고 돈만 아는 세상도 뭐 같고, 아무튼 세상의 모든 질서와 기득권이 다 뭐 같지만 그렇다고 그 질서를 박차고 바깥으로 나가면 훨씬 더 크게 망할 수 있습니다. 학벌주의가 싫다고 당장 학교 때려치우면 뭐 대단한 수라도 있나요. 뉴스나 소셜미디어를 보면 학벌에 구애되지 않고 성공한 사람들 이야기가 간혹 나오기는 하지만, 그건 그 사람들 이야기고, 내가 무슨 대단한 재주가 있다고 그렇게 되겠습니까. 당장 멀쩡한 직장 다니면서 근근이 풀칠하며 살던 사람이 돈만 아는 세상 엿 먹으랍시고 직장을 그만두는 것, 상상할 수나 있나요? 어지간한 각오가 아니고서는 엄두도 못 냅니다. 당장 이번 달 공과금은 어떻게 내며, 학자금 대출 상환은 어쩌려고요.

'이혼'이라는 가능성

『이혼 법정에 선 식민지 조선 여성들』은 역사학자 소현숙이 2013년에 제출한 박사 학위 논문 「식민지 시기 근대적 이혼제도와 여성의 대응」을 단행본으로 정리해 펴낸 것입니다. 제목에서 짐작되듯이 이 책이 주목한 것은 '이혼'입니다.

21세기에 들어서고도 20년 넘게 지난 요즘도 이혼은 여전히 쉬이 입에 올리기 힘든 주제입니다. 하물며 남존여비 사상이 횡행하던 과거에는 어떠했겠습니까. 조선 시대까지만 해도 이혼은 사실상 불가능했습니다. 좀 더 정확히 말하자면, 여성의 이혼 요구가 불가능했습니다. '칠거지악 七去之惡'(시부모에 대한 불손, 아들을 낳지 못하는 것, 부정한 행실, 질투, 유전병, 수다스러움, 도둑질)이라고 해서 남성이 이혼을 요구할 수 있는(이라고 쓰고 '아내를 버릴 수 있는'이라고 읽는) 권리는 합법적으로 보장되었습니다.

물론 혹자는 여성이 이혼을 거부할 수 있는 경우를 말한 '삼불거三不去'(시부모의 삼년상을 치른 경우, 함께 부를 일군 경우, 돌아갈 집이 없는 경우)를 들어 여성에게도 나름의 권리가 있었다고 말할지도 모르겠습니다. 하지만 삼불거는 남성의 이혼 요구에 대한 방어 논리일 뿐이므로 오히려 삼불거의 존재는 당시 여성의 사회적 지위가 얼마나 취약했는지를 반증하는 것입니다. 애당초 여성에게는 결혼 생활을 끝낼 수 있는 권리가 없었을 뿐 아니라 결혼 생활 외에는 여성이 자신의 지위를 보장받을 방법도 없었던 것이죠. 양반이 아닌 양인이나 천민층에서는 이혼이 좀 더 자유로웠던 것 같기는 하지만 그 역시 대개는 남편이 아내를 버리는 경우였고 이혼에 대한 공식적인 제도가 없기는 마찬가지였습니다.

그런 점에서 근대화와 함께 이혼 건수가 폭발적으로 늘어난 것은 의미심장합니다. 이혼이 법적으로 제도화된 것은 1912년 3월 제령 제7호로 공포된 조선민사령에 의해서지만, 이미 그 전부터 협의이혼 신고 건수는 1910년 3,897건, 1911년 5,621건, 1912년 9,058건으로 폭증세를 보입니다. 이혼소송은 일본식 재판소가 설치된 1908년 1건을 시작으로 1910년 26건, 1912년 141건, 1914년 226건, 1916년 335건으로 증가합니다.

여기서 정말로 흥미로운 것은 이 가운데 여성이 소송을 제기한 경우가 1908년 1건, 1910년 22건, 1912년 129건,

1914년 212건, 1916년 296건으로 압도적인 다수를 차지한다는 점입니다. 당시의 여성들은 법령을 통해 도입된 이혼소송을 적극적으로 활용한 것이죠. 말인즉슨 근대적인 법령과 함께 도입된 이혼소송을 통해 가부장제 아래 억눌려 있던 여성들이 자신의 경험을 발화하고 공유할 수 있었다는 뜻입니다.

한국을 비롯한 대부분의 사회에서 전통적인 여성은 늘 남성에 의해 일방적으로 규정되는 수동적인 존재였을 뿐, 주체적으로 행동할 수 있는 존재가 아니었습니다. 결혼과 가정에서도 마찬가지였습니다. 하지만 『이혼 법정에 선 식민지 조선 여성들』에 등장하는 여성들은 누구보다 능동적으로 자신의 존엄을 위해 분투하는 존재입니다. 전통 사회에서 여성은 이혼을 거부하는 것으로 자신의 지위를 방어해야 했지만, 근대적 이혼 제도 아래에서는 이혼을 요구하는 것으로 자신의 존엄을 지키려고 한 것이죠.

물론 그럼에도 이혼은 쉬이 허락되는 것이 아니었습니다. 제도가 바뀌었다고 해서 우리의 일상까지 단번에 바뀌지는 않으니까요. 법적으로는 "동거할 수 없을 만한 학대와 모욕"이라는 모호한 규정이 이혼의 사유가 될 수 있었는데요, 이렇다 보니 법정에서 이 규정을 어떻게 해석하느냐에 따라 이혼 허용 여부가 결정되었습니다.

이 책은 바로 이 점에 주목합니다. 이혼의 사유로 규정된 "동거할 수 없을 만한 학대와 모욕"의 의미가 무수한 이혼소송을 거치며 점차 확대되어 가는 과정을 집요하게 추적합니다. 저자에 따르면 이 규정의 해석 범위가 점차 확대되면서 이혼이 인정되는 경우도 점점 늘어났고, 이에 따라 여성이 이혼을 '선택'할 수 있는 가능성도 점점 넓어졌습니다.

우리 주변의 82년생 김지영들에게

그렇다면 자신의 존엄을 위한 그 분투는 변화의 최선봉에 있던 '신여성'만의 것이었을까요? 이 책은 세상을 바꾸기 위한 분투가 변화에 앞장섰던 소수의 전유물은 아니라고 말합니다. 흔하디흔한 일상을 살아가던 흔하디흔한 '구여성' 역시 제 삶의 존엄을 위해 이혼소송 제도를 적극적으로 활용했기 때문입니다. '1882년생 김지영들의 이혼 법정 분투기'라고나 할까요.

이들의 분투에 경의를 표할 수밖에 없는 것은 이혼소송 자체의 부담과 이혼 후의 그들을 기다리던 삶의 무게가 엄청났기 때문입니다. 저자에 따르면 이혼소송 비용은 보통의 도시 노동자 월급의 두 배 정도였고, 소송에서 이긴다 해도 양육권이나 재산권을 행사하는 것은 거의 불가능했다고 합니다. 이혼 후에는 주변의(심지어 자기 가족까지 포함해서!) 냉대와 질시를 감내해 가며 제 삶을 건사해야 했을 것입니다. 자신의 존엄을 지키기 위해 가부장제 질서를 깨고 바깥으로 나간 대가는 결코 녹록지 않았습니다.

우리가 '1882년생 김지영'들을 잊으면 안 되는 것은,

그들이 싸워서 얻어 낸 딱 그만큼을 지금 우리가 누리고 있기 때문입니다. 앞에서 이야기한 것처럼, 이 책은 법에 규정된 "동거할 수 없을 만한 학대와 모욕"에 대한 해석의 범위가 오랜 시간에 걸쳐서 점차 확대되는 과정을 꽤 길게 서술합니다. 그 과정은 이전까지 가정 내의 문제로서 용인되었던 가정 폭력과 학대가 마침내 문제시되는 과정이기도 했습니다. 지금 우리가 누리고 있는 권리와 평등이 그나마 이 정도라도 될 수 있었던 것은 결국 '1882년생 김지영'들이 체제의 안과 밖을 오가며 삶의 무게를 감내하고 싸운 결과지요.

이 책은 이혼 문제만 다루고 있지만, 이게 어디 이혼 문제에만 해당되겠습니까. 세상이 좀 더 나아지는 과정이 아마도 다 그럴 것입니다. 이 책에 우리의 삶은 어떻게 해서 더 나아지는가 하는 물음에 대한 답변의 실마리가 들어 있는 셈입니다.

그렇다면 우리 시선은 자연스럽게 지금 우리의 주변을 향하게 됩니다. 지금 이 순간에도 체제의 안과 밖을 오가며 분투 중인 사람들이 있기 때문이죠. 역사책 속의 '1882년생 김지영'들을 존중하고 그들에게 경의를 표하는 일만큼 중요한 것은 지금 당장 우리 옆에 있는 '김지영'들을 존중하고 그들에게 경의를 표하는 일이겠지요.

독서 안내

『마라톤 소녀, 마이티 모』(레이첼 스와비·키트 폭스 지음, 이순희 옮김, 학고재, 2020)

불과 몇십 년 전까지만 해도 여성은 장거리달리기를 할 수 없었습니다. 자궁이 뒤틀린다거나 호르몬이 교란되어 털이 북슬북슬 난다는 식의 괴상한 편견 때문이었죠. 이런 편견이 무너진 것은 편견에도 불구하고 꿋꿋이 달렸던 여성 러너들 덕분입니다. 이 책의 주인공은 1967년 마라톤 세계신기록을 세운 모린 윌턴이지만 실제 내용은 각자의 위치에서 편견에 맞서 싸우며 연대한 여성 러너들의 역사입니다.

『난민, 경계의 삶』(김아람 지음, 역사비평사, 2023)

사회적 소수자로서의 '난민'에게 가해지는 폭력과 차별에 주목하면서도 '난민'을 대상화하지 않는 것이 이 책의 미덕입니다. 이 책에서 말하는 '난민'은 국가권력의 필요에 따라 단순하게 좌우되는 존재가 아닙니다. 당사자들은 정부의 정책에 때로는 순응하고 때로는 저항하면서 자기 나름의 방식으로 적응했습니다. 숱하게 많은 정착 사업이 모두 일률적인 결과로 귀결되지 않은 것은 아마 그 때문이겠지요.

5

나와 우리가 만든 역사

『나의 한국현대사』

서재에서 역사책이 차지하는 위상은 금성사 세계문학 대전집 정도인 것 같습니다. 폼이 나니까 일단 꽂아는 두는데, 막상 읽으려 하면 중고등학교 국사 시간의 망령이 되살아나면서 없던 잠도 밀려오는 수면 가스 같은 마력이 있죠. 그런 덕에 대부분의 가정에서 역사책은 훌륭한 인테리어 소품 역할을 담당하곤 합니다. 인테리어용 역사책 중 단연 으뜸은 E. H. 카의 『역사란 무엇인가』 아닐까요. "역사는 과거와 현재의 끊임없는 대화" 운운하면서 국사 교과서에도 소개될 정도였으니 의무교육을 이수한 사람이라면 누구나 한 번쯤 들어 봤을 이름이지만, 정작 그 책을 읽은 사람은 많지 않다는, 누구나 인정할 수밖에 없는 불편한 진실.

'글쓴이가 누구인가'라는 물음

『역사란 무엇인가』에 담긴 카의 주장은 여럿 있지만, 그중에서도 가장 중요한 것을 꼽자면, 역사는 결코 과거 사실에 대한 객관적 재현이 아니라는 것입니다. 우리가 역사를 연구하기 위해서 검토하는 과거의 기록에는 과거 사실이 있는 그대로 담겨 있는 것이 아니라 단지 과거 사실이 일정한 정도로 '반영되어' 있을 뿐이기 때문이라는 것이죠. 비유하자면 호프집 안주로 나온 노가리를 면밀히 뜯어 살핀 후에 오호츠크해의 명태 어장을 설명하는 것이라고나 할까요.

게다가 그 기록과 기억에는 그것을 만든 사람의 주관이 개입되어 있을 수밖에 없고, 그것을 취사선택해 역사를 서술하는 과정에서 또다시 역사가의 주관이 개입된다는 점까지 생각한다면 과거 사실을 있는 그대로 복원한다는 것은 애당초 불가능한 작업이라는 결론도 자연스럽게 뒤따릅니다. 그래서 역사가의 작업이란 늘 불완전하고, 각자의 주관에 기초한 논쟁도 끝없이 이어지기 마련입니다.

이 정도로 생각을 마무리하고 나면, 갑자기 뭔가 좀 석연치 않은 구석이 생깁니다. 과거 사실을 있는 그대로 재현한다는 것이 결코 불가능한 일이고, 거기에는 늘 역사가의 주관이 개입될 수밖에 없다면, 그건 그저 "개똥이 말도 맞고, 말똥이 말도 맞고, 부인의 말도 맞소."라고 말했다는 황희 정승 이야기와 마찬가지 아닐까요. 내 말도 맞고, 네 말도 맞다면 역사가들끼리 서로 논쟁할 필요도 없을 테고, 일본의 역사 왜곡에 대해서도 '그래, 당신들 입장에서 보면 당신들 말도 맞기는 맞소, 허허허' 하고 웃어넘기고 말아야 한다는 걸까요. 이야기가 왜 갑자기 이렇게 이상하게 흘러가는 거죠?

이런 문제 때문에 골치가 아팠던 것이 우리만은 아니었던 모양인지 카 이후의 많은 역사가들이 이에 대한 나름의 답을 내놓았습니다(물론 카 자신도 이에 대한 답을 내놓았습니다. 궁금하신 분은 『역사란 무엇인가』를 직접 읽어 보시길). 그중에서도 눈길을 끄는 것이 키스 젠킨스라는 사람의 답인데, 그는 『누구를 위한 역사인가』라는 책에서 역사의 위와 같은 본질 때문에 어떤 역사 서술을 이해하는 데에는 '글쓴이가 누구인가'라는 질문이 가장 중요하다고 했습니다. 애써 객관적인 서술인 척하려는 시도들을 경계하면서, 오히려 서술하는 이의 당파성과 주관을 적극적으로 드러내는 (혹은 발견하는) 방식으로 접근해야 한다는 것입니다. 그런 점에서 유시민의 『나의 한국현대사』는 퍽 재미있는 제목을 가지고 있습니다.

사람들은 흔히 『나의 한국현대사』라는 제목에서 "한국현대사"에 주목하지만, 제가 보기에 이 책의 진짜 가치는 "나의"라는 수식어에 있습니다. 객관적으로 재구성하려고 노력한 과거의 사실이 아니라, 저자의 관점과 이해관계에 따라 취사선택하고 재구성했다는 사실을 솔직하게 인정하고 있기 때문입니다. 저자 스스로도 서문에서 이 점을 강조하지요. 서점 역사 코너에 차고 넘치는 한국 현대사 책들과 이 책의 차이점은 바로 여기에 있습니다.

한국 현대사를 보는 유시민의 돋보기

이 책을 이해하는 데에 가장 중요한 키워드는 유시민이 스스로를 규정하며 쓴 "프티부르주아 리버럴"이라는 말입니다. 저자가 스스로를 '프티부르주아'로 명명한다는 것은 민족주의적 관점에서 한미 관계를 중심에 두거나 혹은 노동계급의 관점에서 자본-노동 관계를 중심에 두고 한국 사회를 설명해 왔던 기존의 서술과는 거리를 두겠다는 선언으로 이해해야 합니다. 이 점은 한국 현대사를 다룬 기존의 다른 책들과 이 책을 비교하면 금방 드러납니다.

한국 현대사를 서술하는 가장 흔한 방식은 미국과의 관계를 중심에 놓는 것이었습니다. 해방 이후 한국 사회에 미친 미국의 절대적인 영향력 때문입니다. 한미 관계를 서술의 중심에 놓게 되면 자연히 미국의 반공주의 정책과 한국의 군사독재가 어느 정도 이해관계를 공유했던 불행을 이야기하지 않을 수 없고, 그러면 이야기는 자연스레 미국에 대한 비판적인 결론으로 이어지곤 합니다. 1980~90년대의 많은 젊은이들이 왜곡된 한국 사회를 이해하기 위해 한국 현대사를 공부하고, 그 논리적 연장선에서 '한국은 미국의 식민지'라는 과격한 결론에 도달한 것 역시 그 때문이었습니다. (한국 근현대사 입문서로 과거에 널리 읽혔던 박세길의 『다시 쓰는 한국현대사』를 생각하시면 알기 쉽습니다.)

한국 현대사라는 것이 급격한 산업화와 자본주의화의 과정이었던 만큼 자본가와 노동자 사이의 역학 관계나 노동계급의 형성과 투쟁 등도 한국 현대사를 설명하는 유용한 도구가 될 수 있습니다. 박정희 정권의 붕괴를 말할 때 경기 불황에 따른 이윤율의 저하와 노동운동의 심화를 따로 떼어 놓을 수 없고, 87년 6월 항쟁의 성취를 온당히 설명하기 위해서는 노동자 대투쟁을 빼놓을 수 없는 것처럼 말입니다.

그런데 『나의 한국현대사』는 이런 기존의 독법으로부터 살짝 벗어나 있습니다. 이 책에는 미국과의 관계에 관한 이야기는 많지 않고, 종속이 어떻고 미제(미국 제국주의)가 어떻고 하는 이야기도 없습니다. 노동자들의 투쟁을 서술의 중심에 놓지도 않으며, 노동계급이야말로 역사를 추동하는 핵심적인 계급이라는 식의 주장도 없습니다.

그 대신 이 책은 4·19나 6월 항쟁 같은 역사적 고빗사위를 추동했던 힘으로, 조직되지 않은 시민 대중에 주목합니다. '조직되지 않은 시민'이라는 것은 아마도 그가 서문에서 말했던 '프티부르주아'의 다른 이름일 텐데, 한국 현대사를 관통하는 핵심 키워드를 이런 식으로 모호하게 설정하면 좀 곤란하긴 합니다. 말이 좋아 '조직되지 않은 시민'이지, 달리 말하면 뚜렷한 실체가 없다는 뜻이기도 하니까요.

특정한 누군가로부터 다 함께 착취 받는 것도 아니고,

따라서 이렇다 할 이해관계를 공유하지도 않으며, 그렇기에 객관적으로 실체가 명확하지도 않은 '조직되지 않은 시민'이 4·19나 6월 항쟁 같은 역사적 고빗사위를 이끌었던 핵심이라고 하면, '귀에 걸면 귀걸이 코에 걸면 코걸이'식의 말장난이 될 수도 있습니다. 아니 그럼 임진왜란 때의 의병이나 동학농민혁명 때의 농민군도 '조직되지 않은 시민'이라고 하고 넘어갈 건가요.

물론 유시민 정도 되는 사람이 자기 이름과 운율을 맞추려고 '시민' 운운하지는 않았을 겁니다. 저는 유시민이 한국 현대사를 설명하기 위해 이처럼 모호한 개념을 사용한 것은, 그의 정치적 경험과 무관하지 않다고 생각합니다.

설명할 수 없는 것을 설명해야 하는 자의 곤혹스러움

마르크스가 "인간의 모든 역사는 계급투쟁의 역사"라고 설파한 이래로, 사람들은 으레 역사를 바꾸는 힘이란 (위대한 소수가 아니라) 이름 없는 장삼이사들에게 있다고들 말해 왔습니다. 실제 역사를 봐도 그 말이 맞는 것 같습니다. 일본으로 하여금 식민지 정책의 기조를 바꾸게 한 것은 식민지 조선인들의 3·1운동이었고, 김재규로 하여금 방아쇠를 당기게 한 것은 부마 항쟁을 비롯한 일련의 유신 반대 운동들이었으며, 기세등등하던 군부독재를 무너뜨린 것은 1987년 6월 항쟁과 노동자 대투쟁이었으니까요. 사회의 진보를 바라는 사람들이 '노동계급'이니 '민중'이니 하는 개념으로부터 변화의 동력을 끌어내고 싶어 했던 것도 그래서입니다. '노동계급'이나 '민중'이 원하는 것, 혹은 그들이 가는 방향이야말로 사회의 진보요 역사의 전진이라고들 생각했습니다.

그런데 세상이 그렇게 간단하지만은 않은 것 같습니다. 이름 없는 장삼이사들, 그러니까 '노동계급'이니 '민중'이니 하는 사람들이 가는 방향이 반드시 '역사적으로 올바른' 방향은 아니었기 때문입니다. 이승만과 박정희와 전두환을 권좌에서 끌어내린 것은 그들이었지만, 이명박과 박근혜와 윤석열을 청와대로 보낸 것도 그들이었으니까요.

길거리로 쏟아져 나와 탄핵된 대통령을 응원한 것도 그들이었고, 노무현에게 가장 가혹하게 돌팔매질한 것도 그들이었습니다. 이명박을 지지한 사람과 노무현을 지지한 사람은 분명히 다른 집단이라고 말할 수도 있겠지만, 모호한 덩어리처럼 뭉친 '그들' 속에서 이편저편을 뚜렷이 나누는 것이 과연 가능한지, 설령 가능하다 해도 그게 얼마나 의미가 있는 일인지는 생각해 볼 필요가 있습니다.

노무현과 이명박, 문재인과 윤석열의 경계에서 요동치는 사람들을 염두에 두지 않고서 2002년과 2007년, 2017년과 2022년의 민심 차이를 온전히 설명할 수 있을까요. 유시민이 뚜렷한 실체나 공통의 이해관계가 없는 '조직되지 않은 시민'이라는 모호한 개념을 사용할 수밖에 없었던 것을 이해하기 위해서는 그런 곤혹스러움을 염두에 두어야 할 겁니다. 역사가 당위적으로 흘러갈 것이라 믿어 온 데 대한 반성도 함께 말이지요.

결국 우리들의 문제

하지만 유시민이 이 책을 통해 단지 '나도 모르겠다'는 식의 낙담을 말하고자 한 것은 아닐 듯합니다. 역사적 고빗사위에서 결정적인 힘을 발휘했다고 하는 '조직되지 않은 시민'이란, 기실 우리들 각자이기 때문입니다. '노동계급'이니 '민중'이니 하는, 역사적으로 어마어마한 일을 해낼 것 같은 이미지가 아니라, 매일매일 미어터지는 출퇴근 전철에서 내 인생 하나 건사하기도 급급한 보통 사람들 말입니다.

『나의 한국현대사』가 말하는 한국 현대사란 바로 그런 사람들이 걸어온 자취와 다름이 없습니다. 그러니까 역사란 '네오'(영화〈매트릭스〉의 주인공)가 짠 하고 등장해서는 알아서 해방 세상을 만들어 주는 것도 아니었고, '노동계급'이니 '민중'이니 하는 정의의 군대가 나타나서 적군을 쳐부수듯 문제를 해결해 온 과정도 아니었습니다. 그저 하루하루를 살아가던 보통 시민들의 일상적인 선택과 의사 표현이 차곡차곡 쌓여 온 결과였습니다. 그렇기에 이 책의 제목인 『나의 한국현대사』는 '유시민의 한국 현대사'가 아니라 '우리들 각자가 만들어 온 한국 현대사'라는 뜻으로 독해되어야 할 것입니다.

꼭 촛불 들고 광화문 광장에 나가지 않아도 되고, 진보적인 시민단체에 꼬박꼬박 후원금 보내지 않아도 되고, 시사 주간지를 끼고 살면서 세상만사에 정통할 필요도 없습니다. 유시민 말마따나 미래는 이미 우리 안에 와 있습니다. 우리가 할 일은 우리 안에 와 있는 미래를 우리 밖으로 끄집어내는 일입니다. 그것은 역사 속의 '우리'가 늘 해 왔던 일이며, 지금의 우리도 할 수 있는 일입니다.

독서 안내

『만세열전』(조한성 지음, 생각정원, 2019)
3·1운동에 참여한 여러 사람들을 조명한 이 책은 3·1운동이 단일한 주체나 일관된 기획에 의한 것이 아니라 각 국면에서 활약한 많은 사람들의 작은 실천이 누적된 결과라고 말하는 듯합니다. 개인들의 실천은 너무 작고 무의미해 보이지만 그것이 모이고 모였을 때는 전혀 다른 의미가 될 수도 있음을 확인할 수 있습니다.

『역사가의 시간』(강만길 지음, 창비, 2018)
역사학자 강만길의 자서전이자, 개인의 삶을 프리즘 삼아 써 내려간 한국 현대사이기도 합니다. 책의 콘셉트와 문제의식만 놓고 보면 유시민의 『나의 한국현대사』와 비슷한 점이 꽤 있어서, 서로 비교하면서 읽어 보는 것도 재미있겠습니다.

6

어떤 생선의 씨가 말라 버린 사건에 대하여

『대구』

꿀대구에서 대구뽈찜까지

가이드의 추천을 받아서 간 바르셀로나의 식당은 꽤 붐볐습니다. 좌석은 거의 만석이었고, 주문을 받고 음식을 내오는 종업원들의 몸놀림은 분주했습니다. 무엇을 먹을지 메뉴판을 한참 들여다보던 우리 일행에게 점원은 꽤 유창한 한국어 발음으로 "꿀대구"를 권하더군요(그가 함께 권한 "마초캐"가 '맛조개'라는 사실을 곧바로 알아차릴 정도로 유창하지는 않았습니다). 한국인이 얼마나 많이 왔고, 또 이 요리들을 얼마나 많이 먹었길래. 생선 살에서 달콤한 꿀맛이 나서 처음에는 약간 어색했지만 담백하고 부드러운 맛에 결국에는 마파람에 게 눈 감추듯 먹어 치웠습니다.

바르셀로나를 찾는 한국인 여행객에게는 거의 필수 코스에 가까운 '꿀대구'의 정식 이름은 '꿀 알리올리 소스를 얹은 대구Codfish with honey "allioli"'입니다. 알리올리 소스를 사용한 이 요리는 카탈루냐와 바스크 지방에서 많이 먹는 요리라고 하지요. 대구는 스페인뿐 아니라 유럽 전역에서 매우 흔한 식재료 중 하나입니다. 먹는 방식도 지역별로 다양해서 노르웨이에서는 건조한 대구를 많이 먹는 데 비해 스페인과 포르투갈에서는 염장한 대구를 주로 먹는다고 합니다.

하지만 조금만 더 생각해 보면 유럽인들만 대구를 많이 먹는 것은 아니라는 사실을 금방 눈치챌 수 있습니다. 당장 한국만 해도 겨울이 대구 철 아닙니까. 사실 '대구cod'는 대구목 대구과에 속한 모든 종을 아우르는 표현이기에 범위가 꽤 넓습니다. 그러니 대구로 분류할 수 있는 물고기는 지구상의 모든 바다에 산다고 해도 과언이 아니죠. (물론 서식 지역과 종에 따른 구분은 가능합니다. 예컨대 이 책의 주인공인 대서양대구와 태평양대구 등으로 구분할 수 있지요.) 대구는 입에 들어오는 건 뭐든 다 먹는 잡식성 어류라서 성장이 빠른 데다(오죽하면 이름이 '대구大口'겠습니까) 살에는 지방이 적고 단백질 함량이 높아 식량 자원으로서의 가치도 높습니다. 바다에 면한 국가라면 대구 요리를 즐기지 않는 나라가 없죠. (바르셀로나에 꿀대구가 있다면 우리에겐 대구뽈찜이 있습니다!) 그러니 어쩌면 인류의 역사는 곧 대구와 함께한 역사일지도 모르겠습니다.

어느 생선을 통해 바라본 역사

마크 쿨란스키의 『대구』는 대구를 통해 살펴본 북대서양의 역사입니다. 사실 이 책에 대해서는 오래전 학부 시절에 이미 들은 바가 있습니다. 저자가 역사학자는 아니지만 그럼에도 읽어 볼 만한 책이라고 교수님께서 추천하셨던 기억이 납니다. 물론 그때의 저는 교수님이 추천한다고 해서 책을 읽는 학생은 아니었기에 한 귀로 듣고 한 귀로 흘려버리고 말았지만요. 그랬던 녀석이 20년 넘게 지나 결국에는 이 책을 읽게 된 것을 보면, 참 인생 몰라요 몰라.

이 책의 저자 마크 쿨란스키는 극작가와 저널리스트 출신으로, 『언어의 시간』, 『우유의 역사』, 『소금, 세계사를 바꾸다』 등 주로 식재료를 소재로 한 저서를 발표한 작가입니다. 이 책의 원서가 처음 나온 것은 1997년입니다. 저자가 『시카고 트리뷴』의 카리브해 특파원으로서 7년간 취재한 결과를 바탕으로 쓴 것이죠. 출간 당시 좋은 반응을 얻으면서 15개국에 번역되는 등 상업적으로 큰 성공을 거뒀습니다. 한국에는 1998년 『세계를 바꾼 어느 물고기의 역사』라는 제목으로 처음 소개되었다가 2014년에 개정판이 나오면서 비로소 『대구』라는 본래 제목을 달게 되었습니다. 그리고 2024년 최재천의 감수 등을 더해 개정 2판이 출간된 것이죠.

대구포를 뜯어 먹은 바이킹

책에 따르면, 대구와 인간의 역사는 대략 10세기경까지 거슬러 올라갑니다. 노르웨이 어느 바이킹 집안이 삼대(토르발드, 에이릭, 레이프)에 걸쳐 아이슬란드와 그린란드를 거쳐 북아메리카에 이르는 탐험 이야기가 그 시초지요. 이들은 최종적으로 '나무의 땅' 혹은 '포도의 땅' 정도로 해석되는 '빈란드'라는 곳에 도착했다는데, 이 지역은 현재 캐나다의 뉴펀들랜드나 노바스코샤주, 미국의 메인주 정도로 추정됩니다. 재미있는 것은 이들의 이동 경로가 북대서양에 걸쳐 넓게 형성된 대구 어장과 대체로 겹친다는 사실입니다. 즉 이 시기에 바이킹은 이미 대구를 건조하여 저장성을 높이는 방법을 알았고, 말린 대구를 이용해 북대서양을 가로지르는 장기간의 항해도 해낼 수 있었을 것이라는 게 저자의 추론입니다. 바이킹이라고 하면 어쩐지 뿔 달린 투구를 쓰고 다니면서 도끼로 상대방 두개골부터 쪼갤 것 같은 험상궂은 인상을 하고 '만화 고기'나 우악스럽게 먹었을 것 같은데, 실제로는 대구포를 질겅질겅 씹고 다녔다니 그것도 꽤 의외이긴 합니다(하지만 바이킹이 즐겨 마셨다는 맥주를 생각하면 대구포가 잘 어울리는 것 같기는 하네요).

북유럽의 바이킹이 대구포를 뜯어 먹기 시작하고 몇백 년이 지나 북대서양의 대구 어장을 찾은 것은 스페인 북부의 바스크인이었습니다. 이베리아반도에 살던 바스크인이 어떻게 해서 북대서양 대구 어장의 존재를 알았는지는 아직 확실하지 않습니다. 어떤 경로로 대구 어장을 발견했든 간에 바스크인의 대구 이용법은 바이킹과는 조금 달랐습니다. 일조량이 충분한 이베리아반도에서 비교적 쉽게 소금을 구할 수 있었던 그들은 대구를 염장해 저장성을 높였습니다. 저장성이 높아져 대구를 유럽 각지로 내다 파는 것도 가능해졌기 때문에 바스크인은 굉장한 부를 축적할 수 있었다고 하지요. '공식적'으로 북아메리카를 발견한 것은 1497년의 존 캐벗인데, 그가 뉴펀들랜드에 도착했을 때는 이미 주변에 바스크인의 배들이 그득했다고 하는군요. 제가 스페인에서 먹었던 대구 요리도 아마 그 무렵 바스크인들이 잡아 온 대구에서 기원했겠지요.

존 캐벗이 북아메리카를 발견한 이후의 대구 어업은 북아메리카에 터전을 잡은 이들의 몫이 되었습니다. 굳이 이베리아반도까지 갈 것도 없이 바로 근처인 뉴잉글랜드 지역에서 대구를 건조하고 염장하는 게 훨씬 유리했을 테니까요. 이렇게 해서 뉴잉글랜드는 영국의 북아메리카 식민지 중에서도 으뜸가는 경제적 성취를 이루었고, 여기서 비롯된 경제적 부와 자유주의적 사상이 미국 독립의 근간이 되었다는 것이 이 책의 설명입니다. 허, 바이킹들이 씹던 대구포에서 시작된 이야기가 정신 차려 보니 어느새 세계 최강대국 미국의 탄생까지 왔군요.

인간이 주인공이 아닌 역사

『대구』의 이야기는 계속 이어집니다. 어업 기술의 발달, 특히 저인망어업으로 대구 어획량은 급증했고, 여기에 냉동 기술의 발달까지 더해지면서 대구는 그야말로 일세를 풍미하는 수산자원이 됩니다. 그런 대구 때문에 급기야 아이슬란드와 영국 사이에 세 차례에 걸쳐 일어났다는 '대구 전쟁' 이야기에 이르면 독자는 대략 정신이 아득해지는 느낌을 받게 됩니다. '전쟁'이란 표현에 값할 만한 전면전이 있었던 것은 아니라고 하지만, 아니 아무리 그래도 그렇지, 이깟 대구가 뭐라고 전쟁까지 하냐고요. 물론 이 '전쟁'의 배경에 대구 어획량의 감소 이후 대구 조업권을 둘러싸고 심화된 국제적 갈등이 있고, 또한 이 사건이 배타적경제수역의 범위가 200해리가 되는 계기가 되기도 했음을 생각하면, 그저 우습게 여기고 넘어갈 일도 아닙니다.

저는 대구를 중심으로 펼쳐지는 천년의 파란만장한 이야기를 읽으며, 이를 단지 대구에 관한 흥미로운 에피소드 모음으로 치부할 수는 없겠다고 생각했습니다. 어쩌면 이 이야기를 통해 역사를 바라보는 새로운 관점을 얻을 수 있을지도 모르겠다고 생각했거든요.

역사란 으레 인간의 활동으로만 정의되곤 합니다. 인간이 선사시대를 지나 역사시대로 진입한 시점을 '인간이 기록을 남기기 시작한 때'로 잡는다면, '역사'에서 가장 중요한 것은 '인간의 의식적인 활동'이라고 할 수 있습니다. 그래서 인간을 중심에 놓은 역사 서술은 대개 장기적으로 우상향하는 생산력 그래프를 밑바탕에 둔, 신분·계급 투쟁을 거쳐 근대 민주주의로 귀결되는 '전형적이고 정형화된 서사'로 귀결되곤 하지요.

하지만 『대구』는 신분이나 계급, 민족 등의 이름으로 호명되는 전형적인 인간 주체가 아니라 대구라는 비인간 주체가 중심에 놓였을 때 만들어지는 서사가 얼마나 흥미로울 수 있는지를 보여 줍니다. 학부 시절 교수님께서 이 책을 추천하신 이유도 바로 이것이었죠. 역사학에서 'OO의 역사'처럼 특정 식품이나 기호품을 통해 역사를 이야기하는 글은 흥미 위주의 '소재주의'라는 비아냥을 듣기 십상이고, 진지한 역사학자가 쓸 글은 아니라는 인식이 강한 것은 사실입니다. 하지만 최근 들어 그런 인식에서 벗어난 관점이 역사 연구에서 새삼 주목받고 있습니다. 대표적으로 과학기술과 생태 환경에 대한 역사학의 관심은 역사 서술의 주인공이 반드시 인간이 될 필요는 없다는 것을 역설합니다.

『대구』도 꼭 그러합니다. 대구를 중심으로 다시 그려 낸 미국의 독립과 아프리카 노예사냥의 역사는 익숙하면서도 새로운 레시피로 우리에게 다가옵니다. 우리에게는 잘 알려지지 않았던 대구 전쟁 이야기는 그 자체로도 흥미로울 뿐 아니라 냉전 질서 아래 나토 회원국 사이에서 벌어진 은근한 다툼이라는 면에서도 눈길이 가고요. 그러니 1997년에 이미 대구를 주체로 내세워 대서양의 역사를 살펴본 『대구』는 역사학 연구의 어떤 측면을 선취했다고까지 말할 수 있겠습니다.

독서 안내

『설탕, 근대의 혁명』(이은희 지음, 지식산업사, 2018)

『대구』를 읽고 나면 대구 말고 다른 것으로도 비슷한 작업을 할 수 있지 않을까 하는 생각이 들 겁니다. 그런 분께는 이은희의 『설탕, 근대의 혁명』을 권해드립니다. 근대 한국과 동아시아의 제당업을 다룬 책으로, 설탕으로 대표되는 '단맛'과 '좀 더 건강하고 과학적인 식생활'이 우리의 삶을 어떻게 바꾸었는지를 살펴봅니다.

『밥은 먹고 다니냐는 말』(정은정 지음, 한티재, 2021)

식재료 새벽 배송은 발품 팔며 장을 보는 부담을 덜어 주었고, 배달 앱은 음식을 먹으러 외출하는 수고를 덜어 주었습니다. 소비자의 수고가 줄어든 것은 환영할 일이지만, 한편으로 음식 뒤에 숨은 노동은 점점 비가시화되었죠. 내가 먹는 끼니의 뒤에 얼마나 많은 이야기들이 있는지를 농촌사회학의 눈으로 살펴본 책입니다.

7

소주 한 잔에 담긴 교류의 역사

『소주의 세계사』

시중에 나온 새 소주가 나는 싫다. 아스파탐과 화학물질 범벅이다. 우리나라의 위대한 전통 하나가 엉망진창이 되었다. (…) 어느새 음주는 천치가 되는 지름길로 전락했다. 소주를 마시면 몸도 마음도 돌로 변한다. 뇌의 실행 기능을 정지시키는 데 소주 한두 잔만 한 게 없다. 나는 한 가지 묻고 싶다. 1996년 연세대 사태 이후 격렬한 학생 운동이 갑자기 주춤한 것과 소주에 인공 감미료가 첨가된 것은 과연 우연일까? 우연이 아닐 것이다. 새로 나온 소주가 나는 정말 싫다. 우리의 자랑스러운 문화가 망가지고 있음을 반영하는 게 아니면 뭐겠는가.

―팀 피츠, 『소주 클럽』, 루페, 2016, 90쪽

웃기기로는 둘째가라면 서러운 소설 『소주 클럽』에서 화자는 감미료와 각종 화학물질이 가미된 최근의 소주가 전통으로부터 이탈했다며 한탄합니다. 위대한 전통이 엉망진창이 되었다는 말도 서슴지 않지요. 놀라운 것은 거제도의 어촌을 배경으로 한 이 소설의 저자가 팀 피츠라는 미국인이라는 사실입니다. 대체 이 미국인은 무슨 이유에서 소주의 전통이 망가져 버렸다고 한탄했을까요. 무엇보다, 그가 말한 소주의 '전통'이란 대체 무엇일까요.

소주, 누구나 추억 하나쯤
한국인이라면 누구나 소주에 관한 추억 한두 개쯤 있기 마련입니다. 이르면 스무 살 때쯤, 그러니까 고등학교를 갓 마친 한국 청년은 으레 한 번은 술독에 빠지곤 합니다. 천성적으로 술을 아주 싫어하거나 알코올 분해 능력이 아주 떨어진다면 모를까, 그 나이 때의 우리는 술 앞에서 (되지도 않는) 객기를 부리는 것으로 우리의 체력과 젊음을 과시하곤 하죠. 저도 예외가 아니었습니다. 돈 없는 20대 청년에게 술, 그중에서도 소주만큼 값싸게 즐길 수 있는 유흥이 또 없었거든요. 술이 술을 부르다 못해 맥주를 안주 삼아 소주를 마시는 지경이 되도록 술을 퍼마시고 또 그 후에 몰려오는 폭풍 같은 구토와 숙취 속에서 20대의 첫 몇 해를 흘려보냈습니다.

그 시절을 넘긴 후에도 술과의 악연은 끊어지지 않습니다. 새로 입사한 회사에 술 좋아하는 고참이라도 있을라치면 우리는 또 술과 만나게 됩니다. 아무것도 모르는 햇병아리 시절에는 고참들이 부어 주는 소주를 거절하기가 왜 그리 어려운가 모르겠습니다. 어쩌겠습니까. 그렇게 우리는 또다시 소주를 입속에 털어 넣으며 구토와 숙취의 반복으로 돌아가, 마지막 남은 체력과 젊음까지 하얗게 불사르는 거죠. 어쩌면 우리의 인생은 소주라는 뫼비우스의 띠 속에 있는 것일지도 모릅니다.

『소주의 세계사』는 그런 소주의 역사를, 정색하고 학술 연구의 대상으로 삼은 책입니다. 마시고 토하기 바빴던 소주에 수천 년의 역사가 누적되어 있다고 하니, 일단 그것만으로도 호기심이 당기지 않습니까.

이 책의 저자 박현희는 이스라엘 히브리대학교에서 동아시아학 석사 학위를 받고 미국 예일대학교에서 역사학 박사 학위까지 취득한 후 현재는 뉴욕시립대학교 사학과 교수로 재직 중입니다. 여기까지만 들어서는 '쐬주'보다 와인이 훨씬 더 어울릴 분 같습니다만, 아무튼 저자는 우연한 계기로 소주의 역사를 탐구하게 됩니다. 동료 폴 뷰얼이 주도한 '증류 기술, 와인 생산 및 발효 제품의 비교 조사'라는 프로젝트에 한국 술의 사례 연구로 참여한 것이죠. 하긴 모르죠, 서울대학교 동양사학과에서 학부를 마치셨다고 하니 이분도 소싯적에는 학교 앞에서 '쐬주'깨나 들이켜며 구토와 숙취를 반복하셨을지 누가 알겠습니까.

어쨌든 그런 우연한 계기를 거쳐서 이 책은 2021년 케임브리지대학출판부에서 『Soju: A Global History』라는 제목으로 출간되었고, 2년 후인 2023년 번역되어 『소주의 세계사』라는 제목으로 한국에서 출간되었습니다. 원서 간행 직후인 2021년과 그 이듬해에 이미 한국 학술지에 서평이 실린 것으로 보아 이 책은 관련 연구자들 사이에서는 꽤 유명했던 모양인데, 그에 비해 일반 독자들 사이에서는 그다지 널리 알려지지는 않은 것 같습니다. 저만 해도 인터넷 서점에서 우연히 발견해서 읽게 됐으니까요. 아니, 서울대학교출판문화원 담당자님, 소주를 가지고 이렇게나 끝내주는 책을 내셨으면 홍보도 좀 더 많이 하고 가격도 좀 더 저렴하게 책정해서 더 많은 사람에게 읽혀야 하는 거 아닙니까?(물론 이거 칭찬입니다.)

교류의 산물, 소주

"글로벌 히스토리"라는 원서의 부제와 '증류 기술, 와인 생산 및 발효 제품의 비교 조사'라는 프로젝트 이름에서 유추할 수 있는 것처럼, 이 책의 내용은 '증류주의 세계사' 정도로 요약할 수 있습니다. 요컨대 세계 각지에서 등장한 증류 기술과 증류주 문화가 여러 경로로 전파·융합된 끝에 한반도에서 '소주'가 탄생하는 과정과 21세기에 들어 그것이 다시 전 세계로 퍼져 나가는 과정을 다룬 것이죠. 그러니까 한국의 소주를 이해하기 위해서는 한국 국경 안만 봐서는 안 된다는 것입니다.

그런데 소주의 역사를 추적한다는 것이 말처럼 쉬운 일은 아닐 겁니다. 사료가 충분히 남아 있을 것 같지가 않거든요. 모르긴 몰라도 술을 만드는 방법이나 양조 문화는 문자로 뚜렷하게 기록되기보다는 입에서 입으로 전해진 것일 테니 이제 와서 그 연원을 거슬러 올라가는 것이 어찌 쉬운 일이겠습니까. 저자도 그런 어려움을 돌파하기 위해 현존하는 세계 각지의 전통적 증류법이나 고고학적 유물, 언어적 유사성 등 다양한 방법을 동원해서 소주의 기원을 추적합니다.

여기서 저자가 강조하는 것은 '교류'입니다. 저자는 소주가 '교류'의 산물이라고 말합니다. 세계 각지에서 다양한 형태로 발전한 증류 기술과 증류주 문화가 서로 교차하고 융합한 결과 중 하나가 소주라는 것이죠. 소주를 만드는 핵심 기술인 '증류'는 기실 세계 각지에서 다양한 형태로 발전했습니다. 증류는 끓는점에 따라 물질을 분리해 내는 기술입니다. 물질을 분리해서 각 물질의 순도를 높일 수 있죠. 따라서 이 기술은 약이나 향유를 만드는 데 널리 사용되었고, 다양한 문화권에서 각각의 방식으로 개발하고 개량해 왔습니다. 이 기술이 발효주에 적용된 결과가 보존성과 알코올 농도를 높인 증류주입니다.

세계 각지의 증류주 중에서도 저자는 아랍 지역에서 시작된 것으로 보이는 '아락'이라는 이름의(어쩐지 변비가 금방 나올 것만 같은 이름의) 증류주에 주목합니다. 이 증류 기술과 증류주 문화는 서아시아-남아시아-동남아시아로 이어지는 루트를 통해 중국에 유입된 것으로 보입니다. 중국에서 증류주를 일컫던 말인 '한주汗酒'에 아락의 어원인 '땀'(汗, araq)이 들어 있는 것을 보면 두 지역의 교류를 확인할 수 있지요. 물론 중국에서도 (약을 만들어야 하는 도교 전통과도 관련되어) 독립적으로 증류 기술이 발달한 것으로 보입니다. 이런 식으로 여러 증류주 문화가 자연스럽게 교차하면서 증류 기술은 한층 다양한 모습으로 성장했고요. 증류주 문화의 교류에 박차를 가한 것은 세계 제국 몽골이었습니다. 유라시아 대륙의 거의 전부가 하나의 국가 네트워크로 연결된 덕에 유라시아 각지의 문화가 좀 더 쉽게 교류할 수 있었죠. 술을 중요한 통치 수단으로 활용했던 몽골 제국의 통치 방식도 중요한 변수였고요.

한반도에 증류주 문화가 유입된 것도 이 무렵으로 추정됩니다. 물론 그 이전에도 6~9도의 막걸리 비슷한 곡주 정도야 있었을 것입니다. 이미 삼국시대부터 중국과의 교류가 제법 활발했으니 양조법도 자연스럽게 중국에서 한반도로 건너왔겠지요. 이런 가운데 몽골의 침략을 즈음하여 증류 기술과 증류주 문화가 한반도에서 폭발적으로 확산되면서 소주는 큰 인기를 얻었던 것 같습니다. 예컨대 고려 말의

김진이라는 사람은 소주를 너무 좋아해서 패가망신까지 했다고 하니…….

> 김진金縝이 경상도원수가 되어 도내의 이름난 기생들을 크게 모아 놓고 휘하 장사들과 함께 밤낮으로 술을 마시며 놀았다. 김진이 소주燒酒를 좋아하니 군대 내에서 소주도燒酒徒라고 불렀다. 군졸과 비장裨將들이 조금만 그의 뜻을 거슬러도 번번이 매를 쳐서 욕을 보이자 사람들이 분노하고 원망하였다. 왜적이 합포合浦 병영을 불사르고 약탈하니 사람들이 말하기를, "소주도를 시켜 적을 치면 될 것이지 우리들이 어찌 싸울 수 있겠는가?"라고 하며 물러서서 진격하지 않았다. 김진이 혼자 말을 타고 달아나니 마침내 크게 패배하였다. 이에 김진을 폐하여 민民으로 삼아 창녕현으로 유배 보냈다가 곧 가덕도로 옮겼다.
> ―『고려사』 열전 권제26

사실 몽골로부터 전해진 것이 소주만은 아니었습니다. 전통 혼례 때 신부의 볼에 찍는 연지 곤지도 몽골에서 전해진 것이라 하고, 고기를 오랜 시간 푹 끓여 국물을 내는 설렁탕 같은 음식도 몽골의 영향과 무관하지 않다고 하지요. 특히 식문화의 영향이 컸던 모양으로, 본디 불교 국가이기에 육식을 멀리했던 고려는 몽골과의 교류로 육식을 즐기게 되었다고 합니다. 저자는 육식의 보급 역시 증류주의 확산에 영향을 주었을 것이라 추측합니다. 그렇습니다. 우리가 삼겹살을 먹을 때마다 소주를 찾는 것, 무려 800년의 역사를 지닌 전통이었던 겁니다.

그놈의 원조 원조

이런 관점은 우리가 흔히 생각하는 문화의 전파 양상과는 약간 다릅니다. 수천 년에 걸친 문명사를 다룬 책들은 어느 한 지역에서 발생한 문화가 얼마나 쉽게 전파될 수 있었는지를 중요한 변수로 놓고 이야기를 전개하곤 합니다. 예컨대 뒤에서 살펴볼 『총, 균, 쇠』가 그렇지요. 하지만 『소주의 세계사』가 설명하는 문화는 어느 한 곳에서 다른 한 곳으로 일방적으로 전파되는 것이 아니라 각각 자생적으로 생겨난 다양한 문화가 교류를 통해 현지화되는 역동적 과정입니다.

그런 점에서 이 책이 '燒酒'와 '燒酎'를 굳이 구분하지 않는 점은 눈여겨볼 필요가 있습니다. 둘 다 '소주'로 발음되고 의미상으로도 큰 차이가 없어 보이지만, 인터넷에 검색해 보면 두 단어는 각각 증류식과 희석식을 지칭한다고 흔히 설명됩니다. 희석식 소주은 근대에 개발된 연속증류 방식으로 만들어진 것으로, 이 방식이 한국에 소개되면서 '燒酎'라는 표기도 함께 들어왔다는 것이죠. 그러니 '燒酒'와 '燒酎'의 구분에는, 지금 우리가 흔히 마시는 희석식 소주는 전통 방식으로 만들어진 증류식 소주와 다르다는 생각이 깔려 있는 셈입니다.

어느 동네에 가든, 어떤 메뉴를 찾든 '원조'와 '진짜 원조', '원조의 원조의 원조' 따위를 자칭하는 가게가 몇 집씩 난립하는 한국이라서 그럴까요, 우리는 유독 '전통'이나 '정통', '원조' 같은 것에 민감한 것 같습니다. 거기에 식민지 경험과 중국, 일본 등 주변국에 대한 문화적 경쟁심까지 끼어들면 민감도는 훨씬 올라갑니다. '燒酒'와 '燒酎'를 애써 구분하는 대부분의 글에서 '식민지 잔재'를 언급하는 것은 아마 그 때문이겠죠. 그뿐인가요. 공원에 심어 놓은 벚나무에도, 일상적으로 쓰는 말에도 혹시나 식민지의 흔적이라도 묻지는 않았을까 도끼눈을 뜨는 사람이 적지 않습니다.

하지만 문화란 본디 교류하고 현지화하면서 만들어지는 것입니다. 지구상 어느 한 지점에서 '원조'가 만들어지고, 이것이 일방적으로 전파되어 수용되기만 하는 것이 아닙니다. 몽골의 네트워크를 통해 전파된 증류주 전통이 한반도에서 소주로 다시 태어난 것처럼, 그리고 그것이 다시 조선 시대의 가양주 문화를 통해 다양한 맛과 형태로 이어진 것처럼, 근대에 도입된 연속증류 방식 역시 지금 우리의 소주에 누적된 수천 년 역사의 일부로 받아들이면 어떨까요.

저는 그것이 우리 소주의 역사를 더 풍성하게 만드는 일이라고 생각합니다. "새벽 쓰린 가슴 위로 차가운 소주를" 부으며 노동의 고단함을 달랬던 산업화 시대의 노동자와,

목 짧은 소주병에 심지를 박은 '꽃병'을 날리던 민주화 운동과, 학교 앞 좌판에서 부어라 마셔라 하며 울고 웃었던 우리의 서툴렀던 기억까지, 그 모든 것이 소주 역사의 일부분이겠죠. 기억해야 하고 기념해야 하고 역사로 만들어야 하는 것이 애초부터 따로 있는 것이 아닙니다. 슬프고 서툴렀고 심지어는 부끄러워서 지우고 싶은 것까지, 그 모든 것이 역사이고 그 역사들이 있었기에 지금의 우리가 있는 것 아니겠습니까.

P.S. 꼭 역사를 따질 필요도 없습니다. 법적으로도 증류식과 희석식은 구분되지 않습니다. 주세율 등이 동일하기 때문에 2013년 4월 5일 주세법 개정을 통해 양자의 구분이 사라지고 '소주'로 명칭이 통합되었거든요.

독서 안내

『한글과 타자기』(김태호 지음, 역사비평사, 2023)
    소주 만드는 것이 그저 증류주 제조법을 수입한다고 되는 일이 아니었듯이, 한글 타자기를 만드는 것 역시 서구의 알파벳 타자기에서 글쇠만 바꿔서 되는 일이 아니었습니다. 그래서 한글 타자기를 만드는 일은 생각만큼 매끈하고 순탄한 과정이 아니었고, 그 결과물도 알파벳 타자기와는 또 다른 어떤 것이었습니다.

『돈가스의 탄생』(오카다 데쓰 지음, 정순분 옮김, 뿌리와이파리, 2006)
    부제는 "튀김옷을 입은 일본근대사"라고 되어 있지만, 육식으로 보는 일본근대사라고 하는 게 좀 더 정확합니다. 근대 이전의 일본에서는 육식이 금기시되었지만, 메이지유신 이후 서구인처럼 큰 체형을 갖기 위해 육식이 장려되었고, 이 과정에서 서구의 육류 요리법을 응용한 끝에 돈가스가 만들어졌다고 하지요. 돈가스 한 접시에 근대를 향한 일본의 열망이 고스란히 녹아 있는 셈입니다.

4부

역사학자의
질문
속으로

책을 읽고 쓰는 이유는 사람마다 다르겠지만, 그 모든 이유를 모아 한 단어로 말해 보라고 하면 가장 적절한 답은 아마도 '호기심'일 것 같습니다. 누가 되었든 무엇이 되었든 알고 싶고 궁금하기 때문에 책을 읽습니다. 책을 쓰는 이유도 마찬가지 아닐까요. 주제가 무엇이든 글쓰기 역시 스스로 마주한 질문에 대답해 가는 과정일 테니까요.

쓰는 사람도 읽는 사람도 호기심을 갖고 있는데, 저자는 책을 알리는 데 애를 먹고 독자는 좋은 책이 없다며 투덜거리는 이유는 아마도 호기심의 대상이 될 만한 것이 너무 많다는 데 있을 겁니다. 세상은 너무 넓고 복잡합니다. 저자와 독자의 관심사가 일치하기가 쉽지 않습니다. 자기 계발이니, 소설이니, 역사니, 경영·경제니 하는 카테고리가 있기는 하지만, 한 항목 아래에만도 수십만 가지 주제가 있습니다. 저자가 글을 쓰면서 가졌던 호기심이 나의 그것과 꼭 같을 것이라 기대하는 것은 무망한 일입니다.

그러니 어쩌면 가장 즐거운 독서 경험은 스스로 쓴 글을 읽는 것일지 모르겠습니다. 그렇지만 쉬운 일은 아닙니다. 강준만 교수 정도 되면 신문 보다가 앗 이거 궁금하군, 하고 생각한 뒤 달걀프라이 해 먹듯 양질의 책 한 권을 써낼 수 있을지 모르겠지만요.

우리에게 현실적으로 가장 즐거운 독서는 책 읽는 동안이나마 글쓴이가 되어 보는 것입니다. 무슨 생각으로 책을 썼는지 이해하면서 페이지를 넘기는 것입니다. 저자의 호기심을 내 것으로 만드는 거죠. 그런데 야속하게도, 이 또한 쉽지 않을 때가 있습니다. 글을 쓴 목적이 무엇인지, 책의 주제가 사회적·학문적으로, 또는 글쓴이와 읽는 이에게 어떤 의미를 가지는지 책에 드러나 있으면 좋을 텐데, 모든 책이 그런 것은 아닙니다. 어떤 책에 무수히 많은 정보가 담겼다고 해도 독자가 책의 질문을 포착하지 못한다면, 매우 높은 확률로 읽는 이는 책 속에서 길을 잃게 됩니다. 방 안에 구슬이 가득한데 꿰질 못하니 답답합니다. 저자와 독자의 관심이 이미 일치해 있다면야 좀 낫겠지만, 앞에서 말했다시피 그런 일이 늘 일어나지는 않습니다.

다행히 어떤 책은 친절합니다. 저자는 독자의 손을 잡

고 이리 와, 저리 가자 하면서 자기가 가진 호기심이 무엇이고 그것이 왜 그럴듯한지 설명해 줍니다. 책을 쓴 이유, 저자가 풀고자 했던 퍼즐을 선명하게 드러냅니다. 이를 저자와 독자의 관계를 다지는 기초 작업이라고 할 수 있겠지요. 땅을 단단히 다져 놓으면 높은 건물도 올릴 수 있습니다. 이 작업이 잘되어 있으면, 독자로서는 애초에 관심이 없던 주제라 하더라도 얼마든 저자의 초대에 응할 마음이 생깁니다. 책의 분량이 수백 페이지, 때로는 1,000페이지가 넘어가더라도 독자는 길을 잃지 않고 책 한 권의 세계를 완주해 낼 수 있습니다.

4부에서는 저자의 문제의식이 분명한 역사책을 소개합니다. 질문이 선명하게 드러나는 책입니다. 『병자호란, 홍타이지의 전쟁』의 질문은 이렇습니다. 병자호란 때, 인조의 항복을 받아낸 홍타이지는 그 직후 조선을 떠나 중국 대륙으로 돌아갑니다. 그런데 왜 바로 돌아갔을까요? 전쟁 전부터 조선의 수도에서 유유자적 몇 달 지내고 싶다는 희망을 피력했다던 그가 무슨 이유가 있어서 급히 조선 땅을 떠난 걸까요.

이런 질문은 대부분의 독자에게는 생소하고 낯선 것입니다. 연구자가 아닌 독자 중 홍타이지가 왜 전쟁이 끝나자마자 쫓기듯 조선 땅을 떠났는지 평소에 궁금해한 이가 몇이나 되겠습니까. 이 책을 읽는 여러분 중에, 출근길에 비몽사몽 지하철역 계단을 오르며 저린 무릎을 움켜쥐다가 아,

그런데 그때 홍타이지는 왜 서둘렀을까? 하며 추론을 시작하는 자신의 모습을 상상할 수 있는 분 있나요.

어떤 역사책은 우리가 평소에는 털끝만큼도 궁금해하지 않던 질문에 빠져들게 합니다. 처음 들었을 때는 그게 도대체 왜 궁금한지, 늦저녁 마신 여러 잔의 커피 때문에 밤에 잠이 안 올 때처럼 아무리 고민을 해 봐도 감이 오지 않는 질문이 있다고 해 봅시다. 예를 들면 1642년 평안도에는 우물이 몇 개 있었을까 하는 식의 질문 말이죠. 그런데 책을 3분의 1쯤 읽다 보니 이 질문도 어쩐지 그럴듯하다는 생각이 들고, 절반이 넘어가는 시점에는 그때 우물이 몇 개 있었을까 궁금해서 미칠 지경이 된다면 그 독서는 매우 성공적이라고 할 수 있습니다. 궁금해하던 질문의 답을 책에서 찾는 것이 80점짜리 독서라면, 무엇을 궁금해해야 할지 알려주는 책에는 100점을 주어도 좋겠습니다. 세상은 정답이 아니라 질문으로 이루어져 있고, 자신이 가진 질문의 폭을 넓히는 것이야말로 더 큰 세상을 엿보고 맛보는 가장 좋은 방법이기 때문입니다.

어떤 질문을 던지느냐에 따라 우리가 보는 세상의 색이 달라집니다. 조선왕조는 왜 500년 만에 망했을까 하고 물을 수도 있고, 무슨 조화로 한 왕조가 500년이나 지속될 수 있었는지 물을 수도 있습니다. 한 사회의 지향점은 지난 역사에 대한 다양한 해석이 경쟁한 결과라고 볼 수도 있을 텐데, 모든 해석은 질문에서 출발합니다. 질문에 따라 답을 찾는 과정이 달라지고, 그 과정에서 우리가 옳다고 생각하는 가치가 형성됩니다. 역사학자가 던지는 질문을 따라 세상을 보는 관점을 넓혀가는 것이야말로 우리가 역사책을 읽으며 느낄 수 있는 즐거움 중에서도 가장 농밀한 것이라 할 수 있습니다. 보통은 어려운 논문을 찾아 가며 익혀야 할 텐데, 고맙게도 몇몇은 단행본으로 나와 있어 서점에서 구할 수 있습니다. 그중 일부를 여러분께 소개합니다.

4부에서 소개할 책

---

1   『병자호란, 홍타이지의 전쟁』(구범진 지음, 까치, 2019)
2   『미야지마 히로시의 양반』(미야지마 히로시 지음, 노영구 옮김, 너머북스, 2014)
3   『북조선』(와다 하루키 지음, 서동만·남기정 옮김, 돌베개, 2002)
4   『극장국가 북한』(권헌익·정병호 지음, 창비, 2013)
5   『키메라—만주국의 초상』(야마무로 신이치 지음, 윤대석 옮김, 책과함께, 2024)
6   『나는 조선인 가미카제다』(길윤형 지음, 서해문집, 2012)

1

홍타이지는 왜 그렇게 일찍 철수했을까

『병자호란, 홍타이지의 전쟁』

남한산성 고사 작전

1637년 1월, 남한산성 아래는 바람에 펄럭이는 청군의 깃발로 가득 찼습니다. 3만 대군을 이끈 것은 누르하치의 뒤를 이은 후금의 2대 칸이자, 9개월 전 스스로 청의 황제 자리에 오른 홍타이지였습니다. 산성 안에서는 조선의 왕 인조가 농성 중이었고요. 홍타이지는 '조선 정복'을 위해 1636년 12월 군사를 일으켰습니다. 그러고는 얼어붙은 강을 건너 파죽지세로 한양을 향해 내달렸습니다. 전쟁 전 조선은 정묘호란을 교훈 삼아 나름의 계획을 세웠습니다. 청나라가 침략해 오면 국경 부근의 군대와 양민이 산성으로 들어가 청군을 상대하면서 시간을 벌고, 그 틈을 타 중앙정부를 강화도로 옮겨 지구전을 꾀하겠다는 전략이 그것이죠.

그러나 안타깝게도 이 전략은 힘을 쓰지 못했습니다. 청은 전선을 넓히지 않았고 속전속결로 왕을 사로잡고자 했습니다. 인조가 채 강화도로 피난을 가기도 전에 청의 군대는 한양 목전까지 도착했습니다. 인조는 어쩔 수 없이 남한산성으로 말 머리를 돌려야 했습니다. 청군의 모든 부대가 산성 아래 집결한 것이 1월 10일. 남한산성의 운명은 바람 앞 등불 같았습니다. 산세가 험해 적이 성을 공략하기는 쉽지 않았지만, 인조가 맞닥뜨린 문제는 식량이었습니다. 급히 오다 보니 오래 버틸 준비를 제대로 하지 못한 것이죠. 홍타이지도 이런 사실을 잘 알고 있었던 것 같습니다. 청군은 산성 안에 몸을 감춘 조선의 왕과 신하, 백성 들을 고사시킬 생각이었습니다. 1월 16일, 홍타이지가 당시 청의 수도였던 심양에 보낸 서신을 보면, 최소한 2월 말까지 한 달 반 이상 머무르면서 포위 작전을 오래 끌 계획이었던 것으로 보입니다.

그런데 1월 17일, 청은 돌연 협상 의사를 내비칩니다. 남한산성으로 군사를 보내 조선 사신의 파견을 요구했습니다. 저자는 『승정원일기』의 한 장면을 이렇게 전하고 있습니다.

> 인조: "호인胡人이 와서 (우리 사신을) 불렀다고 들었는데, 무슨 의도인지 알겠는가?"

홍서봉: "어제는 느긋느긋한 마음을 극도로 보이더니, 하루도 지나지 않아서 갑작스레 와서 (사신을 내보내라고) 청하니, 필시 저들에게 급한 일이 있어서 그럴 것입니다." (244쪽)

청 진영에 다녀온 조선 사신의 손에는 서신 한 장이 들려 있었습니다. 성 밖으로 나와 항복할 것을 요구하는 홍타이지의 국서였습니다. 서신의 내용 자체는 별다를 게 없다고 생각할 수도 있지만, 저자는 청이 대화의 뜻을 보였다는 점 자체에서 의의를 찾습니다. 조선은 13일에 청군 진영에 국서를 보냈지만 16일까지도 청의 반응은 냉담하기만 했습니다. 16일과 17일 사이에 무슨 일이 있었기에 홍타이지의 태도가 바뀐 것일까요?

16일과 17일 사이에 일어난 어떤 사건

병자호란에 대한 이런 질문, 별로 익숙하지 않습니다. 우리가 많이 들어 온 질문은 이런 것이 아닐까 싶습니다. '조선은, 인조는 무엇을 잘못했나?' 병자호란을 이야기할 때 많은 이들이 조선왕조의 무능, 인조의 무능, 장수들의 무능, 사대주의의 무용함, 시대의 한계 같은 것들을 떠올립니다. 균형 외교를 펼치려던 광해군을 몰아내고 왕이 된 인조가, 명나라에 대한 의리를 지킨다는 명분 아래 급부상하던 후금을 무시하다가 전쟁이 일어나자 제대로 싸워 보지도 못한 채 속수무책으로 머리를 땅에 조아리며 항복했고, 이 과정에서 애꿎은 백성만 고통을 감내해야 했다는 것이, 우리가 병자호란이라는 말을 마주했을 때 떠올리는 스토리겠지요. 이 자동 연상 과정에는 인조의 전대 광해군이나 후대가 될 뻔했던 소현세자에 대한 판타지적 아쉬움도 담겨 있을 겁니다.

그런데 전쟁 막판에 있었던 종전 협상의 구체적인 과정에 대해서는 생각해 본 적이 없는 것 같습니다. 저자는 전쟁의 전개와 결말을 세부적으로 파헤치면서, 조선왕조를 비판하는 것 외에도, 병자호란을 다루면서 던져야 할 질문이 많다는 점을 설득력 있게 보여 줍니다. 저자는 「반전」이라는 제목을 가진 5장을 열면서 이렇게 묻고 있습니다. "인조는 어떻게 해서 종묘사직과 왕위를 보전할 수 있었는가?" 인조는 청이 군사를 일으킨 지 53일 만에 홍타이지 앞에 머리를 조아리며 항복을 선언했습니다. 수많은 조선의 백성들이 청으로 끌려갔고, 왕의 아들도 볼모가 되어 조선 땅을 떠나야 했습니다. 이만해도 충분히 치욕적입니다. 완벽한 패배 같습니다. 더 이상 안 좋은 시나리오는 상상할 수 없을 것 같지요.

그런데 저자는 병자호란의 참담한 패배가 '불행 중 다행'이었다고 말합니다. 몇 가지 이유에서 그렇습니다. 홍타이지의 원래 계획은 남한산성을 포위한 채 고사 작전을 펼치는 것이었습니다. 당시 남한산성의 식량은 한 달 분량밖에 되지 않았다고 합니다. 포위가 길어졌다면 성안에서 상상하기 싫은 참극이 벌어졌을 수도 있습니다. 나라가 망하거나, 임금이 바뀌는 일도 일어나지 않았습니다. 저자는 12세기 초, 금이 송을 침략해 송의 황제를 금으로 끌고 간 일을 떠올립니다. 송의 휘종과 흠종이 그랬던 것처럼 인조도 청나라 땅에서 객사할 운명을 맞았을지도 모른다는 것이죠. 더군다나 출병에서 종전까지 두 달도 채 쓰지 않은 홍타이지가 전쟁이 끝난 후에도 한양에 머물면서 매일같이 국고를 축내며 상다리 부러지는 대접을 받았을 수도 있고, 전국을 다니며 수탈을 이어 갔을 수도 있습니다.

그런데 현실에서는 이 모든 일이 일어나지 않았습니다. 홍타이지는 17일에 국서를 보내고는 보름 만에 돌아갔습니다. 조선의 종묘사직을 그대로 두고, 인조도 왕위에 둔 채로 말입니다. 이렇게 생각하니 홍타이지가 왜 갑자기 태도를 바꾸어 대화를 시도했을까, 왜 그렇게 서둘러 돌아갔을까 하는 질문이 아주 그럴듯하게 느껴집니다. 답이 뭘까 궁금해지기 시작합니다.

17일 청이 국서를 보낸 후에, 전황은 아주 빠르게 전개됩니다. 조선과 청 사이에서 항복의 구체적인 조건이 오갑니다. 협상의 쟁점은 인조의 출성이었습니다. 인조는 가능하면 산성 밖으로 나가지 않고 전쟁을 끝내고 싶어 했습니다. 칭신, 즉 신하 됨을 자처하는 데는 망설임이 없었습니다. 그러나 성을 벗어나 청군을 마주하게 된다면 어떤 일이 일어날지 모릅니다. 선뜻 결정할 수 없었습니다. 한편, 청으로서는 인조가 성을 나와 홍타이지 앞에서 직접 항복하는 장면을 연출하는 것이 중요했습니다.

저자의 분석에 따르면, 병자호란은 홍타이지의 긴 황제 즉위식의 일부였습니다. 1636년 4월, 홍타이지는 스스로 청의 황제 자리에 오릅니다. 그 즉위식에는 조선의 사신들도 있었는데, 이들이 삼궤구고두례(세 번 무릎을 꿇고 아홉 번 머리를 조아리는 예법)를 거부하면서 한바탕 소동이 일어났습니다. 홍타이지 입장에서는 체면을 구긴 셈이라고도 볼 수 있겠는데, 그렇기에 그에게는 조선의 왕이 직접 나와 삼궤구고두를 하면서 복종을 표하는 것이 중요했습니다. 우리가 '삼전도의 굴욕'으로 배운 항복 장면을 저자는 홍타이지 즉위식의 완성으로 해석합니다. 청은 조선을 압박하기 위해 당초 2월로 계획했던 강화도 공략의 시점도 1월 22일로 앞당깁니다. 그리고 조선 왕실의 예상을 깨고 손쉽게 강화도를 점령하죠. 단 하루 만에 말입니다. 1월 26일 인조는 이 소식을 듣고 남은 희망마저 버렸던 것 같습니다. 출성을 결심하고, 30일 삼전도에서 항복 의례를 치르게 됩니다.

이 모든 일은 16일과 17일 사이에 일어난 어떤 사건 때문에 벌어졌습니다. 저자는 청나라 측 사료를 바탕으로 16일에 청군 진영에 천연두 환자가 발생했을 가능성을 검증해 나갑니다. 남한산성 앞에 진을 치고 있던 청군 진영에 정확히 언제 천연두가 퍼지기 시작했는지에 대한 명시적인 기록은 존재하지 않습니다. 이 중요한 사건의 기록을 왜 찾을 수 없는 걸까요? 저자는 청에서 부러 문서를 조작했으리라고 추정합니다. 홍타이지는 병자년에 군사를 일으키면서 병자호란을 '정의로운 전쟁'으로 명명한 바 있는데, 그 과정에서 불길한 전염병이 발생했다는 것은 자칫 전쟁의 정당성을 무너뜨릴 수 있었기 때문이지요.

청군 진영에 천연두가 발생했다는 사실은 사료에서 간접적으로 확인할 수 있다고 하는군요. 홍타이지의 조카였던 보호토는 자기 휘하의 부대에 천연두 환자가 발생했다는 사실을 인지하고도 이를 은폐했고, 환자를 홍타이지의 어영 근처에 머물게 했다는 죄로 벌을 받았습니다. 다르한이라는 지휘관은 휘하 장수 중 하나가 천연두 면역이 없다는 이유로 몰래 귀국한 사실을 적발하지 못해서 논죄를 당했습니다. 천연두가 몇 월 며칠에 발생했다는 말이 없을 뿐, 전쟁 중 청군 진영에 천연두가 발생했을 것이라는 추론은 매우 합리적입니다. 그리고 홍타이지가 천연두 환자의 발생을 눈치챈 날은 매우 높은 확률로 1월 16일일 것입니다. 그래야만 17일에 청이 갑자기 입장을 바꿔 국서를 보낸 사실이 설명됩니다. 그런데 천연두가 전쟁과 한 나라의 운명을 바꿀 만큼 중요한 변수였을까요?

무시무시한 천연두

천연두는 오랜 시간 인류를 괴롭혀 온 무서운 전염병입니다. 유럽과 중국, 인도를 가리지 않았고, 청나라도 천연두의 위협에서 자유롭지 않았습니다. 청조는 중국 역사상 어떤 왕조보다도 천연두에 민감했다고 하는군요. 저자는 오랫동안 천연두를 앓아 온 한인에 비해 만주인에게는 이 병이 낯설었을 것으로 추정합니다. 한인과의 접촉이 늘어나면서 천연두의 발생 빈도와 피해도 늘었을 것이고요. 17세기 중반 순치제, 19세기 후반 동치제가 천연두로 사망했고, 강희제는 어려서 천연두를 앓아 면역이 생긴 덕에 순치제 다음 황제로 낙점되었다고 하네요. 누르하치와 홍타이지도 일가 중 여럿을 천연두로 잃었습니다. 누르하치는 천연두 환자를 발견하고 관리하는 부처를 만들었고, 어려서 천연두를 앓았던 적이 있는 이들을 숙신熟身, 그렇지 않은 이들을 생신生身으로 구별해 다루었습니다. 홍타이지는 생신으로, 천연두에 대한 면역이 없었습니다. 천연두가 돌 때마다 '피두避痘'라 하여 스스로 격리를 하기도 했습니다.

한편, 조선 땅은 천연두가 심심치 않게 창궐하는 곳이었습니다. 한겨울에 특히 기승을 부렸고요. 병자호란이 일어난 시점에는 한반도에 이미 1,000년에 달하는 천연두 유행의 역사가 존재했습니다. 조선왕조에서도 천연두에 신경을 많이 썼습니다. 조선 군적에는 얼굴에 마맛자국이 있는지를 꼭 써야 했을 정도입니다. 청군은 정묘호란 때 이미 조선 땅에서의 천연두 감염 가능성을 우려했습니다. 조선에는 마마, 즉 천연두가 있으므로 증원 병력을 보낼 때는 '생신'인 대신들을 제외하라는 보고가 청의 사료에 남아 있습니다.

전쟁이 있었던 1636년에도 이미 11월부터 서울에 천연두가 만연했다는 기록이 있습니다. 홍타이지는 전쟁이 끝난 후 2,000여 명의 군사만을 이끌고 서둘러 심양으로 돌아갑니다. 귀국 길에 조선의 도시에 입성하지 않은 것은 물론이고, 조선 관원들과의 접촉도 의도적으로 피했습니다. 청군이 데리고 간 소현세자를 비롯한 조선 왕족을 만난 것도 심양으로 돌아가 한 달이나 지나서였습니다. 천연두에 걸린 적이 없는 홍타이지로서는 최선을 다해 감염의 확률을 줄이려 한 것이죠.

역사학자의 질문을 만나는 즐거움

책을 소개한 신문 기사 하나가 이 책 『병자호란, 홍타이지의 전쟁』을 읽는 계기가 되었습니다. 코로나19 팬데믹이 한창이던 시기였는데, 병자호란의 전개에 전염병이 중요한 역할을 했다는 내용의 글이 있지 않겠습니까. 익숙지 않은 주장이기도 하고, 전 세계가 감염병으로 몸살을 앓던 때였으니 관심이 가지 않을 수 없었습니다. 기사를 발견했을 때 아, 이 책이다 싶었지만, 이내 망설이는 마음이 생겼습니다. 기사에 소개된 몹시도 흥미로워 보이는 내용이 실은 책에서 극히 일부만을 차지하는 것은 아닐까 생각했기 때문입니다(한두 번 당하나요). 그러나 '낚시'일지도 모른다고 생각하면서도 책을 사러 뚜벅뚜벅 서점에 갈 수밖에 없었습니다. 온 사방에서 코로나19에 대한 뉴스가 나오다 보니 뉴스와 기사를 볼 때마다 병자호란과 전염병에 어떤 관계가 있다는 걸까 점점 궁금해지다가 종국에는 참을 수 없게 되었거든요.

예상대로 전염병에 관한 부분은 두 장章에 불과했습니다. 그러나 위에서 소개한 대로 그 내용이 아주 흥미로웠을 뿐 아니라, 책 전체가 저자가 구체적인 질문을 던지고 그에 답하는 방식으로 구성되어 있다 보니 천연두와 관련되지 않은 부분도 아주 재미있게 읽을 수 있었습니다. 무엇보다 서문이 마음에 들었습니다. 이런 문장이 있습니다. "나는 병자호란과 같은 비극의 반복을 막을 수 있도록 역사에서 교훈을 찾기 위해서 이 책을 쓴 것이 아니다. 그저 전쟁의 실상을 자세히 규명하고 싶을 따름이다."

어쩐지 예술가의 선언문처럼 느껴지기도 하는 이 야심 찬 서문은 자기 내면의 호기심에 귀를 기울이겠다는 저자의 다짐을 잘 드러냅니다. 세상의 필요에 따라 연구하지 않겠다는 각오를 천명한 것이기도 하고요. 질문도 답도 내가 하겠다는 것이죠. 조금 불친절하게 느껴질 수도 있지만, 저는 저자의 이런 자세야말로 우리가 굳이 연구자의 책을 찾아 읽는 이유라고 생각합니다. 우리는 독서를 통해서 내가 이미 갖고 있는 질문에 대한 답을 찾기도 하지만, 세상에 어떤 질문이 존재하는지 탐색하기도 합니다. '역사의 쓸모나 시사점 같은 것에는 큰 관심이 없고, 내가 알고 싶은 것을 공부해서 답을 알려주겠다'는, 어쩌면 조금 뻔뻔해 보이는 서문이 매력적으로 느껴지는 것은, 책 안에 내가 모르는 흥미로운 질문이 가득하지 않을까 하는 기대를 일으키기 때문이 아닐까 싶습니다.

    『병자호란, 홍타이지의 전쟁』은 기대를 저버리지 않습니다. 전염병과 병자호란의 종식에 대한 질문은 그중 하나에 불과합니다. 저자는 병자호란의 발발과 전개에 대해 아주 세밀한 질문을 던지고 스스로 답해 나갑니다. 독자는 이 책을 읽으면서 병자호란이 일어난 해에 조선과 청 사이에 어떤 일이 있었는지, 홍타이지가 몇 명의 군대를 동원했는지, 청군은 남한산성까지 어떻게 그렇게 빨리 당도할 수 있었는지, 난공불락이라고 믿었던 강화도는 왜 그렇게 허망하게 함락되었는지 등에 대한 구체적이고 상세한 질문을 만나게 됩니다. 이 가운데 많은 것이 대다수의 독자는 아마 생각해 본 적도 없는 주제일 텐데, 아이러니하게도 이 책을 읽는 즐거움은 여기에 있는 것 같습니다. 우선 궁금하지 않았던 것이 궁금해지는 낯선 기쁨이 있겠고, 기존 연구를 발판 삼아 문제의식을 벼리고 사료를 바탕으로 사실관계를 밝힌 후 그것을 해석해 나가는 역사학자의 작업을 책의 서술을 따라가며 이해하는 보람도 느낄 수 있습니다. 연구자의 본업을 엿보는 과정이라고도 볼 수 있겠는데요, 이 즐거움, 여러분과도 나누고 싶습니다.

독서 안내

『역사평설 병자호란』(전 2권, 한명기 지음, 푸른역사, 2013)
　　이 책은 『병자호란, 홍타이지의 전쟁』과는 달리 전쟁의 책임을 묻고 교훈을 찾고자 합니다. 페이지마다 저자의 한숨이 묻어나는 책이기도 하고요. 구범진의 책과는 다른 시각으로 쓰인 책이니 같이 읽어 보시면 좋을 것 같습니다.

『청나라, 키메라의 제국』(구범진 지음, 민음사, 2012)
　　『병자호란, 홍타이지의 전쟁』의 저자 구범진의 강의를 책으로 묶었습니다. 구범진은 중국 근세사, 그중에서도 청나라 시대를 전공한 전문가이니 믿고 읽을 수 있는 책이라 봐야겠고, 강의를 묶은 것이라 상대적으로 쉽게 읽히는 장점도 있습니다. 청나라에 관한 좀 더 폭넓은 지식을 익히고자 하는 분들께 추천합니다.

2

한국인은 왜 그렇게
예절을 따질까

『미야지마 히로시의 양반』

외국으로 여행을 가거나 어떤 계기로 그곳에 살게 되는 경우, 우리는 좋든 싫든 다른 문화, 다른 삶에 노출됩니다. 여기는 이런 게 다르구나 하고 깨닫기도 하고, 이건 왜 이럴까 하고 호기심에 사로잡히기도 합니다. 여행이라면 아마도 체류 기간 내내, 이주라면 새로운 습속에 완전히 익숙해질 때까지 그렇겠지요. 관심의 대상과 방향은 사람마다, 상황마다 다르겠습니다. 여행자라면 식당에서의 매너나 대중교통을 이용하는 방법, 그 나라 서비스업 종사자의 특징 같은 것이 눈에 들어올 것 같습니다. 출장자라면 그 나라의 사업 환경과 협상 매너 따위에 신경을 써야 할 것이고, 주재원이나 이민자처럼 새로운 곳에 정착하려는 이들에게는 이웃을 만났을 때 뭐라고 인사를 해야 하는지, 쓰레기는 어디에 어떻게 버려야 하는지와 같은 생활 관습이 중요하겠죠.

역사학자라면 어떨까요? 교토대에서 박사 학위를 받고 도쿄대에서 연구하다 성균관대 동아시아학술원에서 연구 생활의 말년을 보낸 한국사 연구자 미야지마 히로시는 이런 질문을 갖게 되었다는군요. '유독 한국에서 오늘날까지 유교적 전통이 유지되고 있는 이유는 무엇일까?'

도대체 왜 그런 게 궁금하냐고 되묻고 싶으신 분도 있겠지만, 이분이 이런 궁금증을 갖게 된 변을 듣다 보면 그럴 만하다 싶은 생각도 듭니다. 미야지마에 따르면 한국은 전 세계에서 가장 현대화된 나라이면서 제사나 조상에 대한 관념에서부터 술자리 예절에 이르기까지 곳곳에서 유교식 규범이 관찰되는 특징도 갖고 있습니다. 한국사를 전공하는 일본인 눈에는 이게 신기했던 모양입니다. 일본 역시 유학의 영향을 받았지만, 한국 사회가 갖고 있는 관습은 별로 관찰되지 않는답니다.

말하고 보니 그럴듯합니다. 우리가 평소 유교라는 단어를 생각하는 일이 얼마나 있을지 모르겠습니다. 유교라고 하면 어째 수염 기르고 도포 두른 채 제문을 읊는 유생 정도만 떠오르는 형편입니다. 그러나 조금만 더 생각해 보면 유교만큼 우리 삶 깊숙이 자리 잡은 것도 없지 않나 싶습니다. 저자 말마따나 제사 같은 의례는 말할 것도 없고, 생활 습속과 문화에도 깊이 스며들어 있는 것이 '유교 정신'입니다.

언제부터 이랬던 것인지, 정치철학·종교로서 유교가 가진 힘이 모두 사라진 것만 같은 오늘날에도 왜 우리는 유교 문화의 자장 속에 살아가는 것일까, 궁금해할 만합니다. 이쯤 되니 다른 나라 사람이 살아가는 모습을 예민하게 관찰하고는, 저들은 왜 저런지 궁금해하는 데 그치지 않고 본업을 살려 스스로의 질문에 대답해 가는 학자의 모습이 어지간히 멋있어 보입니다.

아무튼 이런 유교의 영향에 대해서 막연하게 '옛날부터 그랬으니까' 하고 생각하기에는 그 옛날이 그리 오래되지 않았다는 것이 저자의 지적입니다. 18~19세기는 되어야 우리에게 익숙한 전통적 예의범절이 사회에 수용되기 시작했다는 것이죠. 게다가 유교는 사대부들, 그러니까 일부 지배 계층의 가치관이었습니다. 어쩌다가 이 상층부의 윤리가 보통 사람들에게까지 퍼지게 된 것일까요.

저자가 주목하는 것은 '재지양반'의 존재입니다. 지방에 사는 양반을 일컫는 말이지요. 짝을 이루는 개념으로는 '재경양반', 그러니까 서울에 거주하는 양반들을 일컫는 말이 있습니다. 지배층의 지방 거주는 중국과 일본의 사례에 비추면 좀 낯선 일이었습니다. 사무라이들은 주로 도시에 거주했고 중국의 사대부들도 명·청대를 거치며 생활 터전을 도시로 옮겼다는군요.

농촌에 세력을 형성하고 살던 재지양반들은 농촌의 규율이라 할 수 있는 '향약鄕約'을 제정하는 등 지방 풍속을 단

속하는 역할을 했습니다. 중학교 혹은 고등학교 때 배웠던 '덕업상권'(덕을 쌓는 일을 서로 권장함), '과실상규'(잘못은 서로 바로잡음), '예속상교'(남과 교제할 때 예를 다함), '환난상휼'(어려운 일에 있어서는 서로 도움)이 유명한 향약으로, 김기라는 재지양반이 쓴 것이랍니다. 이런 규율들은 모두 주자학에 근본을 둔 것이었고 일반 백성들의 삶 속에 유교적 가치가 스며드는 계기를 마련했습니다.

향약을 통한 계몽 활동을 위로부터의 유교화라고 부른다면, 유교화를 향한 아래로부터의 움직임도 있었습니다. 양반 문화의 근간이 되는 유교적 생활 방식을 모방하려는 시도가 활발했던 것입니다. 조선 후기에 두드러지는 양반 지향의 시도들을 이해하려면 양반의 개념에 대해서 좀 더 알아야 합니다.

본디 양반은 "조정에서 의식이 치러질 때 참석하는 현직 관료들을 총칭"하는 말이었습니다. 문관들이 왕을 향해 동쪽에 서고(동반東班) 무관들은 서쪽에 섰는데(서반西班) 동·서반을 합쳐서 양반이라고 불렀다나요. 그러나 사회계층으로서의 양반은 좀 더 넓은 개념으로 이해해야 합니다. 여러 설이 있지만 중요한 것은 양반이 "법제적으로 확정된 것이 아니라 사회 관습을 통해 형성된 상대적이고 주관적인 계층"이라는 사실입니다.

원칙적으로는 누구나 양반이 될 수 있었습니다. '상놈'이라도 공부 열심히 해서 과거에 합격하면 출셋길이 열렸습니다. 적어도 이론상으로는 그랬습니다. 실제로는 양반은 태어나면서부터 양반이고 노비는 날 때부터 노비인 데다 죽을 때까지 그럴 확률이 훨씬 컸을 것입니다. 눈뜨자마자 농사짓고 밥벌이하느라 바빴을 텐데 언제 공부하고 언제 서울 가서 언제 급제했겠습니까. 그러나 양반 신분은 타고나는 것이 아니라는 원칙, 양반을 규정하는 엄밀하고 객관적인 기준이 부재한다는 현실, 제도적으로 신분 상승이 가능하다는 관념은 양반이 아닌 계층의 끊임없는 상승 지향을 만들어 냈습니다.

이런 경향은 군역 등의 제도 운용이 문란해져 양반이 아닌 처지로 살기가 점점 힘들어진 조선 후기에 가서 특히 심해졌습니다. 조선 초기에는 양반과 상민이 골고루 부담하던 것이 조선 중기를 지나 후기에 이르면 양반은 쏙 빠지고 양반 아닌 이들만 시달리게 됩니다. 조정의 문무 관료들을 칭하던 양반이 어느새 신분이 되고, 나아가 자기들끼리 잘 먹고 잘살겠다고 각종 제도를 만들어 기득권을 지키려는 형편이었으니 저 같아도 양반이 부러웠을 것 같습니다. 노비도 상민도 양반이 되려고 발버둥을 치는 시대가 되었고 그러다 보니 양반 문화가 일반 백성들에게도 스며들게 되었다는 이야기입니다. 백성을 근본으로 삼는 유학의 정신이 본격적으로 흔들리던 시점에 의식이니 예절이니 하는 껍데기만 계층을 넘어 널리 퍼지게 된 셈입니다.

저자가 유교 문화의 확산 이유와 관련해 마지막으로

덧붙이는 것은 이른바 '소농 계층'의 확대입니다. 가족 단위의 사람들이 대대로 작은 땅을 경작해 먹고살면서 양반이 그랬던 것처럼 '집안의 영속성'을 확보해 나갔다는 것이죠. 그런데 이 소농 계층 확대의 이유가 흥미롭습니다.

17세기 이전 조선에는 개발 열풍이 불었습니다. 황무지를 개간하고 갯벌을 간척해서 새 땅을 만드는 사업이 활발히 이루어졌죠. 양반들 재산이 마구 늘어나던 시기이기도 하고요. 이것이 18세기쯤 되면 중단됩니다. 더 이상 개발할 곳이 마땅치 않았던 것입니다. 그때부터는 같은 땅에서 얼마나 많은 곡식을 재배하는지가 중요해졌습니다.

노비들을 통한 직영지 경영으로는 기대만큼의 수확이 나오지 않았습니다. 노비들에게 제 일처럼 열심히 농사지으려는 인센티브가 있었겠습니까. 직영 대신 소작을 주면 일정량을 제한 나머지가 소작농의 몫이 되니 좀 더 높은 생산성 확보가 가능했습니다. 게다가 '삼정의 문란'이니 뭐니 하여 없는 사람들은 더 없이 살아야 하는 처지가 되었고, 그 와중에도 가진 자들, 수완 좋은 자들은 재산을 불렸습니다. 부자 양반들은 지주가 되어 경제생활에서 완전히 유리되고, 돈 없는 하층 양반과 상민, 노비가 신분을 막론하고 모두 소작농이 된 배경입니다. 그러니까, 양극화가 심해지고 '진짜 양반들'이 점점 넘볼 수 없는 존재가 되어가던 시점에, 가진 것 없는 이들의 양반 따라 하기가 극에 달했다는 것입니다.

이런 이야기를 읽다 보면 오늘날 우리가 유교 문화의 자장 속에 살아가는 것이 필연은 아니었구나 싶습니다. 조선은 유학의 정신 위에 세워진 나라였지만, 그것이 곧 유교 문화의 사회적 확산으로 이어지지는 않았습니다. 재지양반의 영향력이 확대되고 조선이 뼛속까지 유교의 나라가 된 것은 양반 계층의 변화, 사회제도의 발전과 맞물린 계층 간 이동의 열망 같은 것들이 뒤엉키면서 만들어진 점진적인 과정이었습니다. 특정한 기획이나 사건으로는 설명하기 어려운 현상이었다는 것이죠.

다른 한편으로는 과거와 오늘날 사회의 모습이 묘하게 연결되어 있다는 생각도 듭니다. 이 연결고리에 대해서 저자는 제사나 인간관계, 생활 관습에 남아 있는 유교의 영향을 언급하지만, 저는 조선 시대 후기 유교가 사회 아랫단까지 확산되는 데 일익을 담당했다고 하는 '상승 지향'에 눈이 가더군요. 정교한 비교가 아닐지도 모르지만 '나도 양반이 되어야겠다'는, 혹은 '나도 양반처럼 살아야겠다'는 피지배 계층의 의지를 설명하는 대목에서 지금 한국 사회의 현실이 겹쳐 보였습니다. 많은 이들이 더 좋은 학벌, 직장, 주거지를 위해 애를 쓰고, 그 과정에서 상류층의 어떤 '정신', '문화'를 내면화한다는 관념은, 신분제가 존재하지 않는 오늘날에는 어울리지 않는 것처럼 들립니다. 그러나 과연 그럴까요? 유교는 조선의 신분제를 떠받치던 철학이었지만, 사람들은 신분의 사다리를 타고 올라 양반이 되기를 꿈꿨습니다. 지금 우리는 모두가 평등하다는 사상 위에 살고 있지만, 돈이나 명예, 지위로 기어이 계급을 가르고 스스로 만든 계단을 오르려고 애를 씁니다. 조선 시대에는 유교의 가르침에 거슬러 행동한 결과 유교가 사회 전 계층에 깊숙이 스며드는 계기가 마련되었는데, 오늘날의 '상승 지향'은 어떤 결과를 가져오게 될까요?

독서 안내

『중종의 시대』(계승범 지음, 역사비평사, 2014)
    이 책의 표지에는 이렇게 쓰여 있습니다. "조선은 어떻게 유교국가가 되었는가." 미야지마 히로시가 던진 질문과 비슷하죠? 계승범은 이 문제에 어떻게 접근했는지, 중종은 또 왜 나오는지, 궁금증을 하나씩 풀어 가며 읽는 재미가 쏠쏠합니다.

『조선의 가족, 천 개의 표정』(이순구 지음, 너머북스, 2011)
    조선 시대의 가족생활에 관한 '역사 에세이'입니다. 조선 시대 여성사를 전공한 저자가 한반도를 종횡무진 누비면서 이야기보따리를 풀어냅니다.

3

도무지 이해할 수 없는
저 나라는 대체 어디서 온 걸까

『북조선』

'북한에 가 보고 싶다.' 이런 말을 하면 뭐 잘못 먹었느냐는 반응부터 '종북'이냐는 추궁, '아들아, 나는 너를 그렇게 키우지 않았다' 하는 어머니의 절규 등등이 따라올 것 같습니다. 어느 하나 좋은 소리는 없지 않을까 싶고요. 그래도 한 번쯤 가 보고 싶은 마음은 여전합니다. 나와 같은 말을 쓰고 같은 역사를 가진 데다가 고작 몇 시간 차를 타고 달리면 도착할 수 있는 곳이 북한이니까요. 요금소 지나듯 여권 보여 주고 도장 쾅 찍고 우리말로 '감사합니다' 하고 인사한 뒤 '남의 나라'로 넘어가 보는 것, 괜찮지 않나요.

    북한이 흥미를 끄는 것은 이 나라의 진짜 모습을 아는 사람이 드물기 때문이 아닐까 싶습니다. 가 본 사람도 별로 없고요. 가 보고 싶다는 것도 생각뿐이지, 특별한 일이 있지 않고서야 북한 땅을 밟아 볼 수 있을까요(별다른 일도 없이 갔다 오면 체포됩니다). 회사 선배 한 분은 전 직장에서 업무차 평양에 한 번 다녀왔다는데, 일단 술자리에서 '내가 북한에 갔을 때 말이야'로 이야기를 시작하면 동석한 이들은 모두 입을 다물게 됩니다. 뭘 알아야 끼어들 것 아니겠습니까.

직접 가 볼 수 없고, 볼만한 영상도 많지 않으니 북한은 대체 어떻게 안 망하고 유지되는 걸까 하는 무식한 질문에서부터 공산당 내의 계파를 분석하는 어려운 내용에 이르기까지 글을 통해 공부할 수밖에 없습니다. 『북조선』은 '책으로 북한 엿보기'의 좋은 출발점입니다. 북한 체제의 기원을 다루고 있기 때문이죠. 북한의 정치체제는 참으로 독특하다고밖에는 표현할 수 없을 텐데, 어떤 계기를 통해 지금의 상태에 이르게 되었는지 탐구한 책이라고 할 수 있겠습니다.

『북조선』의 저자인 일본의 역사학자 와다 하루키는 북한 정치체제의 뿌리를 이해하기 위해서는 북한 건국의 아버지 김일성을 비롯한 핵심 권력 집단을 들여다봐야 한다고 말합니다. 이들의 기원과 변천을 추적·규정한 뒤 그것을 북한의 정체성으로 확장하는 것, 바로 이것이 와다의 작업이라고 할 수 있습니다. 책의 상당 부분이 권력 상층부에서 벌어진 쟁투의 양상과 결과, 즉 김일성이 어떻게 북한의 일인자 자리에 오르게 되었는지, 그 자리를 유지하기 위해서 무얼 했는지 설명하는 데 할애되어 있습니다.

우리는 해방 직후 등장한 김일성이 단숨에 북한을 장악했다고 생각하는 경향이 있지만, 실제로 그렇지는 않았습니다. 저자에 따르면 우리에게 익숙한 김일성 유일 체제는 1967년이 되어서야 비로소 성립했습니다. 그 이전에는 북한 정부 수립(1948), 한국전쟁(1950~53), 박헌영 숙청(1955), 8월 종파 사건(1956), 김일성 개인숭배 시작(1967) 등 굵직굵직한 정치적 사건들이 있었고, 김일성은 이 권력 투쟁의 모든 과정에서 어지간히 애간장을 태워야 했습니다.

이중 김일성을 가장 코너로 몰아세웠던 것은 (한국전쟁을 제외하면) 아마도 1956년 8월의 종파 사건이 아니었을까 싶습니다. 전쟁이 끝나고 박헌영을 필두로 하는 남로당을 숙청한 뒤, 김일성은 경제원조를 구하기 위해 소련과 동유럽으로 떠났습니다. 그런데 이 사이에 주로 중국 공산당과 긴밀한 관계를 유지하던 '연안파'가 '소련파'와 힘을 합쳐 김일성 축출을 목적으로 음모를 꾸몄습니다. 불행인지 다행인지 이 음모가 평양에 남아 있던 김일성파 인사들에게 발각되고 말죠. 당 중앙위원회 결의를 통해 김일성을 끌어내리려고 했던 계획은 물거품이 되고, 관련자들은 중국으로 피신해야 하는 처지가 되었습니다.

여기서 끝났으면 별일 아니었을지도 모르는데, 중국과 소련이 개입하면서 일이 커집니다. 중국에선 국방부장 펑더화이가, 소련에선 부총리 미코얀이 북한에 급파됩니다. 반

김일성파가 연안계와 소련계였으니 이유는 대강 짐작이 되고요. 김일성은 부아가 치밀었겠지만 큰형과 작은형이 와서 윽박지르는데 뾰족한 수가 있을까요. 출당 조치, 당적 취소 등 반김일성파에게 내려졌던 중징계는 모두 취소되었고, 김일성의 권위는 심각하게 훼손되었습니다.

중국과 소련은 이 정도에서 만족했던 것 같습니다. 김일성을 다른 지도자로 교체하거나 하지는 않았습니다. 이게 김일성의 첫 번째 운이었고, 1957년부터 중국과 소련의 갈등이 본격화되었던 것이 두 번째 운이었습니다. 중국과 소련은 서로 치고받고 싸우느라 북한에 간섭할 여유를 잃었습니다. 외려 북한의 지지가 아쉬워졌습니다. 두 형님 나라는 북한의 내정에 간섭했던 것을 몇 번이나 사과했고, 김일성은 1957년부터 종파 사건의 장본인들을 처절하게 숙청하기 시작했답니다.

김일성이 북한을 장악하고 운영해 가는 과정을 관찰한 뒤 와다가 내린 결론은, 그러니까 북한 체제를 이해하기 위한 틀로 저자가 제시하는 것은 바로 '유격대 국가'라는 개념입니다. 유격대 국가야말로 이 책이 내걸고 있는 브랜드이고, 또 저자의 오랜 북한 연구가 맺은 중요한 열매 중 하나입니다. '유격대 국가론'은 북한 공식 문헌에 등장하는 "항일 유격대처럼" 운운하는 지침을 인용한 것이라고 합니다. 일제강점기에 김일성이 이끌었던 항일 유격대의 정당성이 북한을 떠받치고 있고, 북한 정권은 유격대의 생존 방식으로 국가를 운영하고자 한다는 뜻이죠.

유격대 국가론의 가장 흥미로운 점은 북한 정치체제의 기원을 20세기 전반부의 만주라는 시공간에서 찾는다는 것입니다. 우리가 익히 알고 있듯이 이 시기의 만주는 독립운동의 공간이었습니다. 김일성은 만주에서 항일 무장 조직을 이끌던 젊은 리더였고요. 만주에서 나고 자라 만주에서 정치적 활동을 시작한 것이죠.

이 시기 김일성의 경험은 20세기 후반 한반도 북녘의 사람들에게 지대한 영향을 끼치게 됩니다. 북한을 '유격대 국가화'함으로써 김일성은 정권 유지의 근간을 마련했습니다. '독립운동의 영웅' 김일성에게 이것만큼 중요한 정당성은 없었으니까요. 게다가 만주에서 동고동락했던 만주계가 권력투쟁 때 든든한 지원 세력이 되어 주기도 했습니다. 이 '만주의 기억'은 북한 정권 유지를 위해 끊임없이 재생산되고 변주됩니다. 김정일에게 권력이 이양되었을 때도 그랬을 테고 김정은이 집권하는 지금도 마찬가지 아닐까요.

『기시 노부스케와 박정희』라는 책이 있습니다. 이 책의 저자 강상중과 현무암은 '만주'가 해방 이후의 한국과 전후의 일본에 남긴 유산을 살핍니다. 그런데 『북조선』을 읽고 나면 한국과 일본뿐 아니라 북한도 만주의 자식이라는 생각이 듭니다. 또 다른 책 『남과 북을 만든 라이벌』의 저자 박명림은 만주를 두고 "남과 북 공동의 자양"이라는 별칭을 붙였는데, 그 말마따나 1930년대의 만주가 없었다면 우리가 알고 있는 두 한국의 역사는 완전히 달랐을지도 모르겠습니다.

와다 하루키의 『북조선』은 '유격대 국가'라는 개념을 내세워 우리를 북한의 체제와 사회에 대한 좀 더 나은 이해의 길로 안내합니다. 출간된 지가 좀 되다 보니 김정은 시대까지 아우르지는 못하고 지나간 김정일 시대마저 마지막에 가서 살짝 건드리는 정도지만, 앞에서 말한 대로 이 책이 북한을 이해하는 좋은 출발점이 될 수 있다는 것은 분명해 보입니다.

독서 안내

『와다 하루끼의 북한 현대사』(와다 하루끼 지음, 남기정 옮김, 창비, 2014)
　『북조선』이 북한의 기원에 초점을 맞춰 돋보기를 들이댄 책이라면, 『와다 하루끼의 북한 현대사』는 한 발짝 뒤로 물러서서 김일성부터 김정은 시대까지를 폭넓게 다루고 있습니다.

『조선인민군』(김선호 지음, 한양대학교출판부, 2020)
　북한군의 형성 과정을 연구한 책입니다. 이 주제로 나온 첫 연구서라고 하는군요. 인민군은 그저 소련군을 모방하여 만들어진 것이 아니며, 일제강점기부터 오랜 기간 다양한 외부 영향을 받아 구축되었다는 사실을 차근차근 논증합니다.

4

북한이 여태껏 망하지 않은 이유는 무엇일까

『극장국가 북한』

와다 하루키의 『북조선』을 읽었다면 『극장국가 북한』도 읽는 것이 좋겠습니다. 〈반지의 제왕: 반지 원정대〉와 〈반지의 제왕: 두 개의 탑〉을 봤다면 〈반지의 제왕: 왕의 귀환〉의 개봉 소식에 나도 몰래 극장으로 발걸음이 향하는 것과 같은 이치입니다. 반대로 『극장국가 북한』을 읽었다면 『북조선』을 함께 읽어야 한다고 말할 수도 있습니다. 〈배트맨〉 시리즈를 모두 섭렵해 놓고 크리스토퍼 놀런 감독의 〈배트맨 비긴즈〉를 보지 않는 격이니까요.

    10년의 터울을 두고 출간된 두 책의 관계는 묘하게 흥미롭습니다. 문제의식부터가 그렇습니다. 『북조선』의 질문이 북한 체제의 기원을 찾는 것이었다면, 『극장국가 북한』

은 그렇게 시작된 북한이 처참한 국가 운영 실적에도 불구하고 어떻게 반세기가 넘도록 유지되고 있는지를 묻습니다.

두 책이 서로를 보완하고 있기도 합니다.『극장국가 북한』은『북조선』의 유격대 국가론을 비중 있게 다루면서 그것이 등장한 맥락과 의미를 친절하게 짚어 냅니다. 또 북한 정치의 정당성이 김일성의 만주 시절에 근거한다는『북조선』의 주장이『극장국가 북한』의 논지 전개에서 중요한 역할을 하고 있기도 하죠.

이 책은 북한 체제 유지의 비밀을 탐구합니다. 권헌익, 정병호 두 저자는 우리가 쉽게 떠올릴 만한 몇 가지 답을 골라 놓고 하나씩 반박하는 방식으로 관심을 끕니다. 쉽게 떠올릴 만한 답이라는 것은 예를 들면 이런 겁니다. '북한에서 3대 세습이 가능했던 이유는 북한이 전통적인 왕조 국가에 가깝기 때문이다.' '북한이 저렇게 버틸 수 있는 것은 국가의 폭력과 감시가 일상화되어 있기 때문이다.' 또는 이런 것도 있겠네요. '비밀 탐구고 뭐고, 북한은 아무리 노력해도 이해할 수 없는 미친 나라야.'

저자들에 따르면 북한은 전통적인 왕조 국가와는 다릅니다. 폭력과 감시를 통해 인민을 억압하기만 하지도 않습니다. 이해할 수 없는 나라는 더더구나 아닙니다. 북한은 정권의 정당성을 유지하기 위해 (폭력뿐 아니라) 상징과 의례, 문화 예술을 활용한 고도의 현대적 통치행위를 수행하는 나라입니다. 이런 활동은 정도의 차이만 있을 뿐, 근대국가라면 어디에서나 관찰되는 것이죠. 저자들은 겉으로 보이는 모든 모순점에도 불구하고 북한 체제가 유지되는 현상을 통상적인 서구의 정치 이론으로 충분히 설명할 수 있다고 주장합니다. 북한 역시 또 다른 하나의 나라일 뿐, 이해 못할 특수한 집단이 아니라는 것입니다.

저자들이 북한을 설명하기 위해 적극적으로 활용하는 개념이 '극장국가'입니다. 이 개념의 저작권은 클리퍼드 기어츠라는 인류학자에게 있습니다. 그리고 기어츠가 이 개념을 고안하고 주창한 배경에는 막스 베버의 국가관에 대한 기어츠의 의심이 자리 잡고 있습니다.

베버는 국가를 폭력을 정당하게 독점하는 유일한 정치체제로 정의했습니다. 관료, 군대, 경찰을 동원한 강제력이야말로 국가 권력의 본질이라는 것입니다. 기어츠의 생각은 달랐습니다. 정치권력의 구성 요소를 다원화했다고 할 수 있겠는데, 통치의 권위와 정당성을 만들고 유지하는 데는 강압과 폭력 못지않게 상징과 의례도 중요하다는 것이 요지입니다. 그리고 문화적 의례를 활용해서 국가를 운영하는 경향이 극단적으로 나타난 경우가 바로 '극장국가'가 되겠습니다.

『북조선』에서 와다 하루키는 북한 정권의 정당성이 1930년대 만주에서 비롯된다고 이야기했습니다. 그런데 김정일은 만주니 독립운동이니 하는 것과 별로 관계가 없습니다. 김일성이 죽고 없어진 마당에 어떻게 통치의 정당성을 인민에게 설명하고 설득할 수 있었을까요? 바꾸어 말해, 김일성 없는 북한이 어떻게 권력 세습을 해 수십 년간 유지될 수 있었던 걸까요?

이 질문에 대한 『극장국가 북한』의 대답은, 북한 정부가 문화적 의례와 상징을 활용한 '극장국가'의 기술을 잘 발휘했기 때문이라는 것입니다. 북한은 김일성의 유산을 김정일에게 이양하기 위해서 공연과 영화, 다양한 상징물을 만들었습니다. 그리고 이를 인민들에게 반복적으로 주입하는 과정에서 김일성 개인에게 귀속되어 있던 국가권력의 정당성이 김정일에게로, 군부로, 북한 정권으로 확장되어 스며들었습니다.

북한은 잘 연출된 의례나 대규모 행사를 통해 정권의 정당성과 권력을 과시하고, '국가'를 보고 듣고 느낄 수 있는 존재로 만든 셈입니다. 인민은 이러한 의례와 행사에 직접 참여함으로써 감정의 고양을 느끼고, 궁극적으로는 국가권력이 작동하는 원리의 일부가 됩니다. 과거 한국의 '국기에 대한 경례'를 생각해 보면 이해가 쉬울지 모르겠습니다. 반복하다 보면 습관이 되고 습관이 굳어지면 어느 시점부터는 형식이 곧 내용이 되지 않던가요.

〈아리랑〉, 〈꽃파는 처녀〉, 〈피바다〉 같은 북한의 대표적인 공연과 영화는 유격대 국가의 서사를 그대로 재현하고 있습니다. 배경은 일제강점기 만주. 일제의 폭압에 한 가정이 스러집니다. 아이들은 고아가 되고요. 추위와 굶주림에 지칠 즈음 (김일성이 그 선두에 있을) 항일 유격대가 등장해 아이들을 거둡니다. 항일 유격대는 밖으로는 거칠게 투쟁하지만 안으로는 한없이 따뜻합니다. 하나의 가족입니다. 아이들은 그 안에서 부모도 찾고 나라도 찾고 꿈도 찾습니다. 북한은 '전설로 각색된 역사'를 끊임없이 재생산하고, 현재를 살아가는 북한 인민을 그 극의 일부로 초대 또는 동원함으로써 한반도 북녘에 거대한 극장국가를 세우는 데 성공했습니다. 이것이야말로 북한이 수십 년간 유격대 국가로 유지되어 온 비결이자 권력을 세습할 수 있었던 원동력이었습니다.

『극장국가 북한』은 북한이 고도화된 정치적 기술을 활용하여 카리스마 권력을 관례화하는 데 성공했다고 봅니다. 저자들은 280페이지에 걸친 북한 체제에 대한 이론적·학문적 분석을 통해 이를 논증하고 있습니다. 그러나 이 책은 거기서 그치지 않습니다. 그 '성공'을 위해 북한이 치러야 했던 대가도 놓치지 않습니다. 저자들은 이렇게 말합니다.

> 자랑스러운 성취는 그러나 동시에 비극적 실패이기도 했다. 북한은 카리스마의 자연적 수명에 저항하여 영원한 권위를 성취하겠다는 각오로, 인위적이고 과장된 대중동원의 예술정치로 무장한 극장국가로 변모해가기 위해 스스로를 몰아쳐갔다. 이러면서, 정치적으로

독립적이며 사회적으로 민주적이며 경제적으로도 풍요로운 공동체를 건설한다는, 20세기 혁명국가로서의 근본 목적으로부터 점점 더 멀어져갔다. 카리스마 권력에 대한 숭배는 정치와 행정 권력의 극심한 중앙집중을 가져왔고, 이는 사회주의혁명의 민주적 원리를 파괴했다. (275쪽)

어떻게 보면 이것이 북한에 관한 저자들의 거의 유일한 '평가'라고 해도 좋을 듯합니다. 기어츠가 극장국가의 한계를 분명히 했다는 평을 덧붙이면서, 극장국가로 정권을 유지하는 일은 이제 그만 끝내야 한다고 북한에 촉구합니다.

한동안 북한을 향한 관심이 (긍정적 방향으로든 그렇지 않은 방향으로든 간에) 상당했는데, 요새는 좀 시들해 보입니다. 북한에 대한 우리의 태도가 '적대'에서 '혐오'로 바뀌는 듯한 느낌을 받던 것도 벌써 몇 년 전 일이고, 이제는 '무관심'이 우리의 태도를 설명하는 적절한 단어가 되어 가는 것 같습니다. 어쩔 수 없이 휴전선을 맞대고 살아가야 하는 입장에서 이런 현상이 바람직한 것 같지는 않습니다. 관심이 없으면 이해하기가 어렵고, 이해하지 못하면 작은 일에도 쉽게 동요하고 두려워하게 됩니다. 그리고 두려워하면 '반지성의 덫'에 걸리기 십상입니다. 차근히 들여다보고 이해하고 대책을 마련하기보다는 맹목적인 추종 또는 극단적인 혐오에 빠지게 되고, 불안과 두려움은 더욱 커집니다. 악

순환이죠.

　연구자도 아니고 정책 수립에 참여하는 처지도 아닌 마당에 북한 정치체제에 관해 책 몇 권 읽는다고 해서 갑자기 뭐가 달라질 일은 없겠습니다. 매일 아침저녁 출근하랴 퇴근하랴 바쁜 미생의 삶을 사는 입장에서는 더욱 그렇습니다. 그러나 좀 거창하게 말해 이런 독서는 분단국가에서 태어난 한 사람의 시민으로서 스스로를 반지성의 물결에 휩쓸리지 않게 하는 계기 정도는 되지 않을까 싶습니다. 이거, 생각보다 중요한 문제일지 모릅니다. 시점이 언제가 되든, 싫든 좋든 북한의 문제는 곧 내 문제가 될 가능성이 크고, 그때가 되면 결국 여러분이나 저 같은 평범한 미생 1호, 2호들의 '태도'가 중요해질 것이기 때문입니다.

독서 안내

『김정일 코드』(브루스 커밍스 지음, 남성욱 옮김, 따뜻한손, 2005)
    제목과 표지가 다소간 극적이지만, 진지하게 쓰인 역사책입니다. 북한 현대사를 다룬 이 책의 원제는 『북한: 또 다른 나라North Korea: Another Country』인데, 북한이 이해 못 할 특별한 곳이 아니라 그저 하나의 다른 나라일 뿐이라고 강조한다는 점에서 『극장국가 북한』과 궤를 같이합니다.

『평양의 일상』(정창현 지음, 역사인, 2013)
    북한이라는 특별한(!) 이웃을 둔 우리가 늘 경계해야 할 것은 북한을 지나치게 낯선 곳으로 느끼게 되는 상황이 아닐까 싶습니다. 낯선 무언가에 익숙해지는 데 필요한 것은 접촉과 노출이겠지요. 이 책은 평양의 일상을 담은 사진집인데요, 뉴스만 보다 보면 잊기 쉬운, 북한에도 평범한 삶이 존재한다는 사실을 일깨워 줍니다.

5

그 시절, 사람들은 왜 만주국에 열광했을까

『키메라-만주국의 초상』

십여 년 전의 일입니다. 대학원생이었던 저는 중국 장춘(창춘)행 비행기를 탔습니다. 지린대학교의 한 세미나에 참석하기 위해서였습니다. 공항에 도착하니 아저씨 둘이 마중 나와 있었습니다.

아저씨들은 저를 교수님이라 부르면서 어물쩍 택시 타는 곳으로 데려갔는데, 저는 교수도 아니었지만 무엇보다 돈이 없었습니다. '택시비가 없다. 나는 교수 아니다. 마중 나온다더니 차 안 가져오셨냐. 카드는 안 받으시냐' 따위의 하소연을 해 보았으나, 그때나 지금이나 제 중국어 실력이라는 것이 식당이 어디냐고 물을 줄은 아는데, 답변이 '왕첸 쩌우往前走'('쭉 가서서')로 시작하지 않으면 전혀 알아듣지를 못하는 수준이라 그랬는지 소용이 없었습니다. 저는 버둥거리면서 대충 뒷좌석에 태워졌고, 먼저 도착해 있는 진짜 교수님에게 전화를 걸어 택시비 좀 내달라고 부탁해야만 했습니다.

공항에서 지린대학교 캠퍼스까지 가는 동안 두 아저씨는 저를 가운데 끼우고 어디 연행이라도 해 가는 품으로 절반은 영어로, 또 절반은 중국어로 끊임없이 수다를 떨었습니다. 태반을 못 알아들었고 설사 이해했더라도 그 내용을 다 잊어버리고도 남을 만큼의 시간이 지났지만, 기억에 남는 이야기가 둘 있습니다.

하나는 이 도시의 이름이 봄이 좀 길었으면 하는 만주 사람들의 바람에서 비롯되었다는 것이었습니다. 장춘長春의 봄은 짧습니다. 이 땅에서 봄은 기나긴 혹한이 지난 후 습하고 더운 바람이 불기 전에 잠시 다녀가는 손님 같은 거라고 하더군요. 제가 갔을 때는 날씨가 딱 좋았는데 두 아저씨가 번갈아 가며 저보고 이렇게 쾌적한 날씨에 오다니 정말 운이 좋다고, 러키lucky하기 짝이 없다고 하는 통에 고맙다고, 너무나 감사하다고 알 수 없는 누군가에게 수없이 인사치레 해야 했습니다.

나머지 하나는 만주국에 관한 이야기였습니다. 만주국. 익숙하신 분도 있고, 그렇지 않은 분도 있을 듯합니다. 들어 보신 분들은 '만주사변과 함께 세워진 일본의 괴뢰국' 정도로 생각하는 경우가 많지 않을까 싶고요. 제가 택시 뒷자리에 구겨져 돈도 없이 지린대학교로 내달리던 그때로부터 76년 전, 장춘의 짧은 봄이 막 시작되던 무렵에 그 땅을 수도 삼은 나라가 세워졌습니다.

청나라의 마지막 황제 푸이를 집정으로 내세운 만주국은 다섯 민족이 사이좋게 지내는 나라(오족협화五族協和), 인민들이 편안하게 살며 즐겁게 일하는 나라(안거낙업安居樂業), 왕도를 좇는 기쁨의 나라(왕도낙토王道樂土)를 세우겠다는 것을 건국이념으로 내세웠습니다. 그러나 장춘이라는 이름이 봄이 길어 붙은 것이 아니듯, 만주국에 그 이상들이 현실로 등장한 적은 없었습니다.

오늘날 많은 이들이 이 나라가 일본의 괴뢰국이었다고 봅니다. 만주국이 만주사변(1931) 직후에 탄생해 태평양 전쟁의 종결(1945)과 함께 소멸했다는 사실은 이 '독립국'이 제국 일본의 야욕이 빚어낸 창조물이었다는 것을 웅변합니다. 이 나라는 13년의 짧은 생(1932~45) 중 상당 기간을 고로쇠 물 빨아 먹히는 나무줄기 신세로 보내야 했습니다. 미국을 상대로 전쟁을 벌이던 제국 일본의 병참기지 또는 창고 노릇을 했지요.

『키메라—만주국의 초상』의 저자 야마무로 신이치는 그러나 이 단명한 국가를 바라보는 '다른' 시각을 소개하면서 책을 시작합니다. 일본의 몇몇 지식인, 정치인은 만주국을 이상 국가를 세우고자 했던 고귀한 노력의 결실로 봅니다. 만주국이 20세기 초 아시아를 뒤덮었던 서양 제국주의에 맞선 시도였다거나, 왕도낙토를 건설하기 위한 동아시아의 희망이었다거나 하는 식이죠.

만주국이 위대한 이상 국가였다는 말에 동의하기는 쉽지 않습니다. 만주국을 왕도낙토가 잠시나마 실현된 이상 국가로 보는 시각을 진지하게 탐구해 보자는 저자의 제안은 어떤 면에서 농담 같기도 합니다. 저자가 일본의 비판적 지식인이자, 만주국을 돌아보고 이를 일본의 과거에 대한 반성의 계기로 삼아야 한다고 주장하는 학자라는 점을 감안하더라도 그렇습니다. 된장인지 고추장인지 꼭 먹어 봐야 아는 것은 아니니까요.

그렇지만 이 책에 관심을 가진 사람이라면 만주국의 건국과 운영, 소멸과 관련된 뭔가 신비한 사실이 있으리라는 기대를 품고 있는 것이 사실이지 싶습니다. 만주국은 도대체 어떻게 만들어진 것일까요? 일본은 이 '독립국'을 어떻게 조종하고 운영했을까요? '만몽(만주와 몽골)에 거주하는 각 민족의 낙토'를 세우고자 했던 건국이념과, 태평양전쟁에 복무한 일본의 괴뢰국이라는 실체가 말 그대로 극단적인 차이를 보이는데, 어떻게 이런 기획과 실행이 가능했던 것일까요?

'신비한 사실에 대한 기대'는 우리가 만주국의 사례에서 국가 건설의 과정과 그 과정에서 활용된 근대국가 만들기의 여러 '기술'들을 쉽게 관찰할 수 있다는 데서 비롯됩니다. 수백, 수천 년이 걸려 구성되는 여느 나라와는 달리 만주국은 불과 수년에 걸친 논의로 뚝딱 만들어졌습니다. 이런 경우는 흔치 않습니다. 한국, 중국, 일본의 오래고도 복잡한 역사를 생각해 보십시오. 13년 만에 망한 터라 운영 기간도 짧습니다. 마치 실험실에서 나라 하나 만들었다가 뭉갠 느낌이죠.

다른 한편에서 만주국에 대한 관심을 자극하는 것은 1920~30년대의 만주가 현대 한국 정치사와 밀접하게 관련되어 있다는 사실입니다. 강상중·현무암의 『기시 노부스케와 박정희』는 한국과 일본의 사례를 통해 그 사실을 입증하고자 했죠. 와다 하루키의 『북조선』이나 권헌익·정병호의 『극장국가 북한』은 북한 정치의 무대에서 만주가 정당성의 원천 또는 주체 노선의 시원을 품은 역사적 장소로서 줄곧 소환되었음을 논증했고요.

『키메라-만주국의 초상』은 만주국에 대해 이런저런 관심을 가진 이들이 만주국 입문서로 골라 읽을 만한 책입니다. 내용이 아주 충실합니다. 만주국의 설립 배경(1장), 설립 과정(2장), 운영(3장), 몰락(4장)을 상세히 다루고 있습니다. 분량이 많고 쉽게 쓰이지도 않았기에 꿀떡 삼키기에는 버겁지만, 장별로 나눠서 읽으면 그리 어렵지 않습니다. 한 장章씩 읽고 나면 만주국의 탄생과 소멸을 대강 그려 볼 수 있게 됩니다(저자가 그린 그림을 머릿속에 넣을 수 있게 된다는 것이 더 정확한 표현이겠네요).

책 세목의 '키메라'는 그리스 신화에 나오는 괴물이라

고 합니다. 머리는 사자, 몸뚱이는 양, 꼬리는 용이라는데, 입으로는 불도 뿜는다는군요. 저자는 만주국을 관동군을 머리, 천황제 국가를 몸통, 중국 황제 또는 근대 중국을 꼬리 삼아 세워진 나라로 묘사했습니다. 관동군이 주도한 장쭤린 폭살 사건 및 만주사변으로 건국의 계기가 마련되었으니 그 머리는 관동군이 될 것이고, 만주 땅에 청의 마지막 황제를 집정으로 내세워 나라를 만들었으니 중국의 정체성이 꼬리를 차지한다고 볼 수 있겠습니다.

그리고 건국 10년 만에 나라의 존재 목적부터 운영 방식에 이르기까지 일본의 모조품 신세가 되고 말았으니 부피를 제일 많이 차지하는 몸뚱어리에 천황제 국가가 들어차는 것도 어쩌면 당연합니다. 저자는 만주국 말기에 이르면 그나마 붙어 있던 용 꼬리마저 양 몸통으로 변했다고 한탄하는데요, 중국 정부로부터 독립된 지방자치를 내세웠던 건국 당초의 일성에 비하면 초라한 결말입니다.

만주국은 당대에 많은 팬을 거느렸습니다. 식민지 조선과 대만의 많은 젊은이에게 만주는 기회의 땅, 엘도라도였습니다. 만주는 또한 "일본 경제가 처한 막다른 길을 돌파할 마지막 탈출구"이기도 했습니다. 물론 실제로 만주가 무슨 황금 밭은 아니었을 것입니다. 그러나 일제의 지배 아래에서 고통받던 민족들, 또는 경제공황의 여파에 시달리던 일본인들에게 새로운 나라의 건설은 희뿌연 희망을 주지 않았겠나 싶습니다. 식민지의 삶은 말할 것도 없고, 당시 일본에서도 돈이 없어 딸을 파는 행태가 만연해 '딸 지옥'이라는 말이 생겼을 정도라고 하니까요.

지식인들도 예외는 아니었습니다. 루쉰이 중국인보다 중국을 더 잘 안다고 칭송했던 일본의 평론가 다치바나 시라키는 분권적 자치가 실현되는 왕도 국가의 희망을 만주국에 걸었습니다. "자본주의적 모순에 깊은 회의를 품고 있던 다치바나는, 반자본가·반정당의 자세를 뚜렷이 견지하며 신국가 수립을 지향하는 관동군이야말로 자본주의가 이른 한계를 타파하고 근로자 민주주의를 가져올 추진력이라고 생각"했다는 것이지요.

장쉐량의 브레인 노릇을 했던 위청한이라는 인물은 국민당 정부에 대한 불신에서 촉발되어 관동군의 새 기획에 마음을 빼앗겼는데, 군대를 폐지하고 국방을 일본에 위임하자고 주장했습니다. 저자에 따르면 위청한의 이런 의견이야말로 관동군에게는 "생각지도 못한 반가운 제언"이었죠. 위청한은 만주사변의 주역인 관동군의 이시하라 간지와 말년까지 친밀한 관계를 유지했습니다.

한편, 청 황제 푸이에게는 관동군이 청의 찬란한 유산을 잇도록 도와줄 우군이었습니다. 푸이를 비롯한 복벽파는 만주를 중국에서 분리시켜 황조의 부활을 꿈꿨고, 그 후원 세력으로 일본을 지목했습니다. 관동군에게도 푸이는 활용 가치가 있는 자산이었습니다. 만주는 청이 후금이던 시절부터 청의 '나와바리'였고, 만주국은 일본의 괴뢰국이 아니라고 세상에 선전하기에 푸이만 한 인물이 없었으니까요. 관동군 참모들과 협상 테이블에 마주 앉은 푸이는 만주국의 황제가 되어 장차 화려하게 베이징으로 돌아갈 희망에 부풀었을지 모르겠습니다.

먹고살기 힘들어 만주로 흘러든 사람들, 자본주의의 모순을 견딜 수 없던 일본 지식인, 만주 지역의 지방자치를 간절히 바란 중국인 전략가, 황위에 오를 달콤한 꿈을 꾼 전직 황제의 바람은, 우리가 잘 알고 있는 대로 모두 배반당했습니다. 만주국은 본국의 경제 위기를 타개할 긍정적 계기를 제공하지 못했고, 외려 불황에서 피어난 전쟁의 싹을 키우는 거름이 되고 말았습니다. 지방자치니, '안거낙업'의 이상이니, 자본주의의 극복이니 하는 것도 관동군, 본국에서 파견된 관료 집단, 남만주철도주식회사와 같은 특수회사 경영인의 삼각 체제에 갇혀 없던 일이 되었고요.

1920~30년대에 몰아닥친 만주국을 향한 이 착각의 쓰나미 속을 헤매다가 문득 우리는 얼마나 다른가 생각해보게 됩니다. 잘 알지도 못하는 대상에 대한, 또는 잘 안다고 착각하는 대상에 대한 맹목적인 신뢰로부터 우리는 얼마나 자유로운가요.

팍팍한 현실의 대안은 처음 만나는 인상 좋은 누군가로부터, 또는 바다 건너 존재하는 어떤 이상 국가로부터 값없이 주어지는 게 아니겠지요. 그럼에도 불구하고 많은 사람이 갑자기 등장한 어떤 인물을 지도자로 뽑고 나면 삶이 대단히 나아질 거라고 믿습니다. 미국이 구세주이자 선한 친구이자 영원한 우방이라고 믿어 의심치 않는 사람들이 있는가 하면, 중국이야말로 제국과 혁명의 역사를 동시에 가진 위대한 나라이자 자본주의 체제의 대안을 갖고 있는 희망의 공간이라고 말하는 사람들도 있죠. 유럽 대륙 어딘가에 모두 함께 잘 살 수 있는 이상적인 제도가 갖춰져 있다고 소리 높여 외치는 이들도 심심찮게 보이고, 다음 시대를 이해하기 위해서는 제국의 역사를 가진 러시아와 터키의 행보에 주목해야 한다는 주장도 들립니다.

어떻게 '잘 알지도 못하는' 만주국에 기대를 걸 수가 있었을까, 한심해하다가도 뜨끔한 기분이 드는 것이 저만은 아닐 듯합니다. 야마무로 신이치는 "만주국의 초상을 본다는 것은 바로 일본 국가의 상을 (…) 보는 것"이라고 했는데, 그것이 꼭 일본에만 해당하는 이야기는 아닐지도 모르겠습니다.

만주국은 장춘의 봄처럼 짧게 왔다 갔습니다. 이 도시의 이름을 '긴 봄'으로 지은 사람들이 여러 달의 포근한 봄이 올 것이라 결코 기대하지 않았듯, '왕도낙토'를 세우겠다는 만주국의 건국이념은 애당초 무망한 것이었는지도 모릅니다. 저자의 지적대로 "관동군의 무력에 의해 만들어진 국가가 패권이 아니라 왕도를 건국이념으로 삼은 것은 대단한 아이러니"였습니다.

『키메라―만주국의 초상』의 특징은 만주국의 탄생에

서 소멸에 이르는 과정, 만주국의 건국이념이 불과 13년 만에 바스러지는 전경을 시종일관 담담하게 묘사하고 있다는 것입니다. 독자 입장에서는 좀 재미가 없을 수도 있습니다. 신비감을 강조하지 않으니 저 베일 너머에 뭔가 있지 않을까 하는 기대도 충족시켜 주지 않습니다. 그러나 이 책을 통해 만주국의 기름기 빠진 밑그림을 그려 낼 수는 있을 듯싶습니다. 기시 노부스케, 시이나 에쓰사부로, 박정희, 김일성, 백선엽, 이범석, 장준하, 김해연(김연수의 소설 『밤은 노래한다』의 주인공)이 젊은 시절을 보낸 땅, 그곳에 세워져 불과 13년간 존재했지만, 그보다 훨씬 오래 동아시아 현대 정치사에 그림자를 드리운 만주국에 관심을 가진 이들에게 일독을 권합니다.

독서 안내

『만주 모던』(한석정 지음, 문학과지성사, 2016)

    이 책의 부제이기도 한 "60년대 한국 개발 체제의 기원"을 1930~40년대 만주에서 찾고 있는 책입니다. 『키메라―만주국의 초상』이 만주국 자체를 다루었다면, 이 책은 만주국과 한국의 관계에 천착했다고 해야겠네요. 도발적인 주장을 던지고 그것을 논증해 가는 흥미로운 책입니다.

『기시 노부스케와 박정희』(강상중·현무암 지음, 이목 옮김, 책과함께, 2012)

    책 표지에 쓰여 있는 부제는 이렇습니다. "다카키 마사오, 박정희에게 만주국은 무엇이었는가." 박근혜가 대선에 도전하던 해에 출간되어 여러 논란을 일으킨 책이죠. 정치적 논쟁을 떠나 고민해 볼 만한 주제를 다루고 있습니다. 우리의 산업화는 정말 만주국에 빚지고 있는 걸까요?

6

그 조선인들은 왜 일본 제국을 위해 목숨을 바쳤을까

『나는 조선인 가미카제다』

역사에 별달리 관심이 없다 해도 가미카제神風를 모르는 사람은 별로 없을 겁니다. 워낙에 선정적이고 자극적인 소재이기도 해서 영화나 다큐멘터리 등을 통해 우리에게 꽤 친숙하지요. 폭탄을 잔뜩 실은 비행기로 적군 전함에 뛰어드는 자살 폭탄 공격이라니, 21세기가 되고도 사반세기가 지난 지금 시점에서 보면 좀체 이해하기 어려운 일입니다. 그래서일까요, 영화나 방송에서 가미카제를 다룰 때는 대체로 전쟁 말기의 광기와 관련지어 그것이 얼마나 이해할 수 없는 일인지 이야기하는 경우가 대부분입니다.

그럼에도 절대로 부정할 수 없는 것은 '그것이 실제로 일어났다'는 사실입니다. 불과 80여 년 전의 일이니 대단히 오래된 일도 아닙니다. 식민지 경험이 트라우마로 남은 한국인 입장에서 보면 제국주의 일본을 좋게 보기는 어렵겠지만, 사실 당시의 일본은 분명 세계적인 선진국이었습니다. 메이지유신 이후 서구의 계몽주의적·인본주의적 철학 전통을 흡수하는 데에 거리낌이 없었고 20세기 초에는 '다이쇼 데모크라시'라고 하는 민주주의적 흐름도 있었습니다. 그런데 그런 나라에서 가미카제가 정규군의 정식 전술로 채택되었다니, 좀처럼 이해하기 어렵습니다. 제 목숨 버려 가며 적군의 함선에 자살 공격을 감행한 그 많은 파일럿들은 대체 어떤 마음이었을까요.

놀라움은 그들 중 식민지 조선 출신의 가미카제도 있었다는 사실에서 정점을 찍습니다. 백번 양보해서, 일본인 가미카제라면 어찌어찌 이해해 볼 법도 하지만, 수십 년째 식민지의 백성으로 살고 있던 조선인이 가미카제로 나섰다니요, 우리는 이 일을 대체 어떻게 이해해야 할까요.

끝끝내 얻지 못한 해답

『나는 조선인 가미카제다』는 조선인으로서 (지원했든 동원되었든) 가미카제가 되었던 이들의 마음을 들여다보기 위한 시도입니다. 이 책의 저자는 1부에서 소개한 『26일 동안의 광복』을 쓴 길윤형입니다. 앞에서도 잠깐 소개했지만, 한국 근현대사와 한일 관계사에 잔뼈가 굵은 언론인으로, 『안창남, 서른 해의 불꽃 같은 삶』 같은 저서는 역사학 연구자가 쓴 게 아닌가 싶을 만큼 충실해 이름만으로도 신뢰가 가는 저자입니다.

저자는 우선 조선인 가미카제의 실체부터 확인하고자 조선총독부의 기관지 『매일신보』를, 전쟁이 한창이던 1943년 것에서 전쟁이 끝난 1945년 것까지 일일이 뒤져 미담과 함께 소개된 조선인 가미카제 19명을 확인합니다. 이 가운데 일본 이름만 확인되는 7명을 제외한 나머지는 조선 이름까지 알아내죠.

저자에 따르면 가미카제가 되는 경로는 크게 세 가지였습니다. 먼저 소년비행병(소비)이 있습니다. 1925년 육군 내에 독립된 항공 병과가 생긴 후 파일럿 수요가 늘어나자 1933년 15~17세의 소년을 선발해 파일럿으로 육성하는 제도로 신설된 것이 '소비'입니다. 그리고 민간 파일럿 양성을 목적으로 설치되었지만 점차 군인까지 양성하게 확대된 육군특별조종견습사관(특조)과, 전쟁이 한창이던 1943년 파일럿 부족 해소를 위해 만들어진 대학·전문학교 출신자 대상의 속성 양성 프로그램 항공기승무원양성소(항양)도 있었죠. 조선인 특공대원은 (최정근 같은 예외를 제외하면) 대개 소비나 항양 출신이었다고 합니다.

이런 식으로 저자는 가미카제의 제도적 뿌리를 더듬고 대원 개개인의 행적도 상당 부분 복원하면서 조선인 가미카제의 역사적 실체에 한층 가까이 다가가는 데 성공합니다. 하지만 가미카제의 마음에 가닿는 것은 근본적으로 한계가 있을 수밖에 없습니다. '성공적'인 가미카제였다면 살아 있을 리 없으니, 죽은 사람 마음을 어찌 헤아릴까요. 그래서 저자는 우회로를 택합니다. 당시 신문에 소개된 '미담'의 행간을 읽어 보려고도 하고, 남아 있는 유족과 주변인의 증언을 들어 보기도 합니다.

그러나 이런 노력에도 불구하고 안타깝게도 조선인 가미카제의 마음을 이해하는 것은 끝끝내 미완의 과제로 남습니다. 육군사관학교 출신으로 조선인 가미카제가 되었던 최정근은 평소 천황을 위해 죽을 수는 없다는 말을 자주 했다고 합니다. 그랬던 그가 결국 조선인 가미카제가 되어 전장에서 산화했습니다. 천황을 위해 죽을 수 없다던 최정근과 가미카제로 전사한 최정근은 본디 한 사람이지만, 그 간극은 도무지 좁혀지지 않습니다.

어느 정도 짐작이 가능한 경우도 있기는 합니다. 특조 출신으로 가미카제가 된 김상필 역시 그의 속을 확인하기는 어렵지만, 특조가 무척 경쟁률이 높았다는 사실을 생각하면 분명히 자발적인 측면도 있었을 것이라 추측할 수 있습니다. 또한 같은 특조 출신의 송효경이 차별을 극복하기 위해 특조에 지원했다고 말한 것을 보면, 그 역시 특조가 됨으로써 조선인에 대한 뿌리 깊은 차별을 극복하려 한 것일지도 모릅니다. 가미카제의 자살 공격은 당시의 총독부에게는 영웅적인 희생정신으로 홍보되었을지도 모르지만, 적어도 조선인 가미카제의 마음은 그렇게 간단하지는 않았던 것입니다.

《매일신보》 지면 속에 등장하는 조선인 특공대원들은 일본 천황을 위해 그리고 '영미귀축'을 무찌르기 위해 유구한 대의에 순하는 존재들로 그려져 있다. 그들은 눈앞에 임박한 죽음을 두려워하지 않고, 유구한 대의에 한 치의 망설임 없이 살기로 한 황군의 전사들이었다. 이에 견줘 유족들의 증언 속 대원들은 그저 비행기를 좋아하던 10대 소년이자 일본의 지긋한 차별에 괴로워하던 20대 엘리트들이었다. 그들은 가족에게 상냥하고 인자한 모범생이었으며, 죽음을 향해 나가기 앞서 "동생들은 절대 군대에 보내지 말라"고 신신당부하는 여린 성품의 소유자들이기도 했다. 조선인 특공대원들의 실제 모습은 어땠을까. 진실은 아마도 두 극단의 중간 어디쯤에 있을 것이다. (25쪽)

그럼에도 확실한 것

모르지요, 그들은 정말로 제국 일본의 군국주의 이데올로기에 깊이 동감했을 수도 있습니다. 가미카제가 되어 조선인에 대한 차별을 극복해 보이고 싶었던 것일지도 모릅니다. 이 책은 여러 추측만 남길 뿐 속 시원한 답을 내놓지는 못합니다.

사실 이 책의 시도는 애당초 성공할 수 없는 것이었는

지도 모릅니다. 사람 마음을 들여다본다는 것이 얼마나 어려운 일입니까. 나와 가장 가까운 연인이나 가족의 마음도 알기 어려운데, 하물며 80년 전 사람의 속은 더하겠죠. 역사책을 좋아하는 독자라면 비슷한 시도를 담은 다른 역사책들도 비슷한 결말을 맞았다는 것을 기억할 겁니다. 최영우·최양현의 『1923년생 조선인 최영우』나 박광홍의 『너희는 죽으면 야스쿠니에 간다』 역시 전쟁 당사자의 마음을 들여다보려는 시도였지만, 독자에게 남은 것은 마침표보다는 물음표에 가깝습니다.

하지만 이 책이 물음표만 남발하고 끝나는 것은 아닙니다. 적어도 이 책은 후반부에서만큼은 상당히 단호하고 명료한 메시지를 던집니다. 일본군에서 훈련받은 파일럿들이 초기 한국 공군의 주역으로 활약했다는 사실을 비중 있게 설명하죠. 이런 설명은 꽤 의미심장하게 느껴집니다. 가미카제를 정식 전술로 채택했던, 사람의 목숨마저 소모성 전쟁 물자로 생각할 만큼 인명 경시 풍조가 만연했던 일본군의 문화가 한국군으로 이어졌다는 말이니까요. 아니나 다를까, 1949년 5월 공산군의 토치카에 자폭 공격을 감행했다는 '육탄 10용사' 신화는 가미카제를 쏙 빼닮았습니다. 어디 육탄 10용사만 그렇겠습니까. 국가의 부름 앞에 초개와 같이 목숨을 버리는 것을 칭송하고 신화화하는 일은 우리 사회에서 그다지 낯설지 않습니다.

물론 누군가의 희생정신은 존중하고 기려야 마땅합니

다. 당장 지금 제가 누리는 많은 것들이 누군가의 희생 덕분에 존재한다는 걸 모르지 않습니다. 하지만 그 희생을 당연한 일인 것처럼, 누구나 본받아야 할 숭고한 행위인 것처럼 국가와 사회가 나서서 장려한다면, 가미카제를 칭송하던 제국 일본의 광기 어린 사회 분위기와 과연 얼마나 다른지 되묻지 않을 수 없습니다. 매체에서는 흔히 가미카제를 이해할 수 없다는 듯이 말하지만, 가미카제와 지금의 우리는 대체 얼마나 멀리 떨어져 있을까요. 가미카제는 그저 80년 전 제국 일본의 역사일 뿐, 우리와는 완전히 무관한 것일까요.

독서 안내

『너희는 죽으면 야스쿠니에 간다』(박광홍 지음, 오월의봄, 2022)
우리는 흔히 가미카제가 일본 군국주의의 광기를 보여 주는 것이라고 쉽게 생각하고 넘어가지만, 중요한 것은 그런 비상식적인 일이 실제로 일어났다는 사실입니다. 동아시아에서 성공적으로 '근대화'를 달성했다고 하는 일본 사회가 속절없이 그런 광기에 휩쓸려 들어갔다는 것은, 달리 말하면 세상의 그 어떤 사회도 그런 광기로부터 완전히 자유롭지 않다는 뜻입니다. 그런 광기의 재발을 막기 위해서라도 그 이유를 꼭 알아야 합니다. 일본인 퇴역 군인을 인터뷰한 이 책은 『나는 조선인 가미카제다』와 나란히 두고 읽기에 아주 적절합니다.

『안창남, 서른 해의 불꽃 같은 삶』(길윤형 지음, 서해문집, 2019)
『나는 조선인 가미카제다』의 저자 길윤형의 책입니다. 1922년 하늘을 날았던 최초의 조선인 비행사 안창남에 관한 이야기를 담았습니다. '역사책 쓰는 기자' 길윤형은 무거운 주제를 능수능란하게 다룹니다. 너무 가볍지도, 어렵지도 않게 독자들을 역사적·정치적 문제의식 속으로 안내합니다. 그의 장점이 십분 발휘된 대표적인 책입니다.

5부

베스트셀러 삐딱하게 읽어 보기

역사책 코너에도 이름만 들으면 알 만한 책들이 꽤 있습니다. 몇천 권 팔기가 쉽지 않다고 하고, 2쇄 찍기가 올림픽에서 금메달 따는 것보다 어렵다는 출판 시장이지만, 몇몇 책은 언론의 주목과 대중의 사랑을 받으면서 오랜 시간 수십만 권, 수백만 권씩 팔립니다. 이런 베스트셀러들, 형편이 닿는 대로 많이 읽어 보시기를 권합니다. 다 그렇다고 할 수는 없겠지만, 널리 읽히는 책은 대체로 잘 읽히고 재미있는 편입니다. 책의 주장이 몹시 매력적이거나, 간명한 논리로 세상을 보는 색다른 관점을 제시하거나, 이야기를 풀어내는 솜씨가 기가 막혀서 페이지가 쉴 새 없이 넘어가는 등의 장점이 분명히 존재합니다.

베스트셀러라면 우선 한번 들여다보기를 권하는 또 다른 이유가 있으니, 바로 독서 후 자신이 읽은 책에 관해 이야기할 수 있는 기회가 비교적 많다는 것입니다. 책 읽기는 가족, 친구, 동료, 선후배와 독후감을 나눌 때 비로소 완성되는 것 같습니다. 대단한 토론이나 비평회가 아니어도 괜찮습니다. '재미있었어?'로 시작되는 가벼운 대화 몇 마디가 독서의 경험을 훨씬 풍부하게 합니다. '다른 사람은 어떻게 읽었을까?' 하는 궁금증이야말로 마지막 페이지를 넘기면서 누구나 한 번쯤 하는 생각이 아닐까요(웹툰이나 언론 기사를 읽고 나서 댓글 확인하는 거, 저뿐인가요?).

영화나 드라마 이야기하듯이 책 이야기를 나누는 게 어색할 수는 있겠지만, 독후감을 나누는 행위가 꼭 대화의 형태를 띨 필요는 없습니다. 다른 이의 독후감을 읽을 수도 있고, 내가 읽은 책을 다룬 유튜브 콘텐츠를 볼 수도 있겠습니다. 아쉽게도 책에 관해 이야기할 기회, 다른 사람의 독후감을 접할 기회가 많지는 않습니다. 아무래도 '모두가 아는 책'이 그리 많지 않기 때문이겠죠. 베스트셀러라면 좀 다릅니다. 언론, 소셜미디어, 유튜브에서 관련 내용들을 쉽게 찾을 수 있으니까요. 많이 팔린 책을 읽는 즐거움, 분명히 있습니다.

5부에서는 베스트셀러를 다룹니다. 여기서 소개하는 네 권의 책 중 적어도 한두 권은 읽어 본 분들이 많지 않을까 싶은데요, '독서의 완성'을 위해서, 널리 읽힌 책에 대한 감상을 여러분과 나누고 싶었습니다. 본격적으로 책 소개를 시작하기 전에 한 가지 말씀드려야 할 것은, 저희가 이 책들을 다소간 삐딱하게 읽었다는 점입니다. 거창하게 말하자면 '비판적 독서'를 한번 해 봤습니다. 베스트셀러를 읽을 때는 다들 어느 정도 기대를 하기 마련입니다. 앞에서 말씀드린 것처럼 많이 팔린 데는 이유가 있을 테니까요. 그런 마음으로 페이지를 넘기다 보면, 그래, 이래서 사람들이 좋아하는구나 싶은 부분도 있지만, 반대로 이건 아닌 것 같은데, 여긴 좀 이상한데, 싶은 내용도 있습니다. 그런 삐딱한 마음을 담아 봤습니다. 삐딱하게, 비판적으로 읽는 것이야말로 베스트셀러를 읽는 또 다른 기쁨이 아닐까 싶습니다. 다들 책이 참 좋다고, 재미있다고, 감동적이라고 하는데 나 혼자 다르게 읽는 재미. 이거 꽤 쏠쏠합니다. 같이 한번 느껴 보시겠습니까.

5부에서 소개할 책

---

1 『한 권으로 읽는 조선왕조실록』(박영규 지음, 웅진지식하우스, 2004/2017)
2 『총, 균, 쇠』(재레드 다이아몬드 지음, 강주헌 옮김, 김영사, 2023)
3 『사피엔스』(유발 하라리 지음, 조현욱 옮김, 김영사, 2023)
4 『역사의 역사』(유시민 지음, 돌베개, 2018)

+ 1과 4는 「우리에게는 더 많은 개입과 논평이 필요하다」, 『역사문제연구』 52호(역사문제연구소, 2023년 11월)를 수정·가필한 것입니다.

1

기둥과 서까래가
썩어 버린 대궐

『한 권으로 읽는 조선왕조실록』

현업에 종사하시는 분들의 말씀을 들어 보면 출판 시장의 상황은 매년 위기의 연속입니다. 판매 부수가 줄어든 것은 물론이고, 사회적 영향력도 예전만 못하다고 하죠. 모르긴 몰라도 역사책 분야가 그중에서도 최악이 아닐까 싶습니다. 가뜩이나 파이가 작은 출판 시장에서 자기 계발서 빼고, 경제·경영서 빼고, 소설 빼고, 또 이거 빼고 저거 빼고 남은 것 중에서도 극히 일부가 역사책일 테니까요.

그러나 역사책도 놀라운 상업적 성공을 거두는 경우가 왕왕 있습니다. 가깝게는 『아메리칸 프로메테우스』 같은 책이나 설민석 같은 저자가 떠오릅니다. 하지만 역사책 분야의 상업적 성공을 이야기할 때 절대로 빼놓을 수 없는 절대자가 있으니, 바로 박영규의 『한 권으로 읽는 조선왕조실록』입니다. 이 책은 초판이 나온 1996년에만 35만 부가 팔리며 베스트셀러에 오른 이래로, 초판이 간행된 지 30년이 다 되어 가는 지금까지도 역사 분야 판매 순위에서 상위권을 지키고 있습니다.

이 책에는 다른 역사책에서는 찾기 힘든 확고한 강점이 있습니다. 국왕을 기준으로 시대를 구분하고 분야도 정치사 중심으로 한정해 500여 년에 걸친 조선 시대 역사의 고갱이를 효율적으로 파악할 수 있게 했거든요. 역사를 소재로 한 문화 콘텐츠에 더 깊이 몰입할 수 있는 배경지식이 필요한 독자라면 이보다 좋은 구성이 없습니다.

『조선왕조실록』(이하 『실록』)이라는 확고한 권위를 가진 텍스트에 기초한다는 점 역시 이 책에 대한 독자의 신뢰감을 한층 키웁니다. 이 책은 『실록』을 간추려 썼다는 점과 『실록』과 『선원록』, 『연려실기술』 등을 꼼꼼히 대조했다는 점을 거듭 강조합니다. 정보는 범람하지만 정작 신뢰할 만한 정보는 찾기 힘든 역설적인 시대에 『실록』이라는 권위 있는 텍스트에 기초했다는 것은 굉장한 강점입니다.

그러니 이 책이 거둔 상업적 성공을 애써 폄훼할 필요는 없을 것입니다. 전문 분야로서의 역사학이 처한 위기를 논하는 것이 이제는 특별히 새삼스럽지도 않은 상황에서 새로운 독자를 발굴하고 이들을 역사(또는 역사학)로 유도했다는 점은 분명 고무적입니다. 역사학 연구가 전문화·세분

화된 것은 역사학 연구가 양적·질적으로 심화된 결과이지만 동시에 그것이 새로운 독자의 유입을 가로막는 장애물이 될 수도 있음을 생각하면 더욱 그렇습니다. 역사에 관심을 가진 독자가 이 책을 징검다리 삼아 독서의 폭과 깊이를 더할 수 있다면 그보다 더 좋은 일도 없겠지요.

하지만 막상 책을 읽어 보면 독자의 오해를 유발할 수 있는 부분이 제법 눈에 띕니다. 어쩌면 이 책을 통해 새로운 독자가 유입될 수도 있다고 기뻐할 것이 아니라 도리어 이 책을 통해 조선 시대에 대한 오해가 더 커지는 않을지 격정해야 할 수도 있습니다. 이 책의 상업적 성공과 영향력을 생각하면 이런 우려는 더 커집니다. 이런 우려를 줄이기 위해 무엇보다 필요한 것은 책에 대한 본격적인 비평일 텐데, 어찌 된 일인지 이 책에 대한 역사학계의 비평은 많지 않습니다. 오래전 지두환 선생이 조선 시대를 다룬 여러 도서를 논하며 짧게 언급한 정도에 불과합니다(지두환, 「조선 연구 서적붐: 다시 보는 조선시대」, 『황해문화』 16, 새얼문화재단, 1997).

실록 없는 실록

앞에서 언급한 바와 같이 『한 권으로 읽는 조선왕조실록』은 출판 시장에서 역사책의 상업적 가치를 확인시킨 대표적인 사례로 꼽힙니다. 1996년 초판 출간 이후 지금까지 두 차례 개정판을 냈고, 누적 판매 부수는 200만 부를 넘겼습니다. 이 정도의 성공은 출판 시장 전체를 통틀어도 이례적입니다. 이런 거대한 성공을 바탕으로 저자는 『한 권으로 읽는 고구려왕조실록』부터 『한 권으로 읽는 대한민국 대통령실록』까지 한국사의 전 시기를 아우르는 시리즈를 연달아 발표하며 대표적인 역사 저술가로 자리매김했습니다.

사실 이 책은 본격적인 주장을 내세운다거나 통념을 완전히 거스르는 새로운 이해의 틀을 제공하지는 않습니다. 그보다는 조선 시대에 대한 일반적인 사실관계를 교과서적으로 서술하는 데 주력하죠. 따라서 이 책을 역사관의 측면에서 논하기는 쉽지 않습니다. 다만 초판의 서문을 통해 저술의 계기와 의도는 어느 정도 짐작할 수 있습니다.

서문에서 저자는 이 책을 쓰게 된 이유로 크게 두 가지를 꼽습니다. 첫째는 조선 시대에 대한 우리의 시각이 잘못되어 있거나 편협하다는 것이고, 둘째는 해방 후 50년이 지났는데도 아직 조선 왕조의 역사조차 제대로 정리하지 못한 데서 오는 아쉬움입니다. 둘째 이유부터 말하자면, 저로서는 쉬이 납득하기 어려운 지적입니다. 이 책의 초판이 나온 1996년이면 조선 시대에 대한 역사학계의 연구 성과도 상당한 수준으로 축적되어 있었고, 한국사 전체에 대한 통사通史 서술도 이미 적지 않았기 때문입니다.

물론 이런 정도의 표현이야 으레 하는 상업적인 과장이라 치고 넘어갈 수도 있습니다. 사실 저자가 좀 더 강조하고 싶었던, 또한 더 근본적이라고 할 수 있는 것은 첫째 이

유입니다. 저자는 이에 대해 조선 시대에 '새로운 어떤 것'이 꿈틀거리고 있었음에도 이를 미처 발견하기도 전에 일제의 국권 침탈과 서구 문명으로 인해 놓쳐 버렸다는 부연까지 덧붙이며 아쉬움을 드러냅니다. 이러한 표현에서 우리는 조선 시대를 긍정적으로 평가하겠다는 저자의 의지를 어렵지 않게 읽을 수 있습니다. 저자의 이런 태도는 이 책이 나온 1990년대 중반이 식민주의 역사학의 잔재를 극복하려는 역사학계의 노력의 결과로 정체성론停滯性論이나 당파성론黨派性論과 같은 기존의 부정적 역사관들을 거의 극복한 시기라는 점과 관련이 있을 것입니다. 또한 이 시기는 한국 사회의 경제적 번영과 정치적 민주화에 대한 자부심이 높아진 때이기도 합니다. 아마도 이런 인식들이 한국사, 특히 조선 시대사를 긍정적으로 재평가하려는 일련의 움직임으로 이어졌을 것이고, 그것이 다시 이 책에 반영되었다고 볼 수 있겠습니다.

물론 이런 맥락을 차치하더라도 이 책의 강점은 분명합니다. 500여 년에 걸친 조선왕조의 역사를 한 권에 축약하면서도 『실록』이라는 권위 있는 사료를 앞세워 학문적 엄정성도 확보한 것처럼 보이기 때문입니다. 『실록』이 완역된 것이 1993년이고 시디롬으로 제작된 것이 1995년이지만, 이 책이 처음 간행된 1996년에도 일부 연구자를 제외하면 보통의 독자가 『실록』에 접근하는 것은 여전히 어려운 일이었습니다.

이런 상황에서 간행된 이 책은 권위 있는 사료인 『실록』을 정리하여 한 권의 책으로 간추려 묶은 것임을 여러 차례 강조해 신뢰할 수 있는 역사책이라는 인상을 주려고 노력합니다. 저자는 언론 인터뷰에서 자신이 『실록』을 본격적으로 연구하기 시작한 무렵에는 『실록』이 아직 완역되지 않아 북한에서 완역한 『이조실록』 400권을 사서 참고할 수밖에 없었다고 말하기도 했습니다. 저자가 이후 출간한 책의 제목에도 '실록'이라는 표현을 거듭 사용하고, 『한 권으로 읽는 조선왕조실록』의 첫머리에서 기존의 역사서가 내용이 빈약하거나 문장이 조악한 것에 비해 자신은 이런 시류에 역행한다고 자부한 것 역시 이런 맥락에서 이해할 수 있겠습니다.

　그런데 정작 내용을 살펴보면 『실록』에 기초했다고 보기 어려운 부분이 여럿 보입니다. 대표적으로 선조 대의 '건저建儲문제'에 관한 대목을 들 수 있습니다. 건저문제는 1591년(선조 24) 2월경 정철이 선조에게 세자 책봉을 건의했다가 관직에서 물러난 사건을 말합니다. 당시 선조는 세자 책봉에 관한 논의를 불쾌하게 여겨 이 문제의 논의 자체를 매우 꺼렸지만, 세자 책봉을 더 이상 미룰 수 없다고 판단한 정철과 이산해, 유성룡 등은 선조에게 이를 건의하기로 약속했습니다. 그런데 약속한 날 이산해는 병을 이유로 현장에 나타나지 않았고 함께 간 유성룡은 침묵을 지킨 탓에 가장 먼저 말을 꺼낸 정철만 선조의 노여움을 사 정철을 비롯한 다수의 서인만 정계에서 축출된 것이죠.

이 책은 이것이 정철을 파직시키기 위한 이산해의 의도적인 모략이라고 설명합니다. 물론 그게 가장 일반적인 설명이지만, 반론이 없는 것은 아닙니다. 여기서 중요한 것은 어떤 견해가 옳으냐가 아니라, 건저문제가 실록에 등장하지 않는다는 사실입니다. 이산해가 세자 책봉을 건의하기로 한 자리에 병을 핑계로 불참했다는 기록이 『선조수정실록』에만 짧게 등장할 뿐, 이산해가 의도적으로 모략을 꾸몄다는 말은 없습니다. 그가 세자 책봉 논의를 통해 정철의 축출을 꾀했다는 서술은 『실록』이 아닌 『연려실기술』과 『당의통략』에 등장합니다. 따라서 이 책이 『실록』을 토대로 쓰였다면, 건저문제를 다루지 않거나 다룬다 해도 전거를 상세히 밝혔어야 합니다.

『실록』과 다르게 서술된 부분도 여럿 눈에 띕니다. 중종 대의 기묘사화를 촉발시킨 것으로 알려진 '주초위왕走肖爲王' 이야기는 이 책에도 실려 있습니다. 하지만 우리가 아는 '주초위왕'은 『중종실록』이 아니라 『선조실록』에 처음 등장하고, 그것도 사관이 추가한 내용입니다. 따라서 이 역시 『실록』을 근거로 했다면 이렇게 서술할 수 없죠. 이뿐 아니라 병자호란 당시 인조의 피난에 대한 설명도 『실록』과 다르며, 경종이 희빈 장씨에 의해 성기능을 상실했다는 '야사'를 근거로 하여 경종 대를 평가하는 것도 쉽게 수긍하기 어렵습니다.

이런 점들로 미루어 이 책은 『실록』을 꼼꼼하게 축약한 것이라기보다는 1990년대 중반에 통용되던 조선 시대사의 통설들을 추려 모은 개설서 정도로 보는 것이 옳겠습니다. 『실록』을 간추렸다는 저자의 자부와 무관하게 말입니다. 물론 장기간의 역사를 한 권으로 정리했다는 점은 여전히 개설서로서의 장점이라고 말할 수 있지만, 두 차례 개정되었음에도 내용은 크게 달라지지 않았다는 점에서 이 책은 사실상 1990년대 중반의 통설에서 박제된 상태로 머물러 있다고 봐야 합니다. 방대한 내용이 잘 정리되었다 한들 30년 전의 통설에 머물러 있다면 그것이 독자의 역사 이해에 얼마나 보탬이 될지는 냉정히 따져 볼 일입니다.

기둥이고 서까래고 진작에 다 썩어 버린 집

역사 연구를 직업으로 삼은 제 입장에서는 학계의 연구 성과가 소비자에게 직접 가닿기를 바랍니다. 그러나 엄격하고 함축적인 언어로 쓰인 학술서를 비전공 독자에게 직접 들이미는 것도 마냥 좋은 일은 아닙니다. 연구자더러 무턱대고 '대중서'를 쓰라고 재촉하는 것도 좋지 않기는 마찬가지입니다. 어설픈 '대중화' 시도가 학문에 대한 시장화 압력만 강화하는 결과를 초래할 수도 있으니까요. 그런 점에서 저는 이 책의 가치와 강점이 있다고 생각합니다. 500년에 걸친 방대한 역사를 간명하게 정리했다는 것 자체로 이미 훌륭한 성취니까요.

그래서 저는 이 책이 장점이 아주 많다고 생각합니다. 방대한 분야를 잘 축약한 덕에 효율적인 독서를 할 수 있고, 저자가 가진 스토리텔링 능력은 많은 독자에게 호소력을 발휘하기에 충분하기 때문입니다. 이 책이 거둔 상업적 성공도 아마 이런 점으로 설명할 수 있을 것입니다. 그리고 이런 성공 덕분에 역사에 관심을 가진 사람이 늘어났다는 점도 쉬이 볼 일이 아닙니다.

그런데 독자가 '이 책이 과연 역사학계의 연구 결과와 얼마나 일치하나요?'라고 한 번 더 묻는다면, 저로서는 결코 좋은 답을 드릴 수가 없습니다. 이 책을 통해 조선 시대를 "한 권으로 읽"을 수는 있겠지만, 앞에서 말한 여러 약점 때문에 이 한 권만 읽고 아는 척을 했다가는 망신을 당하기 십상이거든요. 조선 시대라는 큰 집을 지어 놓기는 했지만, 막상 가까이서 들여다보면 기둥이고 서까래고 진작에 다 썩어 버린 집이랄까요.

독서 안내

『정사를 버무려 쓴 조선왕조야사』(전 2권, 박홍갑 지음, 주류성, 2022)
조선 시대의 역사서 『연려실기술』을 바탕으로 쓴 책입니다. 태조, 정종, 태종, 세종, 문종 등 시대별로 묶어 일목요연하고, 제목처럼 '야사'이다 보니 재미도 있습니다. 조선 시대 역사를 일별하고 싶은 분들께 추천합니다.

『박시백의 조선왕조실록』(전 20권, 박시백 지음, 휴머니스트, 2021/2024)
네. 만화책입니다. 전질이 스무 권이나 되고요. 재미있습니다. 한 번 사 두면 그때그때 꺼내 읽기 좋고요. 『조선왕조실록』, 한 권으로 읽기에는 좀 벅차지 않을까요. 스무 권짜리 만화책으로 한번 시도해 보시면 어떨까 싶습니다.

2

서구가 인정할 수 있는 만큼의
반서구중심주의

『총, 균, 쇠』

1972년 7월, 생태학자 재레드 다이아몬드는 뉴기니의 한 해변에서 우연히 '얄리'라는 사람을 만납니다. 일면식도 없는 사이였지만 마음이 잘 맞고 말도 잘 통했던 모양입니다. 어쩌다 보니 한 시간쯤 함께 해변을 걷게 되었고, 한참이나 이야기를 나누던 중에 무슨 바람이 불었는지 얄리는 갑자기 이런 질문을 합니다. 당신들 백인은 이렇게 많은 화물을 뉴기니까지 가져왔는데, 왜 우리 흑인은 이렇게 하지 못했냐고, 왜 우리에겐 이런 능력이 없냐고요.

얄리는 알고 있을까요. 자신의 질문이 『총, 균, 쇠』라는 세계적인 베스트셀러를 낳았고, 생태학자 재레드 다이아몬드의 운명도 완전히 바꿔 놓았다는 사실을요. 그리고 보니 1972년 뉴기니의 얄리가 『총, 균, 쇠』를 낳았고, 1974년 서울의 얄리(신해철)는 〈날아라 병아리〉라는 명곡을 낳았군요. '얄리'라는 이름, 틀림없이 뭔가 좋은 기운이 있는 것 같습니다. 얄리얄리 얄라셩 얄라리 얄라.

그 오래된 질문

냉정히 말해서 '서구와 비서구의 사회적 역량은 왜 이렇게까지 차이가 날까?' 하는 물음은 그렇게까지 어마어마한 것은 아닙니다. 책에서는 얄리가 콜럼버스의 달걀처럼 굉장한 질문을 던진 것처럼 이야기하지만, 이런 의문은 진지한 역사학자라면 누구나 한 번쯤 가져 볼 법한 것이고 그래서 그간 수없이 많은 사람들이 이에 대해 나름의 답변을 내놓았거든요.

조금 오래전으로 거슬러 올라가자면 막스 베버(『프로테스탄티즘의 윤리와 자본주의 정신』)가 있을 것이고 최근이라면 니얼 퍼거슨(『시빌라이제이션』)이 있겠네요. 조금씩 차이는 있지만 이들은 대체로 비서구에는 없는 특별한 사상이나 제도에서 답을 찾으려 했다는 공통점이 있습니다. 막스 베버는 '프로테스탄티즘의 윤리', 즉 기독교 사상에서 답을 찾았고, 니얼 퍼거슨 역시 서구 사회 고유의 사상이나 제도에서 답을 모색합니다.

이런 대답들은 얼핏 들으면 말이 되는 것 같지만 조금만 깊이 생각하면 또 그렇지가 않습니다. 오늘날의 서구가 누리는 경제적 풍요와 정치적 영향력이 그들만의 고유한 사상과 제도에 따른 것이라는 주장은 기실 제국주의 시대의 지배 논리와 별반 다르지 않습니다. 비서구를 괴롭히는 정치적·경제적 불평등은 비서구가 서구만큼 훌륭한 사상과 제도를 갖추지 못한 탓이니 괜히 누구를 탓하지 말라는 말이니까요. 따라서 서구가 비서구를 지배하고 착취하는 것도 어느 정도는 불가피한 일이라는 논리도 은근히 깔려 있지요. 막스 베버야 한참 전 사람이니 그렇다 치더라도, 2000년대 이후에 등장한 니얼 퍼거슨류의 이야기는 대놓고 서구중심주의적이어서 어지간한 인내심이 아니고서는 끝까지 읽기가 쉽지 않습니다.

그런데 『총, 균, 쇠』의 대답은 약간 다릅니다. 이 책은 오늘날의 서구 사회가 누리는 풍요는 그들의 '우월함'이 아니라 기후나 지리 등에 힘입은 바가 크다고 주장합니다. 제국주의 시절부터 유구하게 내려오는 서구중심주의를 효과적으로 반박할 수 있는 근거를 수천, 수만 년에 걸친 문명의 역사를 통해 입증하는 것이죠. 유럽중심주의와 싸우고자 하는 사람에게 이보다 좋은 논거가 또 있을까요.

총? 균? 쇠?
『총, 균, 쇠』가 가장 먼저 주목하는 역사의 현장은 피사로의 잉카 제국 정복입니다. 익히 알려진 것처럼 피사로의 군대는 수백 명에 불과했지만 발달된 총포의 힘으로 잉카 제국을 비교적 손쉽게 제압했습니다. 그리고 그 무력만큼이나 위력적이었던 것이 정복의 과정에서 유럽인이 퍼뜨린 전염병이었지요. 여기서 『총, 균, 쇠』는 피사로가 성공을 거둘 수 있었던 직접적인 원인으로 총포, 철제 무기, 말을 중심으로 한 군사 기술, 유라시아 고유의 전염병, 해양 기술, 중앙집권적 정치조직, 문자 등을 꼽습니다. 『총, 균, 쇠』라는 제목도 여기서 비롯되었지요. 그러니 (제목만 봐서는 야전교범과 세균학 교과서와 철강업 보고서가 3분의 1씩 섞였을 것 같은) 『총, 균, 쇠』는 이것들이 궁극적으로 무엇에서 기인했는지를 찾기 위해 인류의 역사를 거슬러 오르는 수백 쪽짜리 여정이라고 보시면 됩니다.

그리고 이 긴 과정은 여러 개의 작고 흥미로운 질문으로 구성되어 있습니다. 예를 들어 '비옥한 초승달 지대나 중앙아메리카나 기후는 비슷한데 어째서 후자는 전자만큼의 급속한 문명 발전을 이루지 못했을까?', '야생 상태에서 쓰고 떫은 맛이 나는 것은 똑같은데 어째서 아몬드는 작물이 되었고 도토리는 그러지 못했을까?', '수많은 짐승 중에서 왜 어떤 것은 가축이 되고 어떤 것은 그러지 못했을까?' 같은, 좀 궁금하기도 하고 유치원 다니는 자녀가 한 번쯤 물어볼 법하지만 쉽게 답해 주기는 어려운 질문들 말이죠. 그래서 『총, 균, 쇠』는 거창한 대서사시가 아니라 이런저런 소소한 의문들에 대한 답변의 모음으로 쪼개서 읽어도 괜찮습니다. 하긴, 저 거대한 이야기에 짓눌린 나머지 이 두꺼운 책을 읽고 나서 '총', '균', '쇠', 요 세 글자만 겨우 건져 간다면 그것도 너무 앙상한 독서겠죠. 읽어 보시면 알겠지만, 이 책은 유럽중심주의가 어떻고 하는 거창한 이야기는 잠시 제쳐 놓고 작고 소소한 의문 단위로 쪼개 읽어도 꽤 재미있습니다. 그 덕분에 이 책은 어마어마한 두께에도 불구하고 페이지가 무척 잘 넘어갑니다.

그래서일까요, 『총, 균, 쇠』의 인기는 정말이지 굉장합니다. 띠지 문구에 따르면 이 책이 10년 넘게 서울대 도서 대출 순위 1위라고 하고, 제가 다닌 학교에서도 이 책은 항상 도서관 대출 순위에서 상위권을 지켰습니다. 2025년 현재도 온라인 서점 판매 순위가 꽤 높으며, 유수의 독서 유튜브와 팟캐스트에서도 틈만 나면 이 책을 소개합니다. 이 책이 나오고 나서 근 20년 동안 좋은 책이 수없이 나왔음에도 이 책만 주야장천 읽는다는 사실을 보면, 그분들은 그간 서점에 안 가신 건가 싶긴 하지만…… 아무튼 이 정도면 가히 고전의 반열에 올랐다 싶습니다.

'우연'이 은폐하는 것

『총, 균, 쇠』의 내용을 좀 더 압축하자면 우연과 지리·환경으로 요약할 수 있습니다. 서구, 정확히 말해 유라시아에는 '우연히도' 가축화·작물화에 유리한 동식물이 더 많았고, 그 덕에 더 많은 것을 생산·축적할 수 있었으며, 이를 바탕으로 사회도 훨씬 더 조직적이고 혁신적으로 거듭날 수 있었다는 것이죠. 여기에 더해 남북으로 긴 아메리카 대륙보다 동서로 긴 유라시아가 동식물과 문명의 확산에 유리한 '지리적·환경적' 조건을 갖추었기도 하고요. 그러니까 그곳에 사는 사람이 뭘 잘해서가 아니라, 우연한 지리적·환경적 요인에서 지역 간의 차이가 발생했다고는 것입니다.

앞에서 말한 것처럼 『총, 균, 쇠』의 이런 주장은 유럽 중심주의에 대한 실증적인 반론으로 이해되곤 합니다. 저자가 틈만 나면 인종적 우월성에 대해 반론을 제시하기도 하거니와 이 책을 읽은 사람들의 감상이 대체로 그러하거든요. 그런데 말입니다. 막상 책을 읽어 보면 이 책을 과연, 정말, 진짜로 그렇게 독해할 수 있는지는 잘 모르겠습니다.

『총, 균, 쇠』의 세계관에서는 지금의 서구 사회가 누리고 있는 우위가 결코 뒤집힐 수 없기 때문입니다. 그게 우연의 결과라 해도 말이지요. 문명의 성숙 정도가 우연한 지리적·환경적 요인에 따라 결정된다면, 지구 자전축이 한 98도쯤 틀어지지 않는 한 아프리카와 아시아와 아메리카에 사는 사람들은 죽을 때까지 이 모양 이 꼴대로 살아야 한다는 말이 됩니다. 절이 싫으면 중이 떠나듯이, 이 구조가 싫은 사람이 선택할 수 있는 것은 딱 하나입니다. 우주선 타고 안드로메다 가세요.

사실 오늘날 서구 문명의 우위는 제국주의 시대에 서구가 자행한 가공할 착취가 있었기에 가능했습니다. 아메리카 대륙에서 쏟아져 들어온 은 덕분에 유럽의 상업이 발돋

움할 수 있었고, 유럽은 아프리카와 아시아를 거대한 식민지 시장으로 만들어 이를 바탕으로 거대한 부를 쌓을 수 있었습니다. 제임스 블로트가 『역사학의 함정 유럽 중심주의를 비판한다』에서 지적한 것처럼 『총, 균, 쇠』에는 서구 사회가 근대에 저지른 이 어마어마한 과정들이 생략되어 있습니다. 그 빈자리를 대신하는 것은 '우연'이나 '기후', '지리' 등 인간의 힘으로는 어찌할 수 없는 요인들이죠. 어쩌다 보니 비옥한 초승달 지대에는 작물화가 가능한 식물이 많았을 뿐이고, 어쩌다 보니 아몬드에는 쓴맛을 좌우하는 유전자 조합이 단순했다는 식입니다. 이렇게 모든 걸 우연에 떠넘기다 보니 정작 책을 다 읽고 나면 뭐 하나 남는 게 없는 듯한 느낌도 듭니다.

『총, 균, 쇠』식으로 말한다면, 서구 문명의 '우위'는 인류가 탄생한 이래로 차곡차곡 쌓아 올려진 장구한 과정입니다. 그런데 정말 그럴까요. 오늘날 서구의 우위라는 것이, 인류의 장구한 역사 속에서 보면 그저 일시적인 현상에 불과하다는 견해가 여기저기서 봇물 터지듯이 쏟아져 나오는 이 시대에 『총, 균, 쇠』식으로 세상을 이해하는 것이 얼마나 타당한지 저는 잘 모르겠습니다.

> 우리는 국제정세나 안보를 논할 때면 "지속적인 외세의 위협에 노출되는 반도라는 지정학적 조건", 혹은 "대륙 세력과 해양 세력이 교차하는 지점에 위치

한 반도"와 같은 표현을 꽤 자주 접해왔다. 그리고 이는 한국이 반도에 자리하였기 때문에 대륙과 해양 양대 세력의 각축장이 되며, 전쟁과 평화를 비롯한 우리의 운명은 그들의 형세에 따라 결정된다는 숙명론으로 나아간다. 환경결정론적 사고가 지리학에서 기피되는 접근방식임에도 불구하고, 그 생명력은 여전하다. (…) 환경결정론적 지리학은 오늘날 가짜 과학pseudo science이라는 비판까지 받고 있다. 따라서 그 토대 위에 세워진 반도적 성격론 내지 특정 국가에 대한 선입견이 지니는 한계를 명확히 인지해야 할 것이다.
―강진원, 「식민주의 역사학과 '우리' 안의
타율성론」, 『한국 고대사와 사이비역사학』,
역사비평사, 2017, 49~50쪽

물론 지금도 서점에 가면 지리나 기후를 통해 인류 역사를 설명하려는 시도들을 쉽게 발견할 수 있습니다. 수천, 수만 년에 이르는 장구한 인류 역사를 관통하는 핵심적인 키워드를 찾아내는 듯해 꽤 흥미로운 접근법처럼 보이기도 합니다. 그래서인지 큰 대중적 반향을 얻기도 합니다. 저 역시 일회적인 사건, 사고에 매몰되기보다는 좀 더 거시적이고 장기지속longue durée적인 관점에서 역사를 바라볼 때의 이점을 잘 알고 있고, 이것이 매우 흥미로운 접근법이라고도 생각합니다. 하지만 지리나 기후를 통해 역사를 파악하려는 시도는 흥미로운 만큼 위험하기도 하다는 것을 잊어서는 안 됩니다.

그럼에도 『총, 균, 쇠』를 굳이 서구중심주의에 맞서는 책이라고 거듭 주장한다면, 저는 『총, 균, 쇠』가 '서구가 부담 없이 받아들일 수 있는 정도의 반反서구중심주의'라고 말하겠습니다. 서구의 '우위'가 인간의 의식적인 행위의 결과가 아니라 지리에 의해 결정된 것이라고 한다면, 서구인 입장에서는 이보다 더 마음 편한 변명이 없겠죠. 우리는 그저 운이 좋았을 뿐이라고, 주어진 환경에 적응했을 뿐이라고, 짐짓 순진한 얼굴로 말할 수 있으니까요. 제국주의 시절에 자행한 가공할 수탈과 착취는 굳이 말하지 않아도 되는 것은 물론이고요.

급기야 (책의 첫머리에서 등장했던) 뉴기니가 유럽의 식민지가 된 이유를 설명하는 대목에서는 선뜻 동의하기 어려운 주장도 만나게 됩니다. 책 후반부에서 저자는 뉴기니가 식민지가 된 것은 유럽인과 달리 배, 나침반, 기계 같은 물질문명이 없었고 선원과 군대를 조직할 수 있는 정치제도와 상대방을 무력으로 제압할 수 있는 무기도 갖추지 못했기 때문이라고 말합니다. 이 말은 '뉴기니(를 비롯한 여러 비서구 국가)가 식민지가 된 것은 그들이 고도화된 문명을 갖지 못했기 때문'이라는 말을 달리 표현한 것에 불과하다고 생각합니다. 그리고 이런 주장은 우리가 그렇게나 비판했던 제국주의의 지배 논리와도 별반 차이가 없습니다. 한참을 돌고 돌아 결국 다시 제국주의의 지배 논리라니요. 아니 이게 무슨 부처님 손바닥 같은 소립니까. 이래서는 얄리를 볼 낯이 없습니다. 미안해요, 얄리.

아니, 사실 애당초 뉴기니가 유럽에 의해 식민지화된 까닭을 묻는 것부터가 이상합니다. 문명의 격차가 어느 정도이든, 한 인간이 다른 한 인간을 지배하고 착취한다는 것 자체가 틀려먹은 일 아닌가요. 사람마다 완력이 다르고 싸우는 능력도 다르지만, 그렇다고 해서 빵 심부름을 하는 친구에게 가서 '네가 친구 빵 심부름을 하게 된 까닭을 알아보자'고 하고는 '그건 네가 힘이 부족하고 싸움을 못해서 그래'라고 덧붙이지 않는 것처럼 말입니다. 애초에 이런 전제를 생략하면 안 되는 거 아니었나요. 이 긴 책에 왜 이에 대한 의문은 없는 건가요. 저기요, 선생님, 자꾸 모르는 척하지 마시고 말씀 좀 해 보시라니까요.

독서 안내

『본 인 블랙니스』(하워드 W. 프렌치 지음, 최재인 옮김, 책과함께, 2023)

이 책은 근대 유럽의 성취에서 아프리카가 수행한 역할에 주목합니다. 유럽의 성취가 지리적 조건 덕분에 우연히 얻어걸린 것일 뿐이라는 지리결정론도, 백인의 문화적·인종적 우월성을 강조하는 고약한 인종주의도 아닙니다. 근대 유럽의 성취는 가혹한 지배와 착취로 인한 것임을 잊지 않는 태도가 돋보입니다.

『빅 히스토리』(데이비드 크리스천·신시아 브라운·크레이그 벤저민 지음, 이한음 옮김, 웅진지식하우스, 2022)

인류의 역사를 긴 호흡으로 다룬 책들을 보면 하나의 작은 주제와 소재에 집중하는 여느 역사책과는 전혀 다른 구성과 내용을 담고 있습니다. 이런 저술을 일반화해서 '빅 히스토리'라고 부르기도 하죠. 빅 히스토리, 서점에서 이 단어를 보게 된 지도 꽤 오랜 시간이 흐른 것 같은데요, 빅 히스토리의 개념과 구조가 궁금하다면 이 책 한번 읽어 보는 것도 좋을 것 같습니다.

3

어딘지 모르게 개운치 않은 뒷맛

『사피엔스』

이 영리한 책의 주장은 '인류는 인지 혁명 이래 끊임없이 상상하며 통합을 향해 나아갔다'라는 문장으로 요약할 수 있을 것 같습니다. 호모 사피엔스는 어쩌다 보니 '실재하지 않는 것을 실재한다고 믿는 능력'을 갖게 되었습니다. 너와 나는 운명 공동체이고 협력하지 않으면 살아갈 수 없다는 생각은 호모 에렉투스나 호모 네안데르탈렌시스가 할 수 없는 것이었죠. 호모 사피엔스는 달랐습니다. '우리는 하나야! 한 팀이야!' 진심으로 그렇게 믿었기 때문에 힘을 합칠 수 있었고 신체적 능력이 월등했다던 호모 네안데르탈렌시스를 제치고 현생인류가 되었습니다. 그러니까 깃발을 상상하고 그것에 덜컥 소속감을 느끼는 능력이야말로 호모 사피엔스의

별난 특징입니다.

깃발이나 소속감은 실재하지 않는 것입니다. 돈이나 법도 그렇고요. 신앙, 민족, 이데올로기도 마찬가지입니다. 우리 사회를 지탱하는 것은 눈에 보이지 않습니다. 실제로 존재하는 것이 아니기 때문에 무엇을 깃발로 삼을 것인가, 무엇을 기준으로 소속감을 가질 것인가 하는 것은 필수보다는 선택, 필연보다는 우연의 문제입니다.

이 '깃발'을 한 시대가 지향하는 가치라고 불러도 좋겠습니다. 뭔가 그럴듯하게 만들어 놓으면, 수만 년 전 발생한 인지 혁명의 자장 속에 놓인 우리는 그게 정말 그럴듯하다고 생각하게 됩니다. 물론 누군가는 그 가치를 믿지 않을 수 있습니다. 어딜 가나 회의론자들은 있기 마련이니까요. 그러나 다수에 의해 어떤 것이 사회를 지탱하는 기둥이라고 합의되면, 어지간히 용기가 있지 않고서는 이의를 제기하기가 힘듭니다. 볼테르가 이렇게 말했다고 하지 않습니까. "신은 존재하지 않아. 하지만 내 하인에게 그 이야기를 하지는 마. 그가 밤에 날 죽일지 모르니까."

그렇기에 무엇을 합의할지가 중요합니다. 이 책의 저자 유발 하라리 말마따나 우리가 함께 상상한 질서, 옳다고 합의한 어떤 가치는 우리 사회의 지향점을 결정합니다. 신화는 오래전부터 전해지는 상상과 합의의 한 형태라고 할 수 있을 텐데, 이 신화야말로 사람들을 태어난 직후부터 길들이는 역할을 해 왔습니다.

안타까운 점은 역사 속에서 이루어진 여러 '합의'들이 개개인의 행복과는 별반 관계가 없는 방향으로 정해져 왔다는 것입니다. 이는 행복이라는 것이 워낙 주관적이라는 사실과 깊은 관련이 있습니다. '모든 개인의 행복을 동시에 증진하는 방법'은 존재하기 어려우니까요. 그러나 문제는 여기서 그치지 않습니다. 지금까지 출현한 상상의 질서는 대체로 사람을 계층에 따라 나누었습니다. 왕, 귀족, 평민, 노예와 같은 계급은 오로지 우리의 상상 속에서만 존재하는 개념이지만, 오랜 시간 인류의 삶을 지배했습니다. 어떻게 보면 신기한 일입니다. 소수의 귀족이 평생 좋은 것을 누리는 동안 노예는 가혹한 노동에 시달리는데, 근대의 혁명과 변화가 도래하기 전까지 수천 년 동안 이 질서가 유지되었다니요.

인류는 발전과 번영을 거듭하며 점차 정교해지는 상징체계를 앞세워 통합으로 나아갔을지 모르지만, 인류를 구성하는 개개인의 평균적인 처지도 그와 함께 나아졌으리라는 보장은 없습니다. 사회가 복잡해지면서 협력을 위한 합의는 곧 지배와 차별을 위한 것이 되었습니다. 어떤 사람들의 조건은 전보다 더 나빠졌습니다.

무엇이 중요한지를 결정하는 크고 작은 '합의'는 지금 이 순간에도 일어나고 있습니다. 언론 기사로 보도되는 크고 작은 사건들은 얼핏 별것 없는 것 같아도 조금만 더 생각해 보면 우리의 지난 역사를 어떻게 평가할 것인지, 국가 폭력의 문제를 어떻게 마주할 것인지, 어려움에 처한 이웃을 어떻게 대할 것인지 하는 큰 질문과 연결되어 있다는 점을 어렵잖게 이해할 수 있습니다.

일상적으로 일어나는 희비극에 대한 보통 사람들의 의견이 모여 한 사회의 가치와 신념이 결정되고 이것이 다시 그 시대를 살아가는 개개인의 삶에 영향을 줍니다. 어떤 면에서 이는 인류 역사에서 낯선 현상이 아닐까 싶습니다. 제도적으로나마 모두가 발언권을 갖는 시대라는 게 그리 오래된 것이 아니니까요. 문득 그냥 이렇게 되는대로 살아도 되나 싶습니다. 개인의 생각이 사회적 영향력을 가진다는데, 이런저런 주제에 대해 고민도 하고 나름의 결론도 내리고 해야 하지 않나 하는 새삼스러운 조바심이 듭니다. 좀 쓸데없다 싶더라도 시간을 들이는 것이, 남이 정해놓은 기준이나 실재하지도 않는 깃발을 따라 평생 멍하니 사는 것보다는 나을 테니까 말입니다.

호모 사피엔스의 미래?

우리로 하여금 이런 고민을 하게 하는 것이 『사피엔스』의 가장 큰 장점입니다. 하루하루 살아 내기에도 바쁜 우리 같은 보통 사람들이 수만 혹은 수십만 년 전의 호모 사피엔스에서 지금의 나로 이어지는 거대한 흐름을 상상하면서 '호모 사피엔스가 지구를 지배하게 된 원동력은 어디에 있을까?' 같은 질문을 던져 볼 기회가 몇 번이나 있겠습니까.

그래서일까요, 책을 읽으면서 우리의 마음은 참으로 뿌듯해집니다. 이 두툼한 책을 읽는다는 성취감에 더해서 지적으로 성숙해진 것만 같은 만족감까지 드니까요. 게다가 이 책은 세계적인 베스트셀러이기도 합니다. 전 세계가 함께 누리는 지적 호사에 나도 동참한 것 같아서 괜한 소속감 같은 것도 느껴집니다(몇 년 전 베를린의 버스 정류장에서 버스를 기다리며 이 책을 읽고 있던 독일 청년에게 괜히 말을 걸고 싶었다니까요!).

그런데 막상 책을 다 읽고 마지막 장을 덮을 즈음이 되면 어딘지 모르게 개운치가 않습니다. 왜일까요. 아무래도 호모 사피엔스의 미래를 논하는 마지막 장의 논지에 동의하기 어려웠기 때문이 아닌가 싶습니다.

마지막 장에서 이 책은 인간의 공학적 지식이 호모 사피엔스와 진화의 메커니즘을 바꿀 것이라고 말합니다. 지금까지의 진화가 자연선택에 의해 이뤄졌던 데 비해 앞으로는 과학의 발달에 따른 '지적 설계'가 인류 진화의 방향을 결정하리라는 것이죠. 지난 수십억 년이 자연선택의 시간이었다고 수백 쪽에 걸쳐서 이야기해 왔는데 갑자기 이제 와서 지적 설계를 이야기하며 방향을 급격하게 바꾸니 독자로서는 약간 당황할 수밖에 없습니다.

그런데 이야기의 방향이 급변하는 것에 비해 논거는 빈약합니다. 그저 생명공학과 사이보그공학, 비유기물공학의 발전에 따라 인간이 생물학적 복잡성을 예단하고 제어할 수 있을 거라는 낙관이 있을 뿐이지요. 최근 들어 공학의 발달 속도가 놀라운 수준에까지 이르렀다는 점을 모르지는 않습니다만, 그것이 생물의 복잡계를 완전히 제어할 수 있을지는 아직 확실하지 않습니다. 그럼에도 저자는 별다른 근거를 제시하지 않고 '-할지도 모른다'거나 '-일 수 있다'는 수준의 추정을 할 뿐입니다. 그리고 여기에 따르는 윤리적·정치적 문제에 대해서는 함구합니다. 그저 그런 문제들이 다음 단계의 발전을 지체시킬 수는 없을 거라는 언급으로 논의를 정리하며 더 이상의 상세한 설명은 생략합니다.

충분히 이야기하지 않고 급하게 책이 마무리되는 바람에 저자의 진짜 생각을 속속들이 알기는 어렵지만, 적어도 여기까지만 봐서는 선뜻 납득하기 어려운 주장입니다. 저자는 과학의 발달에 의한 진화가 인간의 수명을 끝없이 연장하고, 불치병을 치료하며, 인지력에 더해 정서적 능력까지 향상시킬 것이라고 내다보지만, 이것이 과연 진화에 대한 합당한 이해인지 잘 모르겠거든요.

진화는 특정한 방향을 지향하는 의도적 변화가 아닙니다. 날개의 진화를 예로 들어 볼까요. 널리 알려져 있듯이, 날개는 네발 동물의 앞다리가 진화한 결과물입니다. 그런데 네발 동물이 날기 위해서 날개를 의도적으로 진화시킨 것은 아닙니다. 스티븐 제이 굴드의 『여덟 마리 새끼 돼지』에 따르면, 네발 동물의 앞다리에 생겨난 깃털이 체온을 보존하는 데 쓰이기 시작했으며, 그런 변화가 누적된 결과로 날개가 '우연히' 생겨난 것입니다. 오랜 진화의 결과로 만들어진 인간의 신체가 생각보다 비효율적이고 불완전한 것도 그 때문입니다. 직립하여 두 발로 걸을 수 있게 된 대신 다른 네 발 동물에게는 없는 디스크의 위험을 떠안게 된 것이나, 발성기관을 충분히 발달시킨 대신 기도(호흡 경로)와 식도(소화 경로)가 분리되지 않은 것이 그 예지요. 즉, 진화란 의도적·선택적으로 특정한 기능을 발달시키는 것이 아니라 그저 그때그때 상황에 맞춰 땜질하듯 적응한 결과일 뿐입니다.

인지능력이나 생체능력이 더 '나아지는' 방향으로 이뤄지는 선택적·의도적인 진화는 애초에 존재하지 않습니다. 호모 사피엔스가 가진 인지능력도 의도된 결과가 아니라 무한히 많은 '변이'들이 주어진 환경에 적응해 온 결과일 뿐입니다. 그러니 호모 사피엔스의 진화가 앞으로는 인지능력과 생체능력을 진보시키는 쪽으로 진행될 것이라는 이 책의 설명에는 선뜻 동의하기 어려운 것이죠.

진화를, 주어진 환경에 대한 적응이라기보다는 특정한 능력을 선택적으로 발달시키는 것으로 이해해도 괜찮을까요. 여기서 말하는 진화란 공학적 지식을 선택적으로 적용하는 것에 가까운데, 이렇게 되면 진화는 그런 지식에 접근할 수 있는 자본과 권력을 가진 자에게만 허용되는, 선택적·의도적인 행위가 아닐까요. 여기까지 생각이 미치면, 살짝 불안한 마음까지 듭니다. 자본과 권력의 보유 정도를 진화상의 '우열'과 관련짓는 논리는 허버트 스펜서 이래로 인류 사회를 주름잡았던 사회진화론을 세련되게 다듬은 것이 아닌가 하는 불안감 말이죠.

물론 이 정도의 서술만으로 『사피엔스』에 사회진화론 딱지를 붙이는 것도 다소 과한 해석이라고 할 수도 있습니다. 하지만 동시에 『사피엔스』는 무난하게 잘 읽히면서도 불안하고 위험하기도 한, 그래서 뒷맛이 영 개운찮은 책인 것도 확실합니다.

독서 안내

『풀하우스』(스티븐 제이 굴드 지음, 이명희 옮김, 사이언스북스, 2002)
생물학자 스티븐 제이 굴드는 '진화는 진보가 아니라 다양성의 증가'라고 주장합니다. 사회진화론에 의해 오용된 진화론이 본래 어떤 모습이었는지 알고 싶다면, 이 책에서부터 시작하시기를 권합니다.

『인류의 진화』(이상희 지음, 동아시아, 2023)
고인류학자 이상희가 들려주는 인류 진화의 이야기는 우리가 알던 진화론과는 사뭇 다릅니다. 예컨대 뇌 용량이 눈에 띄게 작았던 호모 플로렌시스와 호모 날레디의 존재는 인류가 오스트랄로피테쿠스 이래로 뇌 용량이 점점 커지는 방향으로 진화했으리라는 통념에 대한 강력한 반박이죠. 이를 통해 우리는 인류의 진화라는 것이 단 한 갈래의 선형적·목적적 과정이 아님을 알게 됩니다.

4

너무도 용감한 요약

『역사의 역사』

참으로 알쏭달쏭한 제목입니다. 『역사의 역사』라니요. '한국의 역사'나 '유럽의 역사'처럼 어떤 국가나 지역도 아니고, '경제의 역사'나 '전쟁의 역사'처럼 특정 분야를 말하는 것도 아니고 말이죠. 이런 식이면 '과학의 과학'이나 '수학의 수학'도 가능한 걸까요. 혹은 판화가 에셔의 〈손을 그리는 손〉이나 〈오르내리기〉 같은 걸까요. 그마저도 아니라면 무한히 돌고 도는 뫼비우스의 띠 같은 걸까요.

그 어려운 이름, 사학사

역사학의 여러 연구 분야 중 '사학사史學史, historiography'라는 것이 있습니다. 동서고금의 수많은 역사가와 그들의 생각, 그리고 그들이 남긴 역사 서술을 연구하는 분야죠('역사 서술의 역사'라고 하면 좀 더 이해하기 쉽겠네요). 역사 서술을 연구 대상으로 삼을 수 있는 것은, 역사 서술 그 자체가 놓인 사회적·경제적 조건의 영향을 받기 때문입니다. 역사 서술이 시간과 공간을 초월하여 언제나 객관적인 것은 아니라는 말이죠. 예컨대 한국전쟁에 관한 연구가 대략 1970년대까지는 전쟁 책임이 공산주의 세력에 있음을 명확히 밝히는 데 집중되었다면(이런 경향을 흔히 '전통주의'라고 하지요) 민주화 운동의 영향을 받은 1980년대 이후로는 미국의 대외 정책 비판에 좀 더 무게를 실었습니다(이런 경향은 흔히 '수정주의'라고 하고요).

유시민의 『역사의 역사』는 이런 식으로 역사 서술 자체의 역사를 다룹니다. 인간은 까마득한 옛날부터 역사를 서술해 왔고, 그것이 특정 문화권에만 국한된 것도 아니니 책의 범위도 어마어마합니다. 기원전 5세기경에 활동했던 헤로도토스와 투퀴디데스부터 오늘날 꾸준히 저술을 발표하고 있는 재레드 다이아몬드와 유발 하라리까지 다루니 시간의 범위는 2,000년을 훌쩍 넘고, 동아시아 역사 서술의 모범으로 꼽히는 사마천부터 이슬람 세계를 대표하는 이븐 할둔을 거쳐 서양 근대 역사학의 아버지라 할 만한 레오폴트 폰 랑케까지 아우르니 공간적으로는 전 세계에 걸쳐 있습니다. 글쎄요, 여기에 이름을 올린 대부분의 역사가들께서 정작 자신들이 역사 연구의 대상이 될 것이라는 상상을 했을지는 모르겠습니다. 역사를 서술하는 사람을 역사로 만들 수 있다면, 이들을 대상으로 삼은 이 책도 연구 대상이 될 것이고, 그렇게 쓴 책을 다시 연구 대상으로 삼고, 뭐 그런 식으로 무한히 이어지다 보면 언젠가는 '역사의 역사의 역사의 역사의…… 역사' 같은 해괴한 제목이 나올 것 같기도 하지만, 그런 무용한 상상은 이쯤에서 각설합시다.

사학사가 이미 역사학의 독립된 연구 분야라고 했지만, 정작 서점에 가 보면 마땅히 읽을 만한 사학사 책이 안 보입니다. 전공자들 사이에서는 조동걸 등이 엮은 『한국의 역사가와 역사학』과 한영우의 『역사학의 역사』가 오랫동안 읽혀 왔지만 벌써 20년도 한참 지난 책들이라 지금의 독자에게 선뜻 권하기는 어렵죠. 더욱이 사학사는 여러 분야 중에서도 특히 공부하기 어려운 축에 속합니다. 역사책 하나만 읽어서 될 일이 아니라 그 책 속에 들어 있는 미묘한 뉘앙스와 관점의 차이를 잡아내야 하고, 그런 차이가 어디서 비롯되었는지를 알기 위해 역사가의 이력과 그를 둘러싼 당시의 환경까지 폭넓게 이해해야 하기 때문입니다. 제가 다닌 학과에서는 사학사가 4학년 전공 수업으로 편성되어 있었는데, 저는 멋모르고 2학년 때 수강 신청했다가 한 학기 동안 피똥을 쌌던 기억이 납니다. 그때의 트라우마 때문인지 지금도 사학사 관련 책에는 선뜻 손이 안 갑니다. 피똥을 두 번 싸고 싶지는 않거든요.

그런 제가 이 책을 읽을 용기를 냈던 것은 전적으로 저자 때문입니다. 이 책의 저자인 유시민은 정치인 혹은 시사 평론가로 잘 알려져 있지만, 『거꾸로 읽는 세계사』, 『나의 한국현대사』 같은 책을 펴낸, 역량 있는 역사책 작가이기도 합니다. 어려운 주제를 맛깔나게 풀어내는 데 능숙한 사람이니 사학사도 분명 재미있게 잘 이야기해 줄 것으로 믿었거든요.

편의적 서술의 함정

앞에서 말했듯 『역사의 역사』가 다루는 범위는 꽤 넓습니다. 카를 마르크스, 박은식, 신채호, 백남운, E. H. 카, 아놀드 토인비, 새뮤얼 헌팅턴, 재레드 다이아몬드, 유발 하라리 등 한 번쯤 이름을 들어 봤을 법한, 동서고금을 아우르는 역사가들을 다루고 있죠(한국사, 동양사, 서양사의 관습적 구분에 익숙한 역사 연구자였다면 이런 식의 폭넓은 구성을 택하기 어려웠을 겁니다). 이 책은 이들이 남긴 주요 저술에 대한 저자의 감상을 차근차근 정리하는 식으로 구성되어 있습니다. 전체 분량이 아주 많은 것도 아닌데, 이 책 한 권만 읽어도 동서고금의 주요 역사학 고전을 대략 다 읽은 것 같은 느낌을 줍니다. 그러니 이 책은 일단 가성비 측면에서 정말 끝내준다고 하겠습니다. 교양서로서의 장점에 대중 역사서를 집필해 온 저자의 역량이 합쳐진 덕분이겠죠.

다만 다양한 저술을 각각의 장에서 따로 다루기 때문에 책 전체를 관통하는 하나의 고갱이를 찾아내기는 어렵습니다. 굳이 고갱이라고 할 만한 것을 짚자면 '역사 서술은 그 자체로 객관적일 수 없고, 역사가의 문제의식이나 그가 처한 조건이나 환경 등의 영향을 받는다' 정도로 정리할 수 있겠습니다. 동서고금의 역사책을 두루 섭렵한 끝에 얻어 낸 것치고는 약간 김빠지는 결론 같기도 합니다. 이 정도 이야기를 하려고 굳이 책까지 쓸 일인가 싶기도 하고요. 하지만 그렇게 간단한 이야기인가 하면 또 그렇지만은 않은 것 같습니다.

몇 년 전의 국정교과서 사태 때만 해도 그렇습니다. 찬성 측 일부에서는 국가가 정사正史를 편찬하는 것은 당연한 일 아니냐는 주장이 나왔고, 반대 측 일부에서는 국정교과서는 올바른 역사관에 바탕을 두지 않는다는 주장이 나왔었죠. 서로 정반대되는 입장처럼 보이지만 '객관적이고 올바른 역사'(혹은 정론正論)라는 것이 따로 있고, 그에 부합하느냐 안 하느냐에 따라 옳고 그름이 결정된다고 생각한다는 점에서는 양측이 일치합니다. 이런 상황에서 역사 서술의 주관성이나 맥락을 강조한 이 책의 주장은 일단 의미가 있고 사회적으로도 상당히 유익하다고 하겠습니다.

그러나 이러한 미덕에도 불구하고, 이 책만 읽고 어디 가서 역사학 연구에 대해 한마디 보태려 했다가는 큰코다치기 십상입니다. 오해와 오독을 유발할 수 있게 서술된 부분이 종종 보이기 때문입니다. 당장 역사가와 역사 서술이, 그것이 놓인 조건과 환경에 의해 규정되기만 하는 거냐고 묻는다면, 저는 결코 그렇지 않다고 답하겠습니다. 역사가는 조건에 의해 일방적으로 규정되기만 하는 피동적인 존재가 아니기 때문입니다. 역사가가 자신을 둘러싼 조건과 어떤 관계를 맺는가 하는 문제는 의외로 복잡해서, 지금까지 많은 역사가들이 각자의 대답을 내놨는데요, 이 책은 역사가를 상당히 피동적인 존재로 인식하고 있는 듯합니다.

예컨대 역사가의 역사 쓰기를 말하면서 단 한 종류의 사료만 남은 상황을 가정한 대목은 냉정하게 곱씹어 볼 필요가 있습니다. 과거의 사실을 재구성할 수 있는 모든 정보가 사라진 상황에서 단 하나의 사료만이 남았다고 할 때, 이 사료가 『조선일보』냐 『한겨레』냐에 따라 역사가가 쓰는 역사는 그 내용이 크게 달라질 거라고 저자는 말합니다. 역사 연구의 근본적인 한계를 지적했다는 점에서 이러한 가정이 아주 틀렸다고만 말할 수는 없습니다. 기실 역사가는 자신의 연구 대상인 과거의 사실을 결코 있는 그대로 대면하지 못합니다. 과거의 흔적 혹은 과거의 일부가 반영된 기록을 통해서만 과거와 만날 수 있지요. 존재하고 있는 현실을 연구 대상으로 삼아 이를 직접 관찰하고 통제하는 자연과학이나 공학과는 분명히 차이가 있습니다. 그런 점에서 역사가는 이미 출발선에서부터 핸디캡을 안고 있는 셈이라고 하겠습니다. 그리고 이런 비유는 역사가에게 작용하는 근본적인 제약을 전형적으로 보여 주는 것이기에 역사학자는 물론이고 독자 역시 반드시 이를 염두에 두어야 합니다.

하지만 모르긴 몰라도, 이런 주장에 완전히 동의하는 역사학 연구자는 없을 겁니다. 역사학을 연구하는 과정에서 이런 일은 절대로 일어나지 않거든요. 세상을 설명하는 단 하나의 사료만 남는 일도 없고, 단 하나의 사료만 남았다 해도 거기에만 의존해서 글을 쓰는 역사학 연구자도 없습니다. 역사학 연구에서 사료의 교차 검증은 필수이고, 그게 가능할 만큼의 사료는 세상에 얼마든지 남아 있습니다. 기원전 이천몇 년의 고조선 역사를 기록한 책이 『환단고기』뿐이라고 해서 우리가 그걸 믿지 않는 것과 꼭 같은 이치입니다. 중국 쪽의 기록이나 고고학 자료를 통한 교차 검증이 안 되기 때문이죠.

설사 사료가 단 하나만 남아 있더라도, 그 사료를 활용하기 전에는 비판적 검증 과정을 반드시 거칩니다. 기록을 남긴 자가 처했던 당대의 조건이 어떠했는지, 행간에 숨은 의미는 없는지, 수많은 연구자들이 읽고 또 읽고, 검증하고 또 검증하는 것이 역사학 연구자가 지난 수천 년간 해 왔던 일입니다.

신채호를 다룬 대목에서도 비슷한 문제가 드러납니다. 신채호에 관한 서술은 크게 두 문장으로 요약할 수 있습니다. ① '역사 서술은 역사가의 문제의식(혹은 현실 인식)과 그가 처한 조건 및 환경과 관련된다.' ② '신채호는 제국주의의 침략에 맞서기 위해 민족주의적 관점에서 역사를 서술했다.' ①이 주장이고 ②가 근거라면, 다음과 같이 정리할 수 있습니다. '신채호가 민족주의 사관으로 역사를 쓴 데서 알 수 있듯이, 역사 서술은 문제의식과 조건, 환경의 영향을 받는다.' 이렇게만 설명하고 넘어간다면야 저도 인정할 수 있습니다.

그런데 ②를 따로 떼어 놓고 보면, 이것을 완전히 진실이라고 말하기는 어렵습니다. 익히 알려진 것처럼 신채호의 사상은 시기에 따라 크게 변화했습니다. 『한국의 역사가와 역사학』에 실린 「신채호」는 신채호 사상의 변화를 크게 세 시기로 나눕니다. 첫 번째는 1910년 이전으로, 대체로 우승열패론이나 사회진화론이라 할 만한 이야기를 그대로 수용한 시기입니다. 두 번째는 1910년 이후 만주에서 활동하던, 민족주의적 성향이 매우 강했던 시기로, 『역사의 역사』에서 다룬 『조선상고사』를 쓴 시기가 바로 이때입니다. 세 번째는 아나키즘을 수용한 1920년대 초중반 이후의 시기입니다.

그런데 신채호 사상 전체에서 특정 시기만 뚝 떼어서 ②만 제시하면, 일단 그 자체로 사실을 곡해한 것입니다. 일부분이 전체라고 주장하는 격이니까요. 하지만 『조선상고사』만을 인용하는 『역사의 역사』는, 아무리 읽어 봐도 그 서술이 신채호의 특정 시기가 아닌 전 생애를 향해 있는 것으로 읽힙니다. 이 책은 신채호의 『조선상고사』에 대해서만 논평하지 않기 때문입니다. 의도했건 그러지 않았건 이 책은 필요한 부분만 뚝 잘라 와서는 신채호의 역사 인식을 논합니다. 논증을 위해 필요한 부분만 잘라서 인용할 요량이었다면 지금보다 훨씬 한정적이고 신중하게 썼어야 합니다. 더 중요한 것은, 신채호가 제국주의에 맞서기 위해 다양한 사상적 모색을 거듭했고, 그 과정 전체가 '신채호의 역사 서술' 혹은 '신채호의 현실 인식'이라는 사실입니다. 제국주의 침략에 맞선다는 목표(원인)는 하나일지언정 이를 위해 택하는 방법(결과)은 다양할 수 있다는 겁니다.

이 책의 이상한 논리는 역사가라는 '인간'의 속성을 이해하지 못한 데서 비롯되었다고 생각합니다. 사학사 연구의 기본적인 전제처럼, 역사가와 역사 서술이 주어진 환경의 영향을 받는 것은 맞습니다. 하지만 그렇다고 그것이 자판기처럼 단추 하나 눌러서 음료 하나 나오는 단순한 과정은 아닙니다. 같은 조건 아래에서도 다른 결과가 나올 수 있는 것은, 모든 인간이 자기 나름의 의지를 가지고 있기 때문입니다. 인간은 그렇게 피동적인 존재가 아닙니다.

패키지여행이 뭐 이래

물론 이런 반론도 가능합니다. 자신의 주장을 뒷받침하기 위해 필요한 부분만 인용할 수도 있는 것 아니냐고, 그저 좀 더 명확한 논증을 위해 다른 부분을 언급하지 않은 것 아니냐고요. 하지만 그저 필요에 따라 취사선택했을 뿐이라는 말은 변명이 될 수 없습니다. '한국의 역사'라 해 놓고 실제로는 경남 하동군의 역사만을 쓰면 안 되는 것처럼 말입니다. 일부분만 보여 주고, 그것이 전체인 양 쓰면 안 될 일이지요. '경남 하동의 역사'를 써 놓고 이것을 '한국의 역사'라고 하면, '한국어에서는 대변大便과 형兄의 구분이 없다'는 식의(실제로 하동에서는 '형'을 '응가'라고 하거든요) 괴상한 이야기가 될 수도 있습니다.

그래서일까요, 책 끝머리에서 최근의 경향을 말하는 대목에서 저는 다소 뜨악한 기분이 들었습니다. 저자는 최근 들어 역사 서술의 단위가 점차 확대되고 있다고 주장하며, 이는 인간 공동체의 규모가 지속적으로 확장되어 민족이나 국가를 넘어 인류 전체에 귀속감을 느끼는 경우가 많아졌기 때문이라고 말합니다.

이 대목은 저자의 자신감이 너무 과하다고 말할 수밖에 없습니다. 이건 대체 무슨 자신감입니까. 물론 한두 개의 키워드로 인류사 전체를 거시적으로 설명하려는 역사책이 없는 것은 아니지만, 어디까지나 서점 매대에서 많이 찾아볼 수 있을 뿐, 역사학 연구 전체에서는 그저 하나의 흐름에 불과합니다. 엄연히 존재하는, '미시사'니 '신문화사'니 '일상사'니 하는 좀 더 구체적이고 미시적인 세계로 파고들어 가려는 정반대의 연구 경향을 이런 식으로 뎅겅 잘라 내시면 어떡합니까.

이쯤 되면 역사학 연구의 한 귀퉁이에서 벌어먹고 사는 저 같은 사람으로서는 화가 안 날 수가 없지요. 역사학 연구라는 게 사실 대단히 내세울 만한 것은 아니지만, 또 그렇게까지 단순하고 소략하지도 않습니다. 간단하게 생략하고 넘어가도 괜찮은 연구란 없습니다. 여름 땡볕 아래 피사리하고 소, 돼지 똥 지어 나르는 사람들이 있어야 셰프도 있고 미슐랭 가이드도 있는 법입니다. 잘나가는 셰프가 '우리나라 벼는 다 통일벼인데, 요즘은 이거 다 아키바레로 바꿔 심는 중이여' 하시면, 그래 놓고 이게 '한국 농업의 역사'라고 마을 회관 확성기에 대고 온 동네에 방송하시면 거기다 대고 '사람들이 농사에 이만큼이라도 관심 가져 주니 얼마나 좋아요' 하고 웃어넘길 사람이 얼마나 있을까요.

그러니 『역사의 역사』라는 제목이 무색하게도 이 책은 '역사 서술의 역사'에서 극히 일부를 편의적으로 잘라서 설명한 것일 뿐이라고 하겠습니다. 저자는 『역사의 역사』가 "패키지여행" 같은 것이라고 했지만 일부분만 보여 주고 나머지는 애초부터 존재하지 않았던 것처럼 취급하는 것이 과연 패키지여행에 값하는지 저는 잘 모르겠습니다. 아니, 저 혼자만 모르겠다면 그나마 다행입니다. 이런 내용이 많이 팔려서 널리 읽혔으니 역사학에 대한 오해가 더 깊어진 것은 아닐지 걱정입니다.

독서 안내

『역사와 지식과 사회』(박명림 지음, 나남, 2011)
　　이 책은 지난 수십여 년 동안 한국전쟁을 바라보는 우리의 시선이 어떻게 바뀌었는지를 보여 줍니다. 한국전쟁 연구라는 리트머스 시험지를 통해 우리 사회가 얼마나 다양하고 포용적인 방향으로 성숙해 왔는지를 확인할 수 있습니다.

『강양구의 강한 과학』(강양구 지음, 문학과지성사, 2021)
　　『역사의 역사』가 역사학 고전에 관한 책이라면, 『강양구의 강한 과학』은 과학 분야의 고전을 살핍니다. 이 책의 가장 큰 미덕은 고전이라고 해서 무조건 칭송하지 않는다는 데 있습니다. 누구나 고전으로 꼽는 책 중에도 신중하게 읽어야 할 것들이 적지 않다고 이 책은 말합니다. 고전에 대한 주석 붙이기란 무릇 이러해야 한다는 생각이 듭니다.

맺는말 — 역사책을 읽는 즐거움, 그리고

우리는 역사를 통해 세상을 대하는 태도를 배웁니다. 지금 눈앞에서 일어나는 사건들의 배경은 무엇인지, 겉으로 드러나는 현상 이면에 축적된 시간의 더께는 어떤 모양을 하고 있는지 함께 생각하려는 자세 말입니다.

그런 태도와 자세는 우리가 세상을 대하는 관점을 조금 더 다채롭고 풍부하게 바꿉니다. 이름난 유적지의 주춧돌을 보면 자연스레 수백, 수천 년 전 그 공간에서 살아 숨 쉬었을 사람들이 떠오릅니다. 평소 다니던 골목길이나 아파트 옆 천변에서도 비슷한 영감을 받을 수 있습니다. 역사에 관심을 갖게 되면 시간에 묻혀 사라진 것들을 상상하게 됩니다. 달라 보이고, 달리 보게 되는 것입니다. 우리는 역사학을 통해 지금 내 눈앞에는 없는, 시간에 묻혀 사라진 것들을 상상할 수 있습니다.

이런 태도가 주는 이점은 꽤 많습니다. 무엇보다 실수가 적어집니다. 당장 직관적으로 느껴지는 것의 이면에 더 많은 이야기가 숨어 있다는 것을 알면 신중해지게 되니까요. 최소한 어디 가서 말실수로 난처해지는 일부터 줄어듭니다.

나아가 이런 태도는 우리를 성장시키는 원동력이 됩니다. 무지를 인정할 때 비로소 우리는 성장할 수 있습니다. 고대인들은 자신들이 아는 세계가 세상의 전부라고 생각했습니다. 그래서 세상은 평평하여 먼바다에는 끝에는 낭떠러지가 있고, 그 바깥에는 아무것도 없다고 여겼습니다. 고대 그리스인들은 그들이 이룩한 찬란한 문명에도 불구하고 공간적 상상력만큼은 지중해 인근을 벗어나지 못했죠. 하지만 대항해시대 이후 인간은 바다의 끝에 낭떠러지가 아니라 더 넓은 미지의 세계가 있다는 사실을 알게 되었습니다. 자신의 경험과 직관을 넘어서는 더 넓은 세계가 있음을 인정하는 바로 그 순간부터 인간은 거대한 지적 도약을 이룰 수 있었습니다.

역사학도 꼭 그러합니다. 과거를 완벽하게 재구성하는 것은 불가능합니다. 기억은 희미하고 기록은 불완전하기 마련이니까요. 당장 어제 회식 자리도 사람마다 기억이 다른데 수백, 수천 년 전의 일이라면 오죽하겠습니까. 그래서 지난 수천 년간 역사학은 희미한 기억과 불완전한 기록(이를 역사학에서는 '사료'라고 부릅니다)을 보완하기 위한 여러 수단을 개발했습니다. 가설을 먼저 세운 다음 그에 맞게 사료를 재배치하기도 하고, 사료와 사료 사이를 메우기 위해 질문을 던지기도 하며, 작은 것이라도 좋으니 일단 사료를 최대한 많이 모으기도 하고, 여러 주장이 모여 치열하게 다투며 논쟁하기도 합니다(이런 수단들을 역사학에서는 '방법론'이라고 부릅니다).

그런 수단을 통해 우리는 여러 종류의 앎을 얻을 수 있습니다. 무엇보다 새로운 '사실'을 알게 됩니다. 새로운 '사실'을 알게 됨으로써 상식이 풍부해지는 것은 그 자체로 좋은 일입니다. 그리고 새로운 사고의 '방식'도 배우게 되지요. 같은 사실을 얼마든 다른 관점으로 바라볼 수 있고 그것을 통해 또 다른 통찰을 얻을 수 있음을 깨달으면 우리는 훨씬 더 유연하고 관용적인 태도를 가질 수 있습니다. 유연함과 관용이 있다면 우리는 새로운 증거 앞에서 자신의 관점을 수정할 수도 있고 더 나아질 수도 있습니다. 어제 한 생각을 오늘과 내일도 똑같이 한다면 우리는 정체될 뿐이죠. 그런 점에서 역사책을 읽는다는 것은 우리가 점점 더 나은 사람이 되어 가는 과정이기도 합니다. 한 권의 책이 우리 인생을 송두리째 바꿔 주지는 못하지만, 책을 읽기 전의 나와 읽은 후의 나는 분명히 다릅니다. 미세한 차이이더라도 말이죠.

역사책을 읽는 것은 사실 꽤 어려운 일입니다. 책이 던지는 질문이 무엇이며 그것이 왜 중요한지를 알아야만 책을 이해할 수 있는 경우가 많기 때문입니다. 전후 맥락을 파악하지 못한 상태에서는 책의 재미와 의미를 온전히 느끼기가 어렵습니다. 그렇다고 주변에 마땅히 물어볼 만한 사람도 있는 것도 아닙니다. 역사책이라는 게 애초에 베스트셀러가 되는 경우가 드물다 보니 함께 책을 읽고 질문하고 이야기를 나눌 만한 사람이 많지 않으니까요. 책 좀 읽노라고 자부하는 이들 중에도 역사책을 많이 읽은 사람은 드뭅니다. 역사책을 읽는다는 것은 고독한 일입니다.

저희는 그래서 이 책을 썼습니다. 여러 사람과 함께 책을 읽고 생각을 견줘 보고 싶었습니다. 저희가 먼저 찾아본 정보를 공유해 다른 분들이 좀 더 편하게 책을 읽을 수 있기를 바랐습니다. 책을 읽으면서 느낀 것을 공유하면서 다른 분들은 어떤 느낌을 받았는지, 혹시 저희가 모르고 지나친 것은 없는지 질문도 하고 싶었습니다.

 그러니 독자 여러분께서 읽으신 글은 저희가 여러분께 건네는 대화이자 질문입니다. 이제 저희는 독자 여러분의 대답을 기다리겠습니다. 계속 즐겁게 책을 읽으면서요.

역사책 읽는 집
지금 당장 알고 싶은 역사책 29

초판 1쇄 발행 2025년 6월 18일

지은이   라조기 탕수육
편집   최유철 최재혁
디자인   이기준
제작   세걸음

펴낸이   박현정
펴낸곳   연립서가
          (출판등록 2020년 1월 17일 제2022-000024호)

주소   경기도 양평군 서종면 북한강로648번길 4, 4층
전자우편 yeonrip@naver.com
페이스북 facebook.com/yeonripseoga
인스타그램 instagram.com/yeonrip_seoga

ISBN 979-11-93598-08-5 (03900)
값 19,000원

ⓒ 라조기, 탕수육
이 책의 일부 또는 전부를 이용하려면 지은이와 연립서가의
동의를 얻어야 합니다.
잘못 만들어진 책은 구입하신 서점에서 교환해 드립니다.